Anonymus

Reisen in Borderasien und Indien

Anonymus

Reisen in Borderasien und Indien

ISBN/EAN: 9783742881496

Manufactured in Europe, USA, Canada, Australia, Japa

Cover: Foto ©Andreas Hilbeck / pixelio.de

Manufactured and distributed by brebook publishing software (www.brebook.com)

Anonymus

Reisen in Borderasien und Indien

Johann Wilhelm Helfer's
Reisen in Vorderasien und Indien.

Von

Gräfin Pauline Nostitz.

Zwei Theile.

———

Erster Theil.

Leipzig:
F. A. Brockhaus.
1873.

In dankbarer Verehrung der hochseligen

Frau Mariane Prinzessin von Preußen

widmet dieses Buch deren Töchtern:

Ihrer Majestät

Königin Marie von Baiern

und

Ihrer königlichen Hoheit

Elisabeth Prinzessin Karl

von Hessen und bei Rhein,

die Verfasserin.

Vorwort.

Es ist das berechtigtste, das edelste Gefühl, das Gefühl der Pietät, welchem dieses anspruchslose Buch seinen Ursprung verdankt.

Dr. Helfer war ein junger österreichischer Arzt und Naturforscher, den in den dreißiger Jahren ein unwiderstehlicher Reise- und Forschungstrieb über die Grenzen seines Vaterlandes führte, der den Orient durchreiste, bis er auf den Andamanen-Inseln im Meerbusen von Bengalen durch den vergifteten Pfeil eines Wilden seinen Tod fand. Dr. Helfer hatte über seine Beobachtungen in Indien, namentlich in den Tenasserim-Provinzen auf der Halbinsel Malacca, im Mergui-Archipel und auf den Andamanen-Inseln, der Ostindischen Compagnie Berichte erstattet, die in englischer Sprache geschrieben und gedruckt und später (1860) durch den Grafen von Marschall für die k. k. Geographische Gesellschaft in Wien übersetzt worden sind. Von seinen Tagebüchern ist leider das meiste durch Schiffbruch verloren gegangen; nur ein kleiner Theil findet in dem vorliegenden Buche Veröffentlichung.

Gräfin Pauline Nostitz aber ist die muthige, thatkräftige Frau, die Dr. Helfer, als dessen Gattin, auf allen seinen Reisen begleitete und jetzt in diesen Blättern ein Denkmal setzt auf das Grab des Naturforschers, der seinem Wissensdrange zum Opfer fiel, auf das Grab ihres ersten Gatten.

Ein erhöhtes Interesse gewinnt diese Biographie und Selbst=
biographie durch die spannende Erzählung der wechselvollen
Ereignisse bei der von dem unlängst verstorbenen englischen
Admiral (damals Oberst) Chesney geleiteten Euphrat=Expedition,
an welcher Helfer und seine Frau theilnahmen, sowie durch die
anschaulichen und lebendigen Schilderungen orientalischen Frauen=
lebens, in dessen Geheimnisse die reisende Frau Blicke thun
konnte, die jedem Manne verwehrt gewesen wären.

Wie wir daher der Frau Gräfin dankbar verpflichtet sind,
daß sie uns die Lebensgeschichte eines verdienten österreichischen
Naturforschers und Reisenden, mit dessen Schicksal das ihrige
durch eine lange Reihe ereignißvoller Jahre verkettet war, nicht
länger vorenthalten hat, so wird gewiß auch das Publikum ein
Werk mit Freuden begrüßen, welches so viel des Belehrenden,
Spannenden und Anziehenden enthält.

Wien, Juli 1872.

Ferdinand von Hochstetter.

Vielfache Mahnungen waren seit meiner Rückkehr aus
Indien an mich ergangen, meine Reiseerlebnisse zu veröffent=
lichen. Nicht nur Freunde und Bekannte, sondern Größen der
Wissenschaft, wie Alexander von Humboldt und Karl Ritter —
dieser sogar öffentlich in seiner „Erdkunde", Theil 2, Buch 3,
S. 692 —, haben mich wiederholt zur Publication derselben
aufgefordert.

Allein durch lange Jahre vermochte ich nicht mich zum
Ordnen meiner Aufzeichnungen zu entschließen. Stets bemeisterte
sich meiner ein tiefes Weh, sobald ich die Blätter zur Hand
nahm, die meine Gedanken in die Vergangenheit zurückversenkten.
Das düstere Ende verschlang die heitern Bilder, von denen sie

durchflochten sind, und mit Trauer im Herzen legte ich sie wieder beiseite.

Ueberdies behinderte ein anderer Umstand die Herausgabe. Mein Mann hatte dem Obersten Chesney, Commandeur der Euphrat-Expediton von 1835—36, das Versprechen gegeben, nicht vor ihm einen Bericht darüber erscheinen zu lassen. Unsere Theilnahme an dieser Expedition bildet aber einen viel zu wesentlichen Abschnitt unserer Erlebnisse, als daß sie in einer Schilderung derselben fehlen dürfte. Erst seitdem Chesney im Jahre 1868 sein Werk „Narrative of the Euphrates Expedition" herausgegeben, bin ich jenes Versprechens entbunden und in der Lage, durch Veröffentlichung nachstehender Lebens- und Reisebilder dem mir ewig theuern Gatten ein Denkmal nach seinem Herzen zu setzen und damit meinem eigenen die Beruhigung einer erfüllten Pflicht zu gewähren.

Die werthvollen Forschungen meines Mannes, die zu Bereicherung der Wissenschaft von so großem Gewinn gewesen wären, sind leider für sie verloren gegangen. Der größte Theil seiner Schriften über Vorderasien wurde mit dem Dampfboote Tigris in den Fluten des Euphrat begraben, eine zweite Sammlung verschwand auf dem Wege nach Europa, wohin sie in Sicherheit gebracht werden sollte. So sind von seinen Handschriften nur ein kurzer Auszug aus seinem während der Fahrt auf dem Euphrat geführten Tagebuche, drei wissenschaftliche Rapporte über Hinterindien und eine Anzahl botanischer und entomologischer Notizen vorhanden, letztere aber in so gekürzter und unzusammenhängender Form, daß sie nur von ihm selbst mit Hülfe seines außerordentlichen Gedächtnisses hätten entziffert und benutzt werden können. Was ich selbst in diesen Blättern über die verschiedenen Völkerstämme Vorderasiens, ihre Sitten und Lebensweise mittheile, beruht zumeist auf flüchtigen Beobachtungen in den orientalischen Frauengemächern, zu denen mir freier Zutritt gestattet war.

Der Bericht über die Erlebnisse auf der Reise nach Indien und während des mehrjährigen Aufenthaltes daselbst ist eine wahrheitsgetreue Reisenovelle, in welcher nicht die Länderschilderungen, sondern die Persönlichkeiten das Hauptinteresse bieten müssen.

Wenn sonach meine Aufzeichnungen zur Bereicherung der Erd- und Völkerkunde kaum etwas Wesentliches beitragen können, so hoffe ich dagegen, die anspruchslose und wahrheitsgetreue Erzählung nicht alltäglicher Schicksale und Lebensverhältnisse werde auch bei Fernerstehenden hinreichendes Interesse an der Persönlichkeit der Reisenden erwecken und aus diesem Grunde eine nachsichtsvolle Aufnahme finden.

Gräfin Pauline Nostitz.

Inhalt des ersten Theils.

		Seite
1.	Jugendleben und Studienjahre	1
2.	Von Prag nach Smyrna	16
3.	Aufenthalt in Smyrna	40
4.	Ueber Beirut nach Lattakia	69
5.	Landreise nach Aleppo und Birjid	99
6.	Ausflug nach dem Salzsee El-Malek	168
7.	Mit der englischen Euphrat-Expedition unter Colonel Chesney	182

1.
Jugendleben und Studienjahre.

Johann Wilhelm Helfer wurde am 5. Februar 1810 in Prag geboren. Mit regem Geiste und außerordentlichem Gedächtnisse begabt, zeigte er schon in früher Jugendzeit eine vorwiegende Neigung zum Studium der Natur. Statt an den Spielen seiner Genossen theilzunehmen, beschäftigte sich der Knabe in dem geräumigen Hofe und Garten des älterlichen Hauses mit der Beobachtung von Pflanzen und Thieren. Den letztern zuzuschauen, ihr verschiedenartiges Naturell in Zorn und Liebe, im trägen Müßiggang oder in geschäftiger Unruhe zu betrachten, konnte ihn stundenlang unterhalten. Vor allem fesselte das Geschlecht der kleinsten Käfer seine Aufmerksamkeit: eine Vorliebe, die er das ganze Leben hindurch bewahrt hat. Vom neunten Jahre an sammelte er Käfer und Schmetterlinge und brachte sie in systematische Ordnung.

In dem Tagebuche, das er schon damals mit gewissenhafter Pünktlichkeit führte, sind die Tage, an denen er mit Glück gesammelt hatte, roth bezeichnet. Er erfand eigene Mittel, die kleinsten, dem bloßen Auge kaum erkennbaren Käfer von den Büschen und Blumen zu sammeln, aus den Rinden der Bäume hervorzuholen und aus den vermoderten Resten der Stämme und Blätter des Waldgrundes herauszusieben und zu waschen. Bald erlangte er große Fertigkeit und übertraf darin seine ältern Genossen.

Einer wohlhabenden Familie angehörig, war es ihm gestattet, sein Talent für Musik und neuere Sprachen auszubilden. Während die Musik ihm eine angenehme Begleiterin durchs Leben wurde, die ihn mit seiner schönen Stimme, seinen melodienreichen Phantasien auf dem Piano überall willkommen machte, kam ihm sein ungewöhnliches Sprachtalent besonders bei Ausführung seiner spätern Reisen zu statten.

Sechzehn Jahre alt, begann er seine akademischen Studien auf der prager Universität; er widmete sich der Medicin, deren Hülfswissenschaften seinen Neigungen entsprachen, obgleich ihm der Beruf des ausübenden Arztes durchaus antipathisch war. Auch hier folgte er seinem eigenen Ideengange; es war ihm unmöglich, die akademischen Vorträge geregelt zu hören; jede Monotonie erschlaffte seinen Geist und lähmte die ihm angeborene Energie. Wochenlang versäumte er den Besuch der Hörsäle und zog sich ernste Rügen der Professoren zu, die er dann aber durch ein glänzendes Examen überraschte, nachdem er das Versäumte durch angestrengte Selbststudien mehr als ersetzt hatte. Die Universitätsferien benutzte er zu botanischen und entomologischen Excursionen, zunächst in Böhmen und den angrenzenden Ländern.

Nach Vollendung seiner akademischen Studien beschloß er, trotz seiner Abneigung gegen die praktische Medicin, die berühmtesten Kliniken und Spitäler zu besuchen, zu welchem Zwecke er sich im Jahre 1830 nach Wien begab. Zuvor aber wohnte er der in Hamburg tagenden Versammlung deutscher Naturforscher bei. Noch sehr jung und auf keine Weise berechtigt, als Mitglied in jenen Kreis von Gelehrten einzutreten, gelang es ihm dennoch durch die Vermittelung einiger Freunde, mit den bedeutendsten Männern seines Faches bekannt zu werden, ein Glück, dessen er später oft mit warmer Dankbarkeit gedachte.

Wie lebhaft ihn bereits zu jener Zeit der Gedanke, Reisen

nach fernen Erdstrichen zu machen, beschäftigte, davon gibt sein Tagebuch an zahlreichen Stellen Zeugniß. Merkwürdigerweise verknüpfen sich aber in seiner Vorstellung damit düstere Ahnungen von seinem zukünftigen Geschick. So schrieb er am 30. Januar 1830, von der Phantasie nach Kalkutta versetzt und schwelgend in der Idee, die unerforschten Länder Hinterindiens zu durchwandern, mit prophetischem Geiste: „Wozu den Schleier der Zukunft lüften? Was mir frommt, wird mir beschieden werden; weiß ich doch nicht, ob, indem ich mich träumend der Freude überlasse, Reisen als Naturforscher in Indien zu machen, ich nicht schaudernd zurückbeben würde, wenn die Zukunft sich mir enthüllte!"

Nur zu wahr hat seine Ahnung sich erfüllt: am selben Tage zehn Jahre später wurde dieser Forschungstrieb die Ursache seines frühen, gewaltsamen Todes.

Die Reise nach Hamburg hatte auch in anderer Hinsicht bestimmenden Einfluß auf sein nachheriges Leben. Ein seltenes Zusammentreffen von Umständen führte nämlich meine erste Begegnung mit ihm herbei. Wer sich zu dem Glauben an eine die menschlichen Schicksale leitende Hand bekennt, der wird nicht umhin können, in dieser gleichsam erzwungenen Begegnung ihre deutliche Spur zu erkennen. Andere mögen darin nur ein Werk des blinden Zufalls sehen, der nichtsdestoweniger unserm Leben die unabweisliche Richtung gab.

Als Helfer auf seiner Rückreise von Hamburg nach Prag in Berlin die Diligence besteigen wollte, die über Herzberg und Elsterwerda nach Dresden ging, fand er sie durch die vielen aus der nordischen Stadt nach dem südlichen Deutschland zurückkehrenden Naturforscher bereits überfüllt. Seine Ferienzeit war zu Ende, er durfte keinen Tag versäumen und entschloß sich deshalb, eine andere Diligence zu benutzen, die damals, wo es in jener Gegend noch keine Chausseen gab, zweimal in der Woche mühsam durch den lausitzer Sand über Baruth und Luckau nach Dresden fuhr. Um die nämliche Zeit beabsichtigte ich, von dem Gute meiner Aeltern in der Lausitz aus eine Freundin in Dresden zu besuchen, auf demselben Wege, mit derselben Gelegenheit. Ein Brief meiner Freundin, der meine Abreise um einige Tage verschieben sollte, ging auf einer Tour verloren, auf der uns bisher noch keiner verloren gegangen war. So wurden die überfüllte Diligence in Berlin und der verloren gegangene Brief meiner Freundin Veranlassung, daß Helfer und ich, deren so ganz verschiedenartige Beziehungen und Familienverhältnisse sonst kaum eine Bekanntschaft ermöglicht haben würden, auf unserer Reise zusammentrafen.

In der kleinen Passagierstube des Städtchens Sonnenwalde, wo ich mit meiner Begleiterin den von Luckau kommenden Postwagen erwartete, trat Helfer's jugendlich einnehmende Gestalt mir zuerst entgegen. Als wir einstiegen, überließ er mir den bis dahin von ihm innegehabten Fondplatz und setzte sich mir gegenüber.

Die natürliche Wirkung eines in tiefem Sande langsam dahinschleichenden Postwagens ist, daß die Passagiere entweder schlafen oder sich die Zeit, so gut es gehen will, zu verkürzen suchen. Wir wählten das letztere, indem wir vorzogen, neben dem Wagen zu wandeln, als uns über die Baumwurzeln einer endlosen Kiefernheide rütteln zu lassen; und so begannen wir, im Sande watend, unter dem spärlichen Schatten verkümmerter Kiefern, die gemeinschaftliche Reise durchs Leben, die im üppigsten Grün der Tropen und unter Palmen enden sollte!

Unsere Unterhaltung berührte bald Helfer's Lieblingspläne. Noch ganz erfüllt von den Eindrücken, die er in Hamburg empfangen, sprach er mit begeisternden Worten von seinen Reiseentwürfen für die Zukunft, denen ich mit um so größerer Aufmerksamkeit zuhörte, als auch ich von Jugend auf das größte Interesse für die Wunder ferner Länder gehegt hatte und Reisebeschreibungen mir die angenehmste Lektüre waren. Die jugendliche Begeisterung und der lebhafte Eifer für seine Wissenschaft verliehen Helfer's fast mädchenhafter Erscheinung einen eigenthümlichen Reiz; ich fühlte mich von seiner Unterhaltung, die eine so ganz andere Färbung hatte als die seiner gewöhnlichen Altersgenossen, in hohem Grade angezogen. Unwillkürlich empfand ich eine gewisse neugierige Theilnahme, ob des jungen Mannes Wünsche und Pläne dereinst in Erfüllung gehen würden. Als ich diese Theilnahme äußerte, bat er, durch die ihm geschenkte Aufmerksamkeit geschmeichelt, um die Erlaubniß, mich von Zeit zu Zeit von seinen Erlebnissen in Kenntniß setzen zu dürfen, was ich ihm gern und ohne Zögern zugestand.

Unter diesen Gesprächen erreichten wir Dresden, wo wir freundlich voneinander Abschied nahmen, da Helfer seine Reise nach Prag unverzüglich fortsetzte.

Ich ahnte wenig, daß diese flüchtige Reisebekanntschaft, der ich kaum eine vorübergehende Bedeutung beilegte, so nachhaltige Folgen für mein Leben haben sollte, und war um so angenehmer überrascht, als ich nach einiger Zeit den ersten Brief von Helfer empfing. Er theilte mir mit, daß er sich behufs weiterer Ausbildung in der praktischen Medicin nach Wien begebe.

Allein gewohnt, jeden freien Augenblick zu entomologischen Excursionen zu benutzen, und in den Umgebungen Wiens wenig neue Ausbeute findend, verließ er die Kaiserstadt bald wieder, um seine Studien in Pavia zu beenden. Sein Sprachtalent machte es ihm möglich, nach kurzer Zeit in italienischer Sprache zu promoviren. Im November 1832 wurde er von der dortigen Facultät zum Doctor der Medicin und Chirurgie ernannt.

Wie ein Vogel, der dem Käfig entflohen, freute er sich, der letzten Fessel des Schulzwanges entledigt zu sein. Es trieb ihn nach Süden, wo er für seine Studien und Sammlungen eine reiche Ernte hoffen konnte. Freilich erlaubte die beschränkte Baarschaft, die ihm zur Verfügung stand, vorläufig nicht, weitaussehende Pläne zu verfolgen. Aber um keinen Preis mochte er die eben erst erlangte Freiheit wieder aufgeben; darum schlug er das ihm in Mailand gewordene Anerbieten aus, eine reiche englische Familie als Reisearzt zu begleiten, und machte sich allein auf den Weg. Ueber Genua, Pisa, Florenz, Rom langte er im Januar 1833 in Neapel an.

Nach kurzem Aufenthalt daselbst schiffte er sich nach Palermo ein, wo ihn der österreichische Generalconsul Dr. Laurin besonders wohlwollend aufnahm, und von da weiter nach Malta. Hier ward er mit dem jungen Lord Leader bekannt, der eine lebhafte Zuneigung zu ihm faßte und ihn einlud, ihm und seiner Reise=gesellschaft, die aus einigen Künstlern und Alterthumsforschern bestand, sich anzuschließen. Mit ihnen kehrte Helfer noch einmal nach Sicilien zurück. Die jungen Männer führten dort vereint ein heiteres, genußreiches Leben. Auch Helfer gab sich auf einige Zeit den geselligen Freuden hin, blieb jedoch immer seines ernstern Lebenszweckes eingedenk.

Während dieser italienischen Reise fand ein regelmäßiger Briefwechsel zwischen uns statt, der, wie Helfer's Tagebücher zeigen, nicht ohne wohlthätigen Einfluß auf den jungen, lebhaft empfinden=den Mann sich erwies. So wie von mir seine beredten Schilderungen aus Süditalien mit dem größten Interesse aufgenommen wurden, so ward für ihn meine Theilnahme an seinen Bestrebungen und Zukunftsplanen ein mächtiger Sporn, sie zu verwirklichen, und ein Schutz gegen die verführerischen Zerstreuungen, die ihn umgaben.

Indessen gestatteten seine Mittel ihm nicht, länger in der Fremde zu weilen, und da er sich nicht in Abhängigkeit von Lord Leader begeben wollte, schied er von diesem in warmer Freundschaft. Die Aufforderung des Lords, nächstes Jahr eine Reise nach dem Süden Amerikas mit ihm zu unternehmen, wies er jedoch nicht zurück; waren doch die Zweifel an seinem Berufe zum praktischen Arzte immer mächtiger geworden.

Nachdem er noch eine kleine Excursion nach der Insel Pantel=leria und der Nordküste Afrikas gemacht, reiste Helfer, mit reichen

Sammlungen belaben, am 31. Juli 1833 von Palermo ab. Am 10. August stieg er in Marseille ans Land. Von Paris aus nahm er nicht den directen Weg in die Heimat, sondern wendete sich nach der Nordküste Frankreichs, um mir in Dieppe, wo ich mich eben aufhielt, einen Besuch zu machen. In den drei Jahren, seit wir uns kennen gelernt, hatten wir zwar in ununterbrochenem schriftlichen Verkehr gestanden, aber nur einmal war uns ein Beisammensein von vierzehn Tagen vergönnt gewesen. Auf der Fahrt nach Dieppe kam sein Leben in große Gefahr. Der schwere Wagen der französischen Diligence, auf welchem er einen Deckplatz genommen hatte, warf während des raschesten Dahinrollens um; Helfer wurde auf die geschotterte Straße herabgeschleudert und erhielt eine tiefe Wunde in die Stirn. Mit verbundenem Kopfe langte er Ende August in Dieppe an, doch so weit wiederhergestellt, daß die Freude des Wiedersehens und die Lebhaftigkeit seiner Mittheilungen keine Störung dadurch erlitten.

Leider sollte unser Beisammensein nur wenige Tage dauern. Helfer empfing Briefe aus der Heimat, die ihn schleunig zurückriefen. Inzwischen eingetretene Familienverhältnisse erforderten seine Mündigkeitserklärung und die Uebernahme der Vormundschaft über seine jüngern Geschwister. Natürlich war mit diesem Umstande auch eine plötzliche Aenderung seiner Aussichten für die Zukunft verbunden. Die übernommenen Pflichten fesselten ihn an seine Vaterstadt, und er sah die Nothwendigkeit ein, sich als praktischer Arzt daselbst niederzulassen.

Je mehr ihm aber die Ausübung dieses Berufes antipathisch war, um so bringender empfand er das Bedürfniß, durch häusliches Glück sich die Heimat lieb zu machen, darin Ersatz für die aufgegebenen Wünsche zu finden; und niemand, glaubte er, könne solches Glück ihm bereiten als ich, die so viel Sympathie mit seinen Bestrebungen gezeigt hatte.

Im Frühling des Jahres 1834 entdeckte er mir brieflich sein Herz und bat mich, seine Lebensgefährtin werden zu wollen. Lange zögerte ich mit meinem Entschlusse; denn ich sah voraus, früher oder später werde die Reiselust wieder mächtig in Helfer auf= lodern, und wollte nicht, daß ich ihm dann ein Hemmniß sei. Ich lehnte daher zunächst seine Anträge ab, indem ich ihn aneiferte, sein eigentliches Lebensziel nicht aus den Augen zu verlieren; doch gestehe ich, die Pflicht, als welche mir diese meine Handlungs= weise erschien, nicht ohne große Selbstüberwindung ausgeübt zu haben. Der Bewerber war mir lieb und werth geworden, und eine Verbindung mit ihm entsprach meinen eigensten Wünschen.

Helfer ließ sich indeß von meinen Gegengründen nicht ab= weisen; meiner Neigung gewiß, wußte er mich zu überzeugen, daß mein Besitz zu seinem Glücke nothwendig sei. So willigte ich ein, und am 24. Juni 1834 wurde unsere Hochzeit in Dresden gefeiert.

Nach längerm Verweilen bei meiner Mutter und meinen Geschwistern, deren Liebe er sich rasch gewann, führte er mich als Gattin heim in sein zu meinem Empfange aufs angenehmste eingerichtetes Haus. Die Ausstattung war ganz nach meinem Geschmack: ohne Luxus, aber elegant und bequem. Ich fühlte mich unendlich glücklich in der kleinen netten Häuslichkeit, der ich mich mit ganzer Seele widmete. Glaubte ich doch für immer in den Hafen meines Lebens eingelaufen zu sein.

Helfer's Praxis in der Stadt ward in kurzer Zeit eine an= sehnliche, auch konnte das Gelingen mancher schwierigen Cur ihm freudige Genugthuung gewähren; aber gerade die Praxis bestärkte nur seine Abneigung gegen den ärztlichen Beruf. In gleicher Weise steigerte sich in ihm das Gefühl, daß Prag, so sehr er übrigens seinem Vaterlande zugethan war, nicht der Boden sei, auf dem er geistig gedeihen könne. Ein jeden freien Verkehr hemmender Kastengeist beengte hier die gesellschaftlichen Verhält= nisse, und selbst die Männer der Wissenschaft standen sich, außer= halb ihrer amtlichen Beziehungen, einander fremd gegenüber.

Unmöglich konnte eine solche Existenz, die allen geistigen

Anforderungen Helfer's geradezu widersprach, auf die Länge für ihn erträglich sein; aber durch doppelte Pflichten gefesselt, verschloß er die sich immer wieder regenden Wünsche in der Tiefe seiner Brust. Nur den Blicken einer liebenden Frau entging die heimliche Unzufriedenheit nicht; ich bemerkte, wie sich über seine von Natur heitern Züge in unbewachten Augenblicken ein Schatten von Trübsinn lagerte: eine Wahrnehmung, die mich mit nicht geringer Besorgniß erfüllte.

Ist man doch gerade in der ersten Zeit der Ehe nur allzu geneigt, jede Verstimmung des Gatten auf sich zu beziehen und ein Zeichen abnehmender Zuneigung darin zu finden. Lange strengte ich mich vergebens an, die Ursache dieses Kummers zu ergründen; Helfer gab auf mein Befragen ausweichende Antworten und stellte in Abrede, daß er mir etwas verberge. Endlich, da er sah, wie ernstlich ich durch sein Schweigen verletzt war, und daß auch meine Heiterkeit zu schwinden begann, machte er seinem gepreßten Herzen Luft, indem er in die Worte ausbrach: „Ich kann den tödtenden Zwang des hiesigen Lebens nicht ertragen; es zieht mich gewaltsam hinaus in die Welt, in die freie Natur!"

Wie Lot's Weib, von zürnenden Engeln aus ihrer Vaterstadt vertrieben, zu Stein gewandelt wurde, als sie, sich umwendend, mit Einem Blicke die Verwüstung ihrer bisherigen Herrlichkeit überschaute, so stand ich zuerst unbeweglich und sprachlos. Die stille traute Häuslichkeit, in die ich mich schon ganz hineingelebt hatte, stürzte in Trümmer; vor meinen Augen öffnete sich die Zukunft eines unsteten Wanderlebens. Denn daß Helfer nur in einem solchen Befriedigung finden könne, wurde mir zur unabweislichen Gewißheit. In demselben Augenblick aber war auch mein Entschluß gefaßt: sein Sehnen soll in Erfüllung gehen; ich will ihn auf seinen Reisen begleiten.

Ein Glück, daß die mir von Natur verliehene Elasticität den plötzlichen Uebergang erleichterte und das Behagen an unserer netten Häuslichkeit meine eigene Lust, die Welt zu schauen, noch nicht erstickt hatte. Ohne Besinnen konnte ich mit lachendem Munde erwidern: „Nun wohlan, so laß uns reisen!"

Jetzt war das Erstaunen auf seiner Seite. „Wie", rief er aus, „du wolltest die Heimat verlassen und mir auf beschwerlichen Reisen folgen?" „Warum nicht?" antwortete ich, „du weißt, ich liebe das Reisen so sehr als du; ich finde es viel schöner, die Welt zu sehen, als hier im täglichen Einerlei begraben zu sein."

Noch widerstrebte er, das Opfer, wie er es nannte, von mir anzunehmen, und erst als ich ihm fröhlichen Muthes in Erinnerung brachte, wie wir uns ja auf der Reise kennen gelernt, und ihm in überzeugendem Tone versicherte, daß auch meiner Neigung ein bewegtes Leben zusage, stimmte er mit freudestrahlender Miene ein. Es ward beschlossen, wir wollten Prag verlassen und zusammen in die Ferne wandern. Wann? Wohin? nach Amerika, Afrika oder Asien? Das waren die zunächstliegenden Fragen, die wir heitern Geistes, als gelte es eine Lustpartie, miteinander besprachen.

Helfer's Vorliebe für das alte und noch so wenig erforschte Asien, das Land seiner Jugendträume, trug den Sieg davon. Nachdem unter Scherz und Lachen in wenig Augenblicken unserm Leben eine völlig veränderte Richtung gegeben worden, wurde doch auch dem Ernste der Sache der ganze Ernst, den sie forderte, gewidmet und das Wie der Ausführung in Berathung gezogen.

Helfer's leitender Gedanke war, einzelne Punkte des alten Welttheils gründlich kennen zu lernen und für seine Sammlungen auszubeuten, was ein längeres Verweilen an einem Orte erforderlich machte. Dabei wünschte er jedoch, sein ererbtes Vermögen durch ein so kostspieliges Unternehmen, wie eine Reise im Orient es ist, womöglich nicht zu schmälern. Er wollte seine medicinischen Kenntnisse in Anwendung bringen und als Arzt die zur Reise nöthigen Mittel erwerben. Ein nach europäischen Begriffen absonderlich scheinender Gedanke, doch im Orient, wo ein Hakim den größten Respect genießt und überall mit Freuden aufgenommen wird, ein keineswegs unausführbarer Plan. Dort ist der Stab des Aesculap dem wandernden Europäer eine bessere Waffe, ein größerer Schutz und sicherere Hülfe aus allen Nöthen und Verlegenheiten, als der beste Revolver und die reichsten Geldmittel ihm gewähren können.

Helfer hielt Smyrna für den geeignetsten Ort, auf asiatischem Boden Fuß zu fassen, in der halb europäischen, halb asiatischen Stadt sich zu acclimatisiren und selbst zu einem halben Asiaten umzugestalten, um von da aus dann, bei günstigem Glück und wohlausgerüstet, weiter gen Osten vorzudringen.

Sobald dieser Plan einmal unter uns festgestellt war, wurde auch sofort zur Ausführung geschritten.

Die bisher von ihm geführten Familienangelegenheiten sowie die Verwaltung seines eigenen Vermögens übertrug Helfer einem Rechtsfreunde; somit aller fesselnden Pflichten in der Heimat entbunden, konnte er seine ganze Thätigkeit den Vorkehrungen zur Reise zuwenden.

Mir stand der schwere Abschied von meiner inniggeliebten Mutter und Geschwistern bevor; natürlich wünschte ich, vor einer so langen Trennung sie noch einmal zu sehen.

Obwol Helfer die Mißbilligung unsers Entschlusses von seiten meiner Mutter fürchtete, begleitete er mich doch bereitwillig nach ihrem Gute Zinnitz in der Lausitz. Wie froh war er überrascht, da sie unserm Vorhaben nicht nur keinen Widerstand entgegensetzte, sondern sogar zur Ausführung desselben uns aneiferte.

Gewiß empfand meine Mutter die Trennung von mir und Helfer recht schmerzlich, aber sie ließ ihre Wehmuth nicht sichtbar werden. Mit einem starken Geiste begabt, wie er selten unserm Geschlechte verliehen ist, und bei aller Liebe zu ihren Kindern stets eine lebhafte Theilnahme für die Welt im großen und die Weltbegebenheiten bewahrend, vergaß sie den vorübergehenden

Schmerz der Trennung über dem Interesse, welches sie den Ideen Helfer's abgewonnen hatte. Sie folgte uns schon in Gedanken, in welche sie sich oft so sehr vertiefen konnte, daß alles um sie her Vorgehende von ihr unbemerkt blieb, in unbekannte und interessante Gegenden und genoß im voraus das Vergnügen, welches unsere Schilderungen ihr bereiten würden.

Helfer benutzte den Aufenthalt in Zinnitz, die glücklichen homöopathischen Curen unsers Hausarztes mit Aufmerksamkeit zu prüfen; war er auch, dem Gange seiner medicinischen Studien gemäß, Allopath, so erkannte er doch die großen Vortheile der Homöopathie für Länder, wo es schlechte oder gar keine Apotheken gibt, und wo der geschickteste Allopath aus Mangel an den nöthigen Medicamenten nichts zu leisten vermag. Nachdem er sich durch eigene Anschauung von der Wirksamkeit homöopathischer Behandlung überzeugt hatte, widmete er dieser Heilmethode ein gründliches und eingehendes Studium, versah sich mit einer vollständigen homöopathischen Apotheke und setzte sich so in den Stand, auch ohne Apotheker Kranken Hülfe zu leisten: für den Orient eine unschätzbare Kunst, der wir auf unsern spätern Reisen sehr viel zu danken hatten.

Von den Segenswünschen meiner vortrefflichen Mutter begleitet, gingen wir zunächst nach Berlin, wohin ich von der Frau Prinzessin Marianne, der Gemahlin des Prinzen Wilhelm von Preußen, des Bruders König Friedrich Wilhelm's III., beschieden worden war, um Ihrer königlichen Hoheit meinen Gatten vorzustellen. Schon als junges Mädchen hatte ich das Glück, von dieser edeln, durch Herzensgüte wie durch Geistesgaben gleich ausgezeichneten Frau beachtet und mit großer Güte behandelt zu werden; es war mir vergönnt, manche Morgenstunde in dem Cabinet der Prinzessin allein mit ihr zuzubringen, und ich verdanke ihrem anregenden Einflusse unendlich viel! Sie legte für unsern Reiseplan lebhaftes Interesse an den Tag: ich mußte versprechen, von Zeit zu Zeit Berichte aus der Ferne einzu=

senden, und erhielt den besondern Auftrag, über die religiösen Zustände der Christen im Orient auf eigener Anschauung beruhende möglichst genaue Mittheilungen zu machen.

Noch einer andern, weniger hochgestellten, aber nicht minder ausgezeichneten Frau sagte ich in Berlin Lebewohl, der Madame Levy, die mir, ich bin stolz es zu sagen, eine mütterliche Freundin gewesen. Ihr Verkehr mit den hervorragenden Persönlichkeiten in Wissenschaft und Kunst, die von nah und fern sich in ihrem Hause versammelten, hatte ihr bis ins späte Alter eine ungewöhnliche Frische des Geistes bewahrt. Um unserm Vorhaben förderlich zu sein, empfahl sie uns an ihre Schwester, die Baronin Eskeles in Wien, welche Empfehlung sich uns vielfach als ein wahrer Talisman bewährt hat.

Die ermuthigende Theilnahme so hochverehrter Personen an unserm Entschlusse konnte nicht verfehlen, die Freudigkeit und Zuversicht in uns zu befestigen. Wir eilten nach Prag zurück und betrieben mit allem Eifer die Ausrüstung zur Reise und zum Aufenthalt in fremden Landen. Da wir uns für längere Zeit in Smyrna niederlassen wollten, schien es uns zweckmäßig, alle zur Haushaltung gehörigen transportabeln Gegenstände mitzunehmen.

In dem mitunter recht peinlichen und mühsamen Geschäfte des Einpackens so mannichfacher großer und kleiner Wirthschaftssachen unterstützte mich treulich meine treue Lotty, eine Dienerin, wie ich sie jeder und besonders einer noch jungen Häuslichkeit wünsche. Flink und behende, unter Singen und Scherzen verrichtete sie die ihr obliegenden Dienste; ja sie überraschte mich des Morgens mit den in der Nacht gepackten Kisten, indem sie versicherte, es nicht dulden zu können, daß ich mich selbst damit abmühe.

Mit Erstaunen bemerkte ich eines Tages, daß sie auch ihre eigenen Sachen mit einpackte; darüber befragt, erklärte sie, schüchtern zwar, aber fest: sie würde mit uns gehen, wir möchten wollen oder nicht. Das war unerwartet. Konnte ich bei dem hübschen muntern Mädchen, das erst zehn Monate mit uns verlebt hatte, eine solche Anhänglichkeit vermuthen? Ich suchte sie von dem Gedanken abzubringen und stellte ihr alle Beschwerden der Reise, den Mangel jedes Vergnügens, jeder Ansprache unter fremden Menschen vor. Umsonst, sie blieb dabei, nicht von meiner Seite weichen zu wollen, es sei denn daß sie mir lästig fiele. Wie konnte das aber sein, war sie mir doch nicht blos eine unermüdliche Dienerin, sondern eine wirkliche Freundin geworden. Gerührt von so viel Liebe, umarmte ich sie und sagte ihr nun, daß ich gern ihr Erbieten annähme. Ihre Freude war groß. Noch emsiger als zuvor verrichtete sie die vielen Arbeiten, von früh bis spät keinen Augenblick rastend.

Ich kann nicht umhin, von einem so seltenen Wesen, das uns die hülfreichste, unverdrossenste und stets heitere Begleiterin wurde, hier einiges Nähere mitzutheilen.

Charlotte war durch den Krieg, der im Jahre 1813 das Königreich Sachsen verheerte, ältern= und heimatlos geworden und mit gegen 300 andern verwaisten Kindern der Fürsorge Fremder anheimgefallen. Ein Landgeistlicher in der Nähe von Leipzig nahm sie in seine Familie auf und erzog sie mit seinen eigenen Kindern. Indem er sie an deren Unterricht theilnehmen ließ, erhielt sie eine Bildung, die weit über den Stand einer Dienerin hinausging. Als die gesteigerten Bedürfnisse der heranwachsenden Familie des Geistlichen ihm die Erhaltung einer Fremden zur Bürde machten, entschloß sie sich, ihren Unterhalt selbst zu erwerben, und trat, durch dresdener Freunde an mich empfohlen, in meinen Dienst. Sie unterzog sich, als unser einziger Dienstbote, allen Verrichtungen, deren eine wenn auch kleine Haushaltung so vielerlei verlangt; und nachdem sie den Morgen mit Reinigen, Kochen und Waschen verbracht, die Nachmittagsstunden zum Nähen verwendet hatte, benutzte sie den Abend, um Briefe an ihre fernen Freunde oder

Notizen in ihr Tagebuch zu schreiben. Eine Köchin, die Briefe schreibt und ein Tagebuch führt! höre ich spottend ausrufen. Allein warum soll nicht auch eine Dienerin Gedanken und Empfindungen haben, die sie in Ermangelung gegenwärtiger Vertrauter dem Papier übergibt? Jedenfalls, meine ich, ist dieser Zeitvertreib den sonst gebräuchlichen Vergnügungen unserer dienenden Klasse in jedem Betracht vorzuziehen.

Wenn ich länger bei Charlottens Schilderung verweilte, als es der Zweck dieser Blätter gestatten mag, so wollte ich zunächst meinem dankbaren Herzen Genüge thun, zugleich aber auch der so allgemein verbreiteten Ansicht entgegentreten, daß Bildung untauglich mache für den Beruf häuslichen Dienstes. Meine Erfahrungen haben mir das Gegentheil gezeigt. Wer die Bildung seiner Diener, worunter freilich vor allem die Bildung des Gemüths zu verstehen ist, sich angelegen sein läßt, wer aufrichtigen Antheil an ihrem Wohle nimmt, der wird sich brauchbare und treu anhängliche Leute erziehen.

2.

Von Prag nach Smyrna.

Nachdem für all das Theuere, was wir in der Heimat verließen, die möglichste Fürsorge geschehen, auch sonst die nöthigen Anstalten für eine lange Entfernung getroffen waren, kam der Tag unserer Abreise, der 17. April des Jahres 1835, ein ominöser Freitag, heran, der, ich weiß nicht aus welchen Gründen, gegen die Bitten unserer prager Freunde, zur Abreise bestimmt worden war.

Sich von Umgebungen loszureißen, in deren Mitte man einen ungetrübt glücklichen Lebensabschnitt verbracht hat, wird immer etwas tief Ergreifendes haben. Im doppelten Maße war das bei uns der Fall, die wir einer fernen ungekannten Zukunft entgegengingen und für welche die Wiederkehr so zweifelhaft war. Hatten wir auch den Entschluß mit aller Herzhaftigkeit gefaßt, die Ausführung mit aller Freudigkeit begonnen, so verließen beide uns doch im Augenblick des letzten Händedrucks, der letzten Abschiedsblicke, als unser Auge auf die gewohnten behaglichen Räume fiel und wir, unser Gesicht abwendend, gesenkten Hauptes die Thürschwelle überschritten, ohne zu wissen, ob unser Fuß sie jemals wieder betreten werde.

Solche Gefühle mochten auch Helfer bestürmen; denn so hastig und freudig er die Anstalten zur Abreise getroffen und sie aufs äußerste beschleunigt hatte, so war doch der sonst so ruhig Besonnene im Augenblick der wirklichen Trennung tief erschüttert.

2. Von Prag nach Smyrna.

Es war morgens 4 Uhr, die Tagesdämmerung hatte erst begonnen und warf ein unsicheres Licht auf Prags alterthümlich großartige Baudenkmäler, deren Formen uns in diesem Moment noch ehrwürdiger und imposanter als bei vollem Tageslichte erschienen. Langsam bewegte sich der Wagen dem Wiener Thore zu. Dort machten wir halt und sagten den uns begleitenden Freunden das letzte Lebewohl; und nun ging es, indem der Postillon sein Morgenlied anstimmte, im raschen Trabe der unbekannten Welt entgegen.

Das sonst so schöne Böhmen bietet an der alten wiener Straße durchaus nichts Anziehendes; wir saßen daher, die vorüberstreichenden Landschaften wenig beachtend, in uns gekehrt und unsern Gedanken nachhängend da, bis wir nach Znaim kamen. Hier war Jahrmarkt und das Getümmel und Gedränge der Menschen sehr groß; die Kaufbuden waren so dicht, die Fahrstraße beengend, aufgestellt, daß der große Postwagen sich kaum dazwischen Bahn machen konnte. Da der Postillon hinter den Buden dicht an den Häusern entlang seinen Weg zu nehmen und an einer vorspringenden Ecke scharf umzubiegen genöthigt war, verlor der Wagen bei der Wendung das Gleichgewicht und stürzte mit gewaltigem Krachen zu Boden. Die Ladung war schwer, es währte somit einige Zeit, bis der Wagen wieder gehoben werden konnte. Aber welches Entsetzen ergriff uns, als wir eine Frau darunter zum Vorschein kommen sahen, die, von dem umstürzenden Wagen tödlich getroffen, jetzt nach Hebung desselben nach einigen Athemzügen verschied! Es war eine Obsthändlerin, die mit ihren Fruchtkörben an der Stelle gesessen hatte, wo der Wagen umstürzte, und, mit dem Rücken nach diesem gewandt, von ihm zu Boden geschmettert worden war. Wir fühlten uns aufs schmerzlichste bewegt von dem tragischen Vorfall, dessen traurige Bedeutung noch durch den Umstand, daß die Verunglückte Mutter von vier Kindern war, erhöht wurde.

Wer sich noch so frei von dem Glauben an böse Ahnungen

und Vorbedeutungen dünkt, er wird doch von einem leisen Schauder beschlichen werden, wenn sich ihm am Anfang eines gewagten, von Gefahren unzertrennlichen Unternehmens, wie das unsere war, ein so schreckliches Ereigniß vor Augen stellt.

Meine leichterregbare Lotty, leichenblaß und sprachlos vor Schreck, brach in die Worte aus: „O der böse Freitag! wären wir nur nicht an einem Freitage abgereist!" Unsere Theilnahme wandte sich nun den armen, so plötzlich mutterlos gewordenen Kindern zu, von denen die beiden ältesten herbeigestürzt kamen. Wir griffen in unsere Reisekasse, und Lotty, welche im selben Augenblick den Schreck und das böse Omen vergessen hatte, warf mit ihrem allezeit bewährten praktischen Sinne das Geld in ihren Reisehut, und die Kinder an die Hand nehmend, rief sie das Mitleid der herzuströmenden Menschen wach und veranstaltete eine Sammlung, welche bei der Menge zum Jahrmarkte versammelter, mit Geld versehener Leute einen überaus günstigen Erfolg hatte, sodaß eine nicht unbedeutende Summe dem Magistrat übergeben werden konnte.

Nachdem wir hierdurch unsere Herzen etwas erleichtert fühlten, setzten wir die Reise nach Wien fort.

Nach einer Fahrt von etlichen dreißig Stunden näherten wir uns der alten Kaiserstadt, die ich bisher nur aus Schilderungen ihres Luxus und ihres vergnüglichen Lebens kannte.

Mein Herz schlug freudig beim Anblick der mächtig dahinströmenden Donau mit den grünbelaubten Ufern und den schöngeformten Bergen. Ich verschlang mit meinen Blicken begierig die Landschaft, soweit die enge Oeffnung eines Postwagenfensters es gestattete, bis wir das Rothe Thurmthor erreichten und zwischen seinen unansehnlichen Kaufläden dahinfuhren; da erschien mir die Kaiserstadt nicht mehr kaiserlich. Jetzt sieht es dort, dank der vorschreitenden Cultur und dem Verschönerungssinne der Wiener, freilich anders aus.

Es kann nicht in meiner Absicht liegen, eine Schilderung

Wiens zu geben, das schon so oft und doch nie erschöpfend beschrieben worden, und über welches man entweder sehr viel sagen oder ganz und gar schweigen soll. Der Eindruck, den es damals auf mich machte, war ein sehr günstiger; es war die erste und einzige Stadt, die mir durchaus fröhlich und lustig erschien und mir selbst die heiterste Stimmung aufnöthigte. Worin dies lag, kann ich nicht erklären und weiß ich nicht, doch kam mir alles so grundvergnügt vor, wie es allerdings gegenwärtig nicht mehr ist. Wien ist seitdem größer und großartiger geworden, aber fröhlicher nicht! Aus dem heitern Kinde ist ein Mann erwachsen, der mit des Lebens Ernst zu ringen hat.

In Wien wollten wir uns einige Tage aufhalten, um Empfehlungen für Triest und Smyrna zu sammeln. Das Schreiben der Madame Levy verschaffte uns die zuvorkommendste Aufnahme in dem Hause ihrer Schwester, der Baronin Eskeles, welche uns den Aufenthalt in Wien in hohem Grade angenehm machte.

Ich verweilte fast ausschließlich in der Baronin Gesellschaft, hätte aber bald ihre gute Meinung verscherzt, als sie mir an einem Opernabende ihre Loge im Kärntnerthor-Theater anbot, und ich, in Unkenntniß welch hohen Werth zu jener Zeit die wiener gute Gesellschaft auf die italienische Oper legte, ganz naiv erwiderte: „Ich danke sehr, wir haben Plätze im Leopoldstädter Theater!" Raimund spielte selbst in einer seiner besten tragisch-komischen Possen. Aber so hoch er und seine Vorstellungen auch geschätzt waren, so hätte doch kein Wiener von seinem Ton ihretwegen eine Loge in der italienischen Oper abgelehnt. Ein feines Lächeln um der Baronin Mund sagte mir, daß ich eine Bêtise begangen und meinen schlechten Geschmack verrathen habe; ich konnte das Geschehene aber nicht mehr ändern und besuchte wirklich die Leopoldstadt.

Wer aus Norddeutschland kommend eine Raimund'sche Posse zuerst in Wien und von ihm selbst gesehen hat, der wird mein Entzücken begreifen, und daß ich im buchstäblichen Sinne in ein und demselben Moment geweint und gelacht habe. Vielleicht trug der Enthusiasmus, mit welchem ich der Baronin am andern Morgen mein Entzücken schilderte, und der ihr bewies, daß ich nicht ganz für Kunst unempfindlich sei, folglich mein Geschmack wol noch für die höhere der Oper gebildet werden könne, etwas dazu bei, mich wieder in ihrer guten Meinung zu heben; gewiß ist, daß die vortreffliche Frau, an unserm Reiseproject lebhaften Antheil nehmend, durch die einflußreichen Verbindungen ihres Hauses für unsere gute Aufnahme in Triest und Smyrna liebenswürdig sorgte.

Diese von Fremden uns gewordene Güte war mir sehr wohlthuend und gab mir für die Zukunft eine gewisse Beruhigung und Sicherheit. Nie werde ich aufhören dafür dankbar zu sein, und ich freue mich, hier einen kleinen Tribut meiner Dankbarkeit zollen zu können.

Mit einer ganzen Ladung Empfehlungsschreiben versehen, verließen wir Wien am 28. April und zogen langsam weiter.

Die Eisenbahn existirte noch nicht, mit welcher man jetzt in wenig Stunden das schöne Mürzthal durcheilt. Unsere Reise mit einem eigenen Miethkutscher hatte die Dauer von acht Tagen! Allein dafür sahen wir auch alle Schönheiten, welche die Steiermark dem Wanderer so freigebig bietet, mit voller Muße.

In Schottwien spät am Abend des ersten Tages angekommen, wurde ich des andern Morgens, als ich früh ans Fenster trat, von den, wie mich dünkte, himmelhohen Bergen, die sich unmittelbar vor mir erhoben, in ein freudiges Erstaunen versetzt. Mir, der Flachländerin, die noch nie in solcher Nähe von Bergen gewesen war, machten sie den ungemeinsten Eindruck. Wer mir damals gesagt hätte, sie würden mir einst zum Maßstabe des Dhawalagiri dienen!

Helfer war über den Genuß, den mir die Naturschönheiten Steiermarks gewährten, sehr glücklich; er glaubte nun selbst, daß die unternommene Reise mir kein Opfer, sondern ein Vergnügen sein werde, und fühlte sich dadurch in seinem Innern sehr beruhigt.

2. Von Prag nach Smyrna.

Am 5. Mai langten wir vor Triest an und stiegen natürlich, wie jeder Reisende, auf der Höhe von Optschina aus, um den herrlichen Blick über die unten am Fuße liegende, vom Adriatischen Meere bespülte Stadt zu genießen.

Die schönen mit Gärten und Villen geschmückten Gestade erfreuten mein Auge; mehr noch die tiefblaue Farbe des Meeres, die so viel schöner als die grünlichgraue der Ostsee ist, der einzigen Meeresfläche, die ich bisher gesehen hatte. Aber meine Blicke schweiften weiter über die Wogen nach dem fernen Horizont hin, neugierig die Küste Asiens suchend, die ich nun bald betreten sollte.

So wohl empfohlen, wie wir es waren, konnte uns eine zuvorkommende Aufnahme in den ersten Häusern Triests nicht fehlen; dennoch vermochte sie uns nicht zu fesseln. Voll Ungeduld, unser Reiseziel zu erreichen, beschleunigten wir die Abfahrt und mußten, da die Dampfschiffverbindung des Lloyd noch nicht gegründet war, welche die Fahrt jetzt zu einer völlig geregelten und zu einer der angenehmsten Seereisen macht, uns in der österreichischen Brigg Elisabeth einschiffen, einem sehr kleinen und nichts weniger als einladenden Fahrzeuge, aber dem einzigen, welches gerade im Hafen von Triest für Smyrna bereit lag. Die Einrichtung desselben war noch so primitiv, daß nicht einmal auf eine Mittagstafel für die Passagiere Bedacht genommen, sondern diese genöthigt waren, für ihre Beköstigung selbst Sorge zu tragen.

Wir hatten für zwei Wochen, der damals gewöhnlichen Ueberfahrtszeit von Triest nach Smyrna, Lebensmittel einzunehmen, wobei mir die Hülfe meiner umsichtigen Lotty vortrefflich zu statten kam. Hätte ich allein dafür sorgen müssen, es wäre schlecht um uns bestellt gewesen. Nachdem zwei große Hühnersteigen mit Geflügel angefüllt und bedeutende Quantitäten Kaffee, Zucker und Reis an Bord geschafft waren, glaubten wir für unsere Lebensbedürfnisse aufs reichlichste gesorgt zu haben — doch der Mensch denkt, und Gott lenkt!

2. Von Prag nach Smyrna.

Am 9., einem herrlichen Maimorgen, von unsern in Triest erworbenen Gastfreunden zum Schiffe geleitet, überreichte mir Herr Napoli, ein entomologischer Freund Helfer's, beim Abschiede einen blanken, scharfgeschliffenen Dolch, mit Elfenbeingriff, in grüner Scheide.

„Auf einer Reise wie die Ihrige", sagte er, „können Sie möglicherweise von eminenten Gefahren bedroht sein; der Dolch schützt Sie im äußersten Falle." Dabei zeigte er mir, wie die Waffe am sichersten gehalten und geführt werden müsse; beinahe wäre mir der sonst so gemüthliche, liebenswürdige Mann in einem zweifelhaften Lichte erschienen. Ich nahm indessen das Geschenk dankend an, wenn auch mit einer gewissen Scheu; war es doch der erste Dolch, den ich in der Hand hielt. Später befreundete ich mich besser mit ihm, und er verlieh mir in mancherlei Verhältnissen ein Gefühl der Sicherheit, obgleich ich, Gott sei Dank, nie in die Lage kam, ihn als Waffe zu gebrauchen.

Die Abfahrt eines Schiffes ist immer mit viel Geschäftigkeit verbunden; sind auch die Frachtgüter und schweren Ladungen schon früher eingenommen und untergebracht worden, so bleibt doch noch viel zurück, was erst im letzten Augenblick abgethan werden kann. Jeder Matrose, auch der am niedrigsten gestellte, hat noch allerlei kleine Geschäfte für sich selbst zu besorgen, ehe er den heimatlichen Hafen auf längere Zeit verläßt; denn jeder treibt einen kleinen Handel auf eigene Faust, und nur mit um so größerm Eifer, als es verstohlen, hinter dem Rücken des Kapitäns geschehen muß.

Die schmale Passage vom Landungsplatze bis zum Schiffe war dicht mit Menschen besetzt. Frauen, selbst Kinder drängten sich herzu, ihren Männern, Vätern oder Brüdern noch irgendeinen gewinnreichen Handelsartikel: bunte Tücher, Spiegel, rothen Fes, geschliffene Glaswaaren, zu bringen, oder ihnen heimlich Proviant zuzustecken und so die harte Schiffskost aufzubessern. Schnell wurde nach allem gegriffen, noch schneller das Erhaltene verborgen; denn des Kapitäns wachsames Auge streifte spähend und streng umher, jede Pause oder Störung in der angeordneten Arbeit scharf rügend.

Endlich kamen auch wir an die Reihe. Unsere großen, eine ganze Hauseinrichtung bergenden Kisten wurden eingehißt und, so gut es gehen wollte, in dem für das Passagiergepäck bestimmten engen Raume zusammengeschichtet; für unsere Bequemlichkeit in der engen Cabine hatten wir selbst zu sorgen, da aller und jeder Comfort darin fehlte. Wir überließen diese Sorge unserer emsigen Lotty und blieben auf dem Verdeck.

Die Brücke, die ans Land hinüberführt, wurde zurückgezogen und so der letzte Verband mit unserer theuern Heimat im weiten Sinne des Wortes gelöst. Denn wir schieden nicht nur von dem Boden, wo unsere Wiege gestanden und wir unsere Jugend verlebt hatten, wir schieden in diesem Augenblick von dem Welttheile, von der Sprache, Sitte, Cultur und Lebensweise, die mit unserer Denk- und Empfindungsart aufs engste verwachsen waren. Unser Fuß hatte die sichere Muttererde verlassen und sich auf zerbrechlichem Fahrzeuge dem trügerischen Element übergeben; so unergründlich und dunkel die Tiefe des Wassers unter uns, ebenso unerforschlich lag die Zukunft vor uns.

Die Segel wurden gespannt, der Anker gelichtet; stärker hob und senkte sich das Schiff, bis es in immer schnellerm Laufe die Fluten durchstrich und das Land immer weiter unsern Augen entschwand; zuletzt blieben nur noch einzelne Punkte meinen feuchten Blicken sichtbar.

„Adieu, Europa!" sagte Helfer und ergriff tief bewegt meine Hand. „Du opferst mir viel, Pauline, fortan sind wir uns alles in allem — ganz auf uns allein beschränkt! Weißt du, daß mich gerade das so glücklich macht?"

Wie hätte der Ausdruck so großer, die vollste Befriedigung kündender Zuneigung des geliebten Mannes mich nicht reichlich entschädigen sollen für Opfer, die mir eigentlich keine Opfer waren; wie sollte ich ihm nicht überall hin mit Freuden folgen? Mein Händedruck sagte ihm, daß auch ich, wenn nur an seiner Seite, völlig zufrieden, völlig glücklich sei.

Es lag im Rathschlusse der Götter, uns auf dieser ersten Seereise das ganze Ungemach einer solchen durchkosten zu lassen und unsern Muth gleich anfänglich auf harte Proben zu stellen.

Bei schwachem Winde hatten wir den Hafen von Triest verlassen, mit schwachem Winde schleppte sich das kleine Fahrzeug, hin= und herkreuzend, täglich einige Meilen weiter, bis eine complete Windstille jede Bewegung desselben, außer der des Hin= und Herschaukelns, verhinderte. Unser dalmatischer Kapitän suchte nach echter Seemannsart die Gunst der Winde zu erpfeifen, anfänglich in sanften angenehmen Tönen, die jedoch sich immer steigerten, lauter und schriller wurden, bis sich endlich der mühsam verhaltene Ingrimm durch eine Flut von Verwünschungen Luft machte. Ein Glück, daß ich, der dalmatischen Sprache unkundig, nur ihre Laute in diesen Wuthausbrüchen wahrnehmen konnte.

Unsere Mundvorräthe nahmen bereits in bedenklichem Maße ab. Von den Hühnern und Enten, die noch nicht verzehrt waren, starben viele. Wie uns der Küchenjunge versicherte, erlagen die armen Geschöpfe der Seekrankheit; man gewahrte kein Zeichen eines gewaltsamen Todes. Selbst im hohen Grade seekrank, in diesem schrecklichsten aller Zustände meiner Sinne und Gedanken beraubt, ja mich dem Tode nahe glaubend, zweifelte ich nicht, daß die kleinen Wesen an diesem Uebel zu Grunde gegangen seien, und beneidete sie fast um das schnelle Ende ihrer Qual. Allein meine Lotty, die weniger heftig von dem Uebel litt und bald ihren frischen, muntern Sinn wiedergewonnen hatte, schüttelte ungläubig den Kopf zu den seekranken Hühnern. „Das muß eine andere Bewandtniß haben", sagte sie, „die ich schon entdecken werde!"

Des andern Morgens war sie bereits vor Tagesanbruch

ihrem Lager entschlüpft und mir aus den Augen verschwunden; bald darauf hörte ich zwei laut streitende Stimmen, deren eine, meiner Lotty angehörend, im reinsten dresdener Dialekt jemanden aufs heftigste auszankte, der, diese süße Sprache nicht verstehend, ihr auf dalmatisch antwortete. Beide überboten sich in den ihnen gegenseitig unverständlichen Expectorationen, bis endlich durch die Dazwischenkunft des Kapitäns dem Streite ein Ende gemacht und ermittelt wurde, daß Lotty einen Matrosen beobachtet hatte, wie er ein lebendes Huhn aus der Steige genommen, ihm mit den Fingern die Hirnschale eingedrückt und es, als an der See= krankheit verendet, eben in die Steige zurücklegen wollte, als sie aus ihrem Versteck hervortrat und den Uebelthäter auf frischer That ertappte, der nun dem erzürnten Kapitän überliefert wurde. Nur mit Mühe gelang es Helfer, diesen zu beschwichtigen und dem Hühnerdieb Pardon zu erwirken; der gestrenge Kapitän konnte nicht begreifen, wie mir die Genugthuung, ihn derb gezüchtigt zu sehen, nicht angenehm sein sollte.

Diese unter unserm Geflügel wüthende Seuche war leider zu spät entdeckt worden; nur wenige magere Hühner waren am Leben geblieben, und noch war keine Aussicht, bald das Land zu erreichen.

Wir hatten, im Vertrauen auf die Fülle unserer Vorräthe, einen jungen Attaché des französischen Consulats in Syra, dem des Kapitäns gedörrte Fische, eingesalzenes hartes Fleisch und Matrosenzwieback nicht munden wollten, eingeladen, unser Gast zu sein. Nun aber waren wir selbst genöthigt, unsere Zuflucht zu jenen Delicatessen zu nehmen, obwol sie meinem durch fortgesetzte Seekrankheit stark angegriffenen Magen vollkommen widerstanden.

Helfer dagegen bewährte gleich anfänglich seine Befähigung zum Weltumsegler; nicht einen Augenblick wandelte ihn Unwohl= sein an, noch war ihm die Schiffskost ungenießbar. Heitern Blickes stand er am vordersten Rande des Schiffes, mit Sehnsucht nach dem Lande seiner künftigen Forschungen ausschauend, oder

er saß studirend in seiner Cabine. Nie raubten die Beschwerlich=
keiten der Reise ihm die heitere Stimmung, nie erzeugten sie
ihm Unwohlsein, er schien wie von Stahl, unempfindlich gegen
äußeres Ungemach; nur im Verkehr mit Menschen war er reizbar
und verlor hier leicht den ihm sonst eigenen Gleichmuth.

Zwei volle Wochen waren so verstrichen unter Unwetter,
Windstille und Entbehrungen, und noch waren wir fern vom
Lande. Da wurden wir eines Morgens aus dem tiefen Schlafe,
wie man ihn nur auf offener See zu haben pflegt, durch ein
fürchterliches Geschrei geweckt, das mehrere Kehlen ohne Unter=
brechung ausstießen. Wir kleideten uns schnell an und eilten
auf das Verdeck.

Welch ein Anblick! Drei Matrosen und ein kleiner schwarzer
Schiffsjunge waren auf die vier am Bord befindlichen Kanonen
gebunden, und ihr entblößter Rücken wurde mit starken Stricken
unbarmherzig zerfleischt. Der Kapitän stand dabei und schrie:
„Immer mehr! immer stärker!" — so die Executoren zu größerer
Energie anfeuernd.

Einige Minuten standen wir sprachlos vor Ueberraschung
und Entsetzen. Endlich brach ich in die Worte aus: „Um Gottes
willen, Kapitän, was ist geschehen? Halten Sie ein — Sie schlagen
die Menschen todt!" „Nicht eher, als bis die Hunde gebeichtet
haben", gab er mir kalt und fest zur Antwort. Wir sahen, daß
hier nichts zu ändern, keine Milderung herbeizuführen sei. Helfer,
wegen der Roheit des Mannes um mich besorgt, führte mich in
unser Cabinet hinunter, wo wir so gut als möglich alle Oeff=
nungen verstopften, durch welche der Schall der Schläge und
das Schmerzensgebrüll eindrangen. Doch nur mildern konnte
man die Töne, sie ganz abwehren konnte man auf einem so
engen Raume nicht. Endlich hörten die Streiche auf, und ein
Wimmern, herzzerreißender als das frühere Gebrüll, trat an
dessen Stelle, bis sich auch dies verlor.

Helfer ging nun aufs Verdeck und hörte vom Kapitän, daß

2. Von Prag nach Smyrna.

er an seiner Schiffsladung, die in Kaffee bestand, bestohlen worden. Nicht der Werth des Entwendeten versetzte ihn in solche Wuth, sondern die Gefahr, Ehre und guten Credit in der Kaufmannswelt einzubüßen. Die Diebe hatten nicht sackweise gestohlen, sondern aus jedem Sacke etwas genommen, in der Hoffnung, dadurch der Entdeckung zu entgehen. Da nun aber der Kapitän den Kaffee nach dem Gewicht abliefern mußte, so wäre seine Ehrlichkeit sehr in Frage gestellt worden, wenn jeder Sack weniger enthalten hätte, als der Frachtbrief besagte. Er selbst würde für einen Betrüger gehalten worden sein und das Vertrauen der Rheder für die Zukunft verloren haben. Eine so große Gefahr, der er nur durch die zufällige Entdeckung des Diebstahls entgangen, versetzte ihn in die höchste Erregtheit, und mit vor Zorn bebendem Munde schwur er, die sämmtliche Mannschaft so lange züchtigen zu lassen, bis die Thäter entdeckt wären; und — er hielt sein Wort.

Vergebens waren meine Vorstellungen, meine Bitten. Am andern Morgen fing die Execution von neuem an und endete wieder ohne ein Geständniß zur Folge zu haben. Man hatte zwar in dem Bett des kleinen schwarzen Buben ein Säckchen von dem entwendeten Kaffee gefunden; doch war dies offenbar von dem eigentlichen Thäter dahin gethan, um den Verdacht von sich ab und auf diesen Unschuldigen zu wälzen.

Solche Hartnäckigkeit brachte den Kapitän zur Wuth. Als am dritten Morgen diese Scenen sich wieder erneuerten, konnte ich es nicht länger ertragen; mein ganzes Wesen empörte sich, Zeuge solcher Mishandlungen zu sein; auch fürchtete ich den Ausbruch eines Streites zwischen Helfer und dem Kapitän. Dieser hatte im Bewußtsein seiner Machtvollkommenheit, als Herr des Schiffes, Helfer's Vorstellungen schnöde und herausfordernd beantwortet. Ich kannte Helfer zu gut, um nicht zu fürchten, daß die große Selbstüberwindung, die er dem Kapitän gegenüber sich auferlegte, nicht von langer Dauer sein würde, und mir wurde vor den Folgen eines Ausbruches bange.

Wir befanden uns in der Nähe der kleinen zerstreut liegenden griechischen Inseln, die unbewohnt, ganz ohne Vegetation, sich aus dem Meere steil erheben. In einem Augenblick, wo Helfer unten im Cabinet in seine Lektüre vertieft war, eilte ich zum Kapitän. Ich fürchtete ihn nicht; denn jeder, selbst der roheste Mann kann sich einer gebildeten Frau gegenüber einer gewissen Befangenheit und Rücksicht nicht erwehren. Entschlossen sagte ich zu ihm: „Ich kann Sie nicht zwingen, Ihre Mishandlungen einzustellen, aber Sie können mich ebenso wenig zwingen, denselben beizuwohnen; ich verlange ein Boot, um uns und unsere Sachen dort auf jene Insel auszuschiffen." Anfänglich lächelte er; er hielt meine Forderung nur für eine leere Drohung und erwiderte: „Dorthin können Sie nicht, da würden Sie aus Mangel an den nöthigen Lebensbedürfnissen umkommen." Aber mein Vorsatz war gefaßt. Fest entschlossen, das Schiff zu verlassen, sobald sich diese empörenden Scenen erneuern würden, erwiderte ich: „Ich will lieber jedes andere Ungemach ertragen, als Zeuge solcher Auftritte sein; diese Gegend wird übrigens so häufig von Schiffen durchkreuzt, daß ich hoffen kann, bald von der Insel erlöst zu werden. Sie haben kein Recht, uns gegen unsern Willen auf Ihrem Schiffe zu halten, und wenn Sie es dennoch thun wollten, werden wir Sie gehörigen Orts deshalb zu belangen wissen."

Der Kapitän wurde betroffen und konnte nicht länger an meinem Ernste zweifeln. Der Gedanke, seine Passagiere könnten das Schiff verlassen und sich auf eine öde Felseninsel flüchten, um nicht Zeuge der durch ihn verübten Mishandlungen zu sein, fiel ihm aufs Herz. Sein Herz, das bei dem Wehgeschrei der Mishandelten ungerührt wie ein Fels blieb, fing an vor der drohenden Gefahr zu beben, sich und sein Schiff in Verruf zu bringen. Es war interessant, auf seinem in Verstellung ungeübten

2. Von Prag nach Smyrna.

Gesicht den Kampf zwischen Zorn und Ueberlegung zu beobachten. Endlich siegte letztere. Er gab den Befehl, die festgebundenen Matrosen freizumachen, bis er in den Hafen von Syra einlaufen würde, wo er die Schuldigen dem österreichischen Consulatsgericht übergeben könne.

Wer war froher als ich, für mich selbst sowol wie für die Armen, unter denen viele sicherlich unschuldig an dem Diebstahl waren! Ein dankbarer Blick aus aller Augen lohnte mir.

Ein günstiger Wind, der inzwischen eingetreten war, brachte uns bald in Sicht von Syra, dieser wie aus dem Meere auferstandenen Stadt der Zukunft.

Mit gespannter Erwartung blickten wir schon aus der Ferne nach der ersten griechischen Stadt, die wir sehen, dem ersten griechischen Boden, den wir betreten sollten, hinüber. Unsere Erwartung wurde beim Einlaufen in den Hafen nicht getäuscht. Für jemand, der aus dem Innern Deutschlands kommt und den Orient nur aus Büchern und Bildern kennt, scheint Syra schon einen ganz außereuropäischen Charakter zu tragen. Die Insel, durchaus gebirgig, aus schwarzem Felsgestein bestehend und mit nur sehr spärlicher Vegetation bedeckt, gleicht in einiger Entfernung einem Lavagebirge. Alt-Syra, eine Viertelmeile vom Meeresufer entfernt, auf einem steilen kegelförmigen Berge amphitheatralisch erbaut, gewährt mit seinen flachen Dächern, seinen Kirchen und seinem Kloster auf dem Gipfel des Berges einen höchst malerischen Anblick. Neu-Syra oder Hermupolis, in weiter Ausdehnung am Meeresufer sich hinlagernd, scheint unmittelbar aus den Fluten emporgestiegen zu sein, und seine Entstehung entspricht diesem Eindrucke.

Als der Befreiungskrieg so viele Griechen ihrer Heimat beraubt hatte, fanden sie — besonders die von ihrer Insel vertriebenen Chioten — eine sichere Zufluchtsstätte auf Syra; sie hauptsächlich erbauten Hermupolis, welches in kurzer Zeit sich durch die Bedeutsamkeit seines Handels und dem entsprechend durch die schnelle Vermehrung der Seelenzahl, die auf der Insel rasch von 16000 bis auf 40000 stieg, nächst Athen zur bedeutendsten Stadt Griechenlands erhob.

Unendlich froh waren wir, den engen dumpfigen Schiffs= raum verlassen zu können. Helfer, voller Hoffnung, auf der durch eigenthümliche Formationen sich auszeichnenden Insel ihm noch unbekannte Insekten zu finden, stieg so schnell als möglich ans Land, und er wurde in seiner Erwartung nicht getäuscht; über dem vom Meereswasser bespülten, im hellsten Sonnen= glanze strahlenden Ufersande schwärmten und summten alle jene vielgestaltigen Insekten, die solche Gegenden vorzugsweise lieben. Die schönen Stafelinen mit ihren buntfarbigen, grün= licher Bronzirung ähnlichen und stahlblau angelaufenen Flügel= decken mit goldenen Rändern wiegten sich in unzählbarer Menge im Sonnenschein über dem Meere, als erfreute sie selbst das Farbenspiel, welches durch ihr Spiegelbild auf der glatten Fläche erzeugt wurde.

Da unser Aufenthalt auf Syra von kurzer Dauer sein sollte, mußte die Zeit zum Sammeln desto eifriger benutzt werden. Helfer überließ mir und Lotty in Schmetterlingsnetzen die Stafelinen einzufangen, während er selbst im Sande und Moose die schwerer zu findenden kleinen unscheinbaren, aber höchst interessanten Käfer aufsuchte. Wir hatten, ungeachtet der ihre glühenden Strahlen herabsendenden Mittagssonne mit der Verfolgung unsers flüchtigen Wildes aufs eifrigste beschäftigt, nicht bemerkt, daß alle unsere Bewegungen mit Aufmerksamkeit beobachtet wurden.

Unter den vielen der Küste nahe gelegenen Schiffen befand sich auch ein englischer Kriegsschoner, auf dessen Verdeck ein großes Teleskop auf uns gerichtet war. Das ungewöhnliche Schauspiel, in der Mittagsstunde Damen und noch dazu in laufender oder springender Bewegung, je nachdem es das Ein= fangen der vom Schiffe aus nicht bemerkbaren Käfer erheischte, am Strande zu sehen, hatte die Neugierde des Befehlshabers erweckt. Daß diese Damen keine einheimischen sein konnten, war selbstverständlich; keine Griechin wird zu dieser Tageszeit eine Promenade machen, wenn sie überhaupt jemals sich bis zum Strande verirren sollte, sicherlich aber sich niemals aus ihrem langsam schlürfenden Gange bringen lassen, und am wenigsten um flüchtigen Insekten nachzujagen.

Der junge Seemann, der sich auch für andere als seine Fachwissenschaften interessirte — was bei Engländern, die gewöhnlich nur Eine Sache, diese dafür aber gründlich treiben, nicht häufig der Fall ist —, hatte bald die Ursache unserer sonderbaren Bewegungen entdeckt und war nun erst recht begierig geworden, die bei dieser Temperatur Insekten sammelnden Damen näher ins Auge zu fassen.

Er war ans Land gestiegen und wandelte auf und ab, jedoch immer in bescheidener Entfernung. Was blieb ihm auch anders übrig? Niemand konnte ihn uns vorstellen, und ohne diese unerläßliche Höflichkeitsform bringt es kein Engländer über sich, eine Annäherung anzubahnen! Ein Franzose oder ein Deutscher hätte sich schnell zu helfen gewußt, den Liebenswürdigen gespielt und seine Hülfe angeboten, wahrscheinlich aber auch den Gegenstand seiner Neugierde bald wieder vergessen und sein Interesse einem andern zugewandt. Anders unser junger Engländer. In wie weiter Entfernung er sich auch gehalten hatte, sodaß er von uns kaum bemerkt worden war, zeigte es sich doch später, daß seine Aufmerksamkeit nur um so gespannter gewesen und sein Interesse um so dauernder und nachhaltiger blieb.

Ermüdet und erhitzt suchten wir endlich eine Locanda auf, uns zu erquicken und auszuruhen. Mit dem Erquicken war es aber schlecht bestellt, eine Locanda in Syra bot, wenigstens zu jener Zeit, nicht viel Erquickliches; indeß, ruhen konnte ich einmal wieder auf festem Boden: das war ein unendlicher Genuß! Dünkte es mich auch anfänglich als ob alles hin- und herschwanke, und schwindelte mir der Kopf noch in der Rückerinnerung, so verlor sich doch diese Empfindung bald, und ich genoß nach so langer Unruhe und Aufregung des süßesten Schlafes bis spät gegen Abend.

Helfer, der weniger Zeit gebraucht hatte sich zu erholen, war inzwischen in die Stadt gegangen, einen Empfehlungsbrief bei dem amerikanischen Missionar Mr. Robertson abzugeben. Er war sehr freundlich empfangen worden und brachte mir eine Einladung, den Abend in dessen Hause zuzubringen. Mir war es sehr erwünscht, nach mehrwöchentlichem Schiffsaufenthalt einen geselligen Abend zu verleben sowie die Bekanntschaft einer mir neuen und interessanten Klasse von Menschen zu machen, die, durch religiösen und humanen Enthusiasmus bewogen, die Heimat ihrer Jugend verlassen hatten, um zur Wiedergeburt des alten classischen Griechenland ihr Scherflein beizutragen. Die amerikanischen Missionare wollten nicht sowol bekehren als belehren, und hatten zu diesem Zwecke Schulen für Knaben und Mädchen errichtet, in welchen diese in ihrer Muttersprache nach Lancaster'scher Lehrmethode in den Elementarwissenschaften unterrichtet wurden. Mir gestattete unser kurzer Aufenthalt und die Unkenntniß der griechischen Sprache nicht, die Wirksamkeit dieses Unterrichts zu beobachten, doch habe ich gehört, daß die Lernbegier und Fähigkeit der jungen Griechen gleich groß und ihre Fortschritte überraschend sein sollen. Auch wurden die Schulen damals von der griechischen Geistlichkeit nicht in ihrem Wirken behindert, da Herr Robertson weise genug war, sich von dogmatischen Streitigkeiten fern zu halten.

Leider war meine Unterhaltung mit Frau Robertson, die ebenso wenig französisch als ich englisch sprach, sehr erschwert, wir konnten uns nur durch Hülfe eines dritten verständlich machen. Bald erschienen neue Gäste und unter ihnen zwei englische Seeoffiziere, in deren einem wir augenblicklich unsern Wanderer am Strande vom heutigen Morgen erkannten, der sogleich die Gelegenheit wahrnahm, sich uns in aller Form vorstellen zu laſſen, und naiv erzählte, er habe uns von ſeinem Schiffe aus mit dem Fernglaſe beobachtet, und der Wunſch, unſere nähere Bekanntſchaft zu machen, habe ihn hierher getrieben, da er gewußt, wir würden hier zu finden ſein.

Kapitän Owen Stanley war mit Anfertigung von Seekarten in den griechiſchen Gewäſſern beauftragt. Dieſe mühſame Arbeit, der die beſten Seekarten jener Gewäſſer entſprungen ſind, hatte ihn ſchon lange an den griechiſchen Archipelagus gefeſſelt und ihn dort ganz heimiſch gemacht. Die Bekanntſchaft eines ebenſo wiſſenſchaftlich gebildeten als liebenswürdigen jungen Mannes war um ſo mehr Gewinn für uns, als er ſich mit Zuvorkommenheit erbot, des andern Tages uns als Führer durch die Inſel zu dienen.

Schon am frühen Morgen traten wir, Stanley in Begleitung des zweiten Schiffslieutenants, Helfer und ich, unſere Wanderung durch die Inſel an. Dieſelbe trägt einen unendlich öden Charakter; ſie beſteht aus ſchwarzem, aller Vegetation entbehrendem Geſtein und hat in der That ſo wenig fruchtbaren Erdboden, daß ſie den Bedarf der Einwohner an Gemüſe und Obſt nicht deckt, ſondern dieſer von der nahen fruchtbaren Inſel Tino gebracht werden muß.

Unſer Weg war eine längere Strecke hindurch beſchwerlich und führte über hartes ſchwarzes Geſtein, an deſſen ſcharfen Kanten die Füße ſich ſchmerzhaft ſtießen; kaum konnte man die Spur eines betretenen Pfades erkennen. Wir ſuchten uns den uninteressanten Weg mit deſto lebhafterer Unterhaltung zu kürzen, wobei ſich unſer junger Führer durch heitern Humor angenehm auszeichnete, und erfuhren, er ſei der Sohn eines durch hohe Geiſtesbildung hervorragenden Mannes, des nachmaligen Biſchofs von Norwich. Er hatte uns über das Ziel unſerer Wanderung im Unklaren gelaſſen; ſchon fürchtete ich, der ganze Weg würde gleich beſchwerlich und uninteressant bleiben, als wir bei einer

Biegung um einen vorspringenden Felsen unerwartet vor dem Eingange eines Thales standen, welches zwar schmal, aber dicht mit Orangen, Feigen, Granaten und Cypressen bewachsen, sich wie ein grüner Bandstreifen durch die schwarzen Felsen schlängelte. Die Citronenbäume waren in voller Blüte und zugleich mit gelben Früchten von ungewöhnlicher Größe reich behangen; ihr hellgrün glänzendes Laub bildete den schärfsten Contrast zu dem dunkeln Grün der Cypressen, die ernst und erhaben auf die blühende und duftende Jugendfrische herabblickten. Die Höhen waren mit blühendem Cactus bedeckt, dessen buntfarbige, durch das dunkle Grün der Bäume schimmernde Blüten meinen überraschten Augen einen außerordentlichen Anblick boten.

Wir waren in Coimo, einem Thale, das dem Anschein nach durch das Auseinanderreißen eines Berges entstanden ist und, abgeschlossen von der übrigen Welt, ein Paradies für sich bildet. Welch eine Ruhestätte für einen ermüdeten Erdenwanderer nach überstandenen Drangsalen des Lebens, oder wie geschaffen für einen Philosophen zum beschaulichen Leben! Aber keine derartigen Bewohner fanden wir hier, sondern einen gewöhnlichen griechischen Bauer, der über mein Entzücken höchlich in Verwunderung gerieth, denn er konnte schlechterdings nicht begreifen, was es da Großes zu bewundern gäbe. Geht es doch immer so in der Welt: nur das, was der Mensch nicht hat, reizt ihn; was er täglich und ohne Mühe besitzt, und sei es noch so vortrefflich, verliert die Anziehungskraft für ihn. Ist da der Fluch, der das erste Menschenpaar traf: „Im Schweiße deines Angesichts sollst du dein Brot essen!" nicht eher als ein Segen zu betrachten? Erhalten nicht alle Dinge erst ihren Werth durch die Mühe, mit welcher wir sie erkaufen? Verzehrt der arme Tagelöhner sein trockenes schwarzes Brot nicht mit einem Wohlbehagen, das der Reiche bei seinen leckern Speisen nicht empfindet?

Der freundliche Mann, durch den Ausdruck unsers Wohlgefallens geschmeichelt, führte uns auf die Terrasse seines Hauses, die uns einen Ueberblick über einen großen Theil dieses schönen Thals gewährte. Er brachte mir Pflaumen, schon zu dieser Jahreszeit völlig reif, große eßbare Citronen, die ich noch gar nicht kannte, und Gurken, die im Orient häufig wie anderes Obst roh gegessen werden, übrigens sehr kühlend sind.

Trotz all dieser Herrlichkeiten sah ich keinen Platz für Fremde, keine Bänke und Tische, um Sonntagsgäste mit Kaffee, Bier oder sonstigen Erfrischungen zu bewirthen, wie doch jede deutsche Stadt in ihrer Umgebung solche grüne Plätzchen nur in zu reichem Maße aufzuweisen hat. Wärst du, glückliches Thal, in meinem Vaterlande gelegen, wie würden da die Vergnügungslustigen aller Stände zu dir strömen, deine Felsenechos von den herrlichsten Concerten (für 2 Silbergroschen) widerhallen, die deinen idyllischen Thalgrund zum Schauplatz von unzähligen lustwandelnden Schönen machen würden. Von alledem aber gewahrt man hier nichts; nur selten unterbricht der Fußtritt eines einsamen Wanderers die tiefe, nicht einmal durch Vogelgesang belebte Stille dieses Ortes. Die männliche Bevölkerung von Syra ist in Handel und Wandel zu sehr beschäftigt oder von ihrem neuerwachten politischen Leben und ihrer nationalen Wiedergeburt zu sehr in Anspruch genommen, um Zeit zum Lustwandeln zu finden, und die Frauen in ihrer Leibesfülle, mit ihren Pantoffeln und dem schlürfenden Gange haben sich wol noch nie bis hierher verirrt.

Ueberhaupt unterscheiden sich die Griechinnen noch wenig von den Türkinnen. Ist auch das Joch der türkischen Oberherrschaft gebrochen, so hat es doch zu lange und zu schwer auf Griechenland gelastet, ist zu tief in das innerste Familienleben eingedrungen, als daß die Spuren so schnell verwischt werden könnten. Gerade bei den Frauen macht sich das Türkenthum viel bemerkbarer als bei den Männern.

Die Frauen sind fast ganz, nach der Art der Türkinnen, auf das Innere ihrer Häuser beschränkt; wie diese sitzen sie meist unbeschäftigt auf ihren Divans, das Nargile rauchend. Ihre einzige Sorgfalt ist der Kinderpflege gewidmet; selbst für die Küche sorgen die Männer, denn sie machen die Einkäufe auf dem Markte, und für die Zubereitung der Speisen ist meistens ein Koch angestellt; weibliche Dienstboten sind selten und meist unbrauchbar. Auch die äußere Erscheinung der heutigen Griechinnen erinnert viel mehr an Türkinnen als an die Modelle eines Phidias. Sind auch die Formen des Gesichts sehr regelmäßig, und erinnert die gerade Linie von Stirn und Nase an die Antike, so sind doch im ganzen die Züge zu stark, ist der Ausdruck zu männlich, und namentlich die kleine, etwas corpulente Figur zu wenig graziös, um an die Abstammung von den Helenen oder Aspasien glauben zu lassen.

Die Männer dagegen sind, wenn auch meist klein, doch wohlgestaltet. Bemerkenswerth ist die antike Form der Füße, selbst bei dem gemeinen Mann; ihr Fußblatt ist so hoch gewölbt, daß sein Inneres wol einen Zoll vom Boden entfernt ist. Sie sind auch nicht wenig eitel darauf, und ein griechischer Dandy, deren es nicht wenige gibt, bemüht sich bei Anlegung europäischer Stiefeln vornehmlich diese Schönheit hervorzuheben, gibt aber seinen Füßen durch künstliche Uebertreibung der natürlich schönen Form nicht selten das Ansehen einer Brückenwölbung. Ihre große Lebendigkeit, die Hast, mit welcher sie gehen, das schnelle und laute Sprechen, alles das macht sie dem würdevollen, bedächtig schweigsamen Türken sehr unähnlich, erinnerte mich vielmehr an die Eigenthümlichkeiten des Franzosen, mit dessen Naturell sie überhaupt viel gemein zu haben scheinen, wie sie ihn sich auch gern zum Vorbilde nehmen.

Wenn jetzt, nach einem so langen Zeitraum, in welchem die abendländische Bildung bei den lernbegierigen und befähigten Griechen viele Fortschritte gemacht und große Veränderungen in Form und Sitte des Lebens hervorgebracht haben mag, diese flüchtige Skizze nicht mehr getreu sein sollte, so wolle man die etwaigen Irrthümer mit der alles umwandelnden Zeit entschuldigen.

Nachdem wir uns erquickt und ein wenig geruht hatten, setzten wir unsern Weg fort. Stanley nannte uns jetzt das südliche Gestade als das Ziel unserer Wanderung und führte uns quer durch die Insel.

Wir schritten muthig weiter, mußten aber zu unserm Leidwesen bald das grüne schattige Thal verlassen und wieder auf dem unwirthbaren schwarzen Gestein einen schmalen Weg verfolgen. Schon machte sich die Ermüdung sehr fühlbar, und die uns ungewohnte griechische Sonne fing an eine immer unerträglicher werdende Mittagsglut zu entwickeln. Da traf das Rauschen des nicht fernen Meeres unser Ohr; wie erquickend wirkt nicht schon sein Brausen, selbst ehe noch seine kühlenden Winde uns in ihren Bereich aufgenommen haben. Nur noch wenige Schritte, und die blaue Flut breitete sich mit den vom leichten Winde sanft bewegten, hellglitzernden Wellen vor uns aus und umgab uns mit ihrer kühlenden Atmosphäre; der weiche feuchte Sand des Strandes that den brennenden Füßen wohl. „Hier ließe sich's gut ruhen, wenn es irgendwo ein schattiges Plätzchen gäbe", dachte ich, und in demselben Augenblick bog unser liebenswürdiger Führer um einen Felsenvorsprung, und vor unsern überraschten Augen stand ein schönes blau und weiß gestreiftes Zelt; weiche Moosbänke luden zur Ruhe ein, während eine wohlbesetzte Tafel, wie sie nur aus den Vorräthen eines Schiffes der englischen Marine hergestellt werden kann, mit frischen Seefischen und Südfrüchten versehen, unserm regen Appetit lockend entgegenduftete. Stanley hatte durch seine Matrosen am frühen Morgen diesen behaglichen Ruheort herrichten lassen und freute sich innig der gelungenen Ueberraschung.

Beim erquickenden Mahle und unter heiterm Geplauder verstrichen uns mehrere Stunden schnell und angenehm. Zum erſten mal lagerte ich in einem Zelte, bewirthet von engliſcher Gaſtfreundſchaft, zum erſten mal koſtete ich engliſches Ale und Sherrywein; ich ahnte nicht, daß dieſes ſcherzhafte Impromptu ſich bald in meine tägliche Lebensweiſe verwandeln ſollte.

Wir kehrten erſt gegen Abend auf einem kürzern, aber noch beſchwerlichern Wege zur Stadt zurück, Helfer reich beladen mit allerhand Gethier, bei deſſen Aufſuchung wir ihm behülflich geweſen waren. Für ihn war nur ein Tag, der ſeine Sammlungen bereicherte, ein glücklicher; der heutige war es außerdem noch durch die Freundſchaft geworden, welche ſich zwiſchen ihm und Owen Stanley entſpann und die für uns ſpäter ein Quell manch heiterer Stunden werden ſollte. Um uns erkenntlich zu zeigen, ließen wir die luſtigen Stafelinen, welche die erſte Veranlaſſung zu unſerer Bekanntſchaft geweſen waren, heute ungeſtört am Meeresufer umherſchwirren.

Ich war ziemlich ermüdet und brachte den andern Tag ruhig im Zimmer zu, mit den Vorbereitungen zur Weiterreiſe, dem Aufnadeln der geſtern gefangenen Inſekten, mit Umlegen und Einpacken von Pflanzen beſchäftigt. Helfer hingegen, der nie eine Gegend verließ, ohne ihren höchſten Punkt erſtiegen zu haben, machte eine Excurſion auf den Gipfel des Gebirges. Möge ſeine eigene Schilderung hier folgen:

„Ich machte heute die Tour auf den Gipfel der Inſel, welcher meine Aufmerkſamkeit auf ſich gezogen hatte; der Weg, anfangs über Steingeröll hinführend, verlor ſich bald gänzlich. Ich kletterte über Felſen und kroch durch Schluchten, und fürchtete ſchon, es ſei bereits zu ſpät, um noch bei Tage den Gipfel zu erreichen, und doch kletterte ich immer weiter und weiter, bis ich endlich zu meiner Freude auf der kleinen Steinpyramide ſtand, die den 3400 Fuß hohen Höhenpunkt bezeichnet. Vor mir ſtreckte ſich die Inſel Tiros, deren fruchtbares Grün im Gegenſatz zu den ſchwarzen Steinmaſſen unter meinen Füßen einen ſehr labenden Anblick bot, weit ins Meer hinaus; in dämmernder Ferne verlor Delos sich in die gerötheten Abendwolken. Doch nur kurze Zeit gönnte ich meinen Blicken, sich an den Fernsichten zu laben; meine Augen neigten sich bald zur Erde, dort die kleinsten und unscheinbarsten Insekten und Blüten des Steinmooses zu suchen."

Des andern Tages gingen wir wieder an Bord unserer Brigg, besser versorgt als das erste mal. Als wir von unserm liebenswürdigen Wirth im Thale von Coimo herzlich Abschied nahmen, versprach er, uns bald nach Smyrna zu folgen, wohin ihn die Aufnahme seiner Seekarten führen werde. Wir waren so glücklich, unsern Kapitän in heiterster Laune zu finden; er hatte die wahren Kaffeediebe entdeckt und seine Ehre vor Verdacht gewahrt. Ein günstiger Wind erhob sich und trug uns in schneller, angenehmer Fahrt dahin.

3.

Aufenthalt in Smyrna.

An einem schönen Junimorgen, unter tiefblauem Himmel, steuerten wir um das Cap Kara und liefen in den Meerbusen von Smyrna ein, dessen Schönheit mit Recht gepriesen und der des Golfs von Neapel gleichgestellt wird. Vor uns erweiterte sich der Busen, von sanften Hügelreihen begrenzt, die abwechselnd mit schlanken Cypressen, mit Oelbäumen und Getreidefeldern von mannichfaltigstem Grün bewachsen waren. Von der aufgehenden Sonne beleuchtet zeigte sich uns am äußersten Ende der Bucht Smyrna selbst mit seinen flachen Dächern, seinen hellen buntbemalten Häusern, den schlanken Minarets in pittoresker Unregelmäßigkeit. Höher hinauf blicken aus den von dunkeln Cypressen dicht und düster umschatteten Begräbnißstätten der Muselmänner die weißen Grabmonumente hervor. Darüberhin zieht sich der alte römische Aquäduct, dessen dreifache Bogenreihen, einer Ewigkeit trotzend, sich majestätisch in weiter Ausdehnung hoch über die mit Schnitzwerk und bunter Malerei verzierten Häuser der türkischen Stadt erheben und den auffallendsten Contrast zu ihr bilden. Wie kann es anders sein, wo Römerherrschaft auf Türkenthum herabsieht!

Aber nicht lange sollten wir die reiche Scenerie genießen und ungehindert uns den Betrachtungen hingeben dürfen, wie sie die Erinnerung geschwundener Jahrtausende im Gegensatz zur Jetzt-

3. Aufenthalt in Smyrna.

zeit in uns wach gerufen. Als wir uns dem Hafen näherten, ward auf den Masten aller Schiffe die aufgezogene gelbe Flagge bemerkbar — das Zeichen der Pest!.

Still und regungslos lagen die Schiffe da; kein Ruderschlag kreuzender Barken, kein Geschrei feilschender Handelsleute ertönte; wie ausgestorben war der Hafen trotz seiner unzähligen Fahrzeuge. Unsere ganze Mannschaft brach in den Schrei aus: „Die Pest!" ein fürchterliches Wort, das alle Schrecknisse, welche die verheerende Seuche mit sich bringt, vergegenwärtigt und sie dem, der sie nur aus Schilderungen kennt, vielleicht doppelt grauenhaft erscheinen läßt, wie jede Gefahr, der man noch nicht muthig ins Angesicht geschaut hat. Ein allgemeiner Tumult entstand auf dem Schiffe. Alles stürzte aufs Verdeck, das Unheilszeichen selbst zu sehen; und wer es geschaut, senkte niedergebeugt und wie vernichtet den Blick zur Erde.

Alle Hoffnungen der Schiffsleute, von der harten Arbeit, den vielen Entbehrungen und der rohen Behandlung, die sie zu erdulden hatten, erlöst zu werden, die Schiffsklaverei, wenn auch nur auf wenig Tage, abzuschütteln und auf der grünen Muttererde eine kurze Frist, aber in desto tiefern Zügen den Becher lange entbehrter Genüsse zu leeren, waren zertrümmert.

Der Kapitän fuhr mit der allen jähzornigen Gemüthern eigenthümlichen Heftigkeit gleich einer sprühenden Rakete lärmend im Schiffe umher. Die ganze Mannschaft wurde zusammenberufen und auch uns die Aufforderung zugestellt, die strengen Maßregeln, die nun angeordnet wurden, zu vernehmen. Niemand, so lautete der Befehl, wer es auch sei, darf das Schiff verlassen, um wieder dahin zurückzukehren. Jeder Verkehr mit dem Festlande oder andern Schiffen ist auf das strengste untersagt, und heimliche Uebertreter des Verbots sind den Strafen der Schiffsdisciplin verfallen. Kein Handel, keine Einnahme von Lebensmitteln, kurz keinerlei Verkehr mit Smyrnioten ist erlaubt. Die Sicherung des Schiffes vor Ansteckung machte eine solche gänzliche Abscheidung nothwendig, und wir konnten nichts dagegen einwenden.

Unsere Lage war nichts weniger als beneidenswerth. Gänzlich unbekannt mit den zu beobachtenden Vorsichtsmaßregeln, mit einer ganzen Hauseinrichtung beladen, welche wir doch unmöglich sogleich mit ans Land nehmen konnten, wußten wir uns nicht zu rathen. Von unserm Kapitän war kein Rath und Beistand zu erwarten; er war selbst außer sich und schnob zornig umher, unschlüssig, ob er die Anker werfen oder sein Fahrzeug auf der Stelle wieder wenden solle. Der Nachtheil, der aus letzterm für ihn entstehen mußte, bewog ihn zum Bleiben.

In unserer Hülfslosigkeit beschlossen wir, die Zuflucht zu unsern Empfehlungsbriefen zu nehmen, und aus der großen Anzahl derselben wählte Helfer den an Baron van Lenep, den holländischen Consul, dessen Gastfreundschaft uns besonders gerühmt worden war. In einem begleitenden Schreiben schilderte Helfer unsere Verlegenheit und bat um Schutz und Rath. Es wurde eins der Polizeiboote herbeigewinkt, die zu solchen Zeiten die Beobachtung der Sanitätsvorschriften überwachen und die nothwendige Communication zwischen den Schiffen und dem Lande unterhalten. Der Kapitän, der den Brief der Sicherheitswache vermittels eines langen Stabes zureichte, beglückwünschte uns wegen eines so mächtigen Beschützers, der nicht ermangeln würde, uns in seinen Schutz zu nehmen.

Das Ansehen, in welchem die europäischen Consuln in Smyrna stehen, ist in der That sehr groß. Ihr Rath und ihre Mitwirkung, bei allen Angelegenheiten des Paschaliks maßgebend, ihre Geschäftsführung und Consularpolizei, in hohem Grade exact und prompt, bilden einen schneidenden Contrast zu der muselmännischen Art, sich und die Geschäfte gehen zu lassen.

Alle an sie gerichteten Bestellungen werden selbst von den Türken aufs schnellste ausgeführt, und so war kaum eine Stunde des Harrens und Hoffens verstrichen, als ein Consularboot mit

der holländischen Flagge auf uns lossteuerte, von unserm Ka=
pitän beim Herannahen mit vielem Respect begrüßt.

Herr van Lenep war so überaus zuvorkommend, uns seinen
ersten Secretär, Herrn von Trauliette, zu senden. Auch ihm aber
ward nicht gestattet, das Schiff zu besteigen, sondern er überreichte
vom Boote aus ein Schreiben seines Chefs, das von unserm
Kapitän vorsichtig mit einer Zange ergriffen und fast bis zur
Unleserlichkeit in Essig getränkt wurde. Der Herr Baron bot
uns alle Dienste, deren wir bedürfen würden, freundlichst an.
Doch was wir in dem Augenblick bedurften, wußten wir selbst
nicht: „Erlösung vom Schiffe!" seufzte ich; „und einen sichern
Ort!" ergänzte Helfer.

„Geben Sie sich in meine Obhut", rief uns unser freund=
licher Sendbote zu; „ich weiß, was Ihnen noththut; vertrauen
Sie sich nur mir an." „Mit Freuden", antworteten wir ihm.
In gewissen Lagen gibt es keine größere Wohlthat, als des
Denkens und der Selbstbestimmung überhoben zu sein und
willenlos der Leitung anderer folgen zu können.

Wir wurden sogleich in das Boot hinuntergelassen, wobei
jedoch der sonst sehr höfliche junge Mann persönlich mir keine
Hülfe leistete, sondern in steter Entfernung von uns in der
Mitte des Bootes blieb, während wir den Stern desselben ein=
nahmen.

Lotty sandte einen ängstlichen Blick nach dem Schiffe hinauf,
das all unsere bisher so sorgfältig von ihr bewachte Habe barg.
Ihrem fragenden Blick entgegnete Herr von Trauliette tröstend:
„Für das Gepäck wird bestens gesorgt werden." Auf seinen
Wink tauchten sich die Ruder in das Wasser, und geschickt wie
vom gewandtesten Wagenlenker wurde das Boot zwischen den
vielen Fahrzeugen hindurchgesteuert, ohne eins derselben zu be=
rühren. Freilich beeilte sich ein jedes, der Consulatsflagge freie
Bahn zu gewähren.

Bald hatten wir das Ufer erreicht und standen auf asiatischer

Erde. Wie hatte ich mich auf diesen Augenblick gefreut, wie ehrfurchtsvoll wollte ich den alten classischen Boden begrüßen, wo Homer einst seine unsterblichen Gesänge gedichtet! Jetzt aber — ein unendlich schmuziges Gesindel treibt sich hier herum, das mit Geschrei und unter Raufhändeln über den Fremden herfällt und sich seiner und seines Gepäckes bemächtigt. Berge ausgeladener oder erst zu verschiffender Frachtgüter aller Gattungen und Formen lagen zerstreut umher; Lastträger schleppten keuchend ihre Bürde; Kamele, aus weiter Ferne gekommen, hatten sich, abgemagert und ermüdet, niedergelassen; der Rücken anderer wurde soeben befrachtet; Esel, ihres täglichen Schicksals harrend, senkten traurig ihre Köpfe; Körbe mit Früchten und Fischen verbreiteten je nach ihrem Inhalt gute oder üble Gerüche. Beturbante Kaufherren schritten gravitätisch in dem Gewirre einher und musterten bald diese, bald jene Waare mit prüfendem Blick; alle waren mit Stöcken bewaffnet und sorgfältig bemüht, jede Berührung mit einem Menschen oder einer Sache zu vermeiden, indem sie die Nahetretenden unsanft mit dem Stock beiseiteschoben. Dazwischen bewegten sich tobende Kawasse, die ihren Polizeidienst mit knallenden Peitschenhieben nach links und rechts ausübten, unbekümmert, ob der Schuldige oder Unschuldige getroffen wurde.

Zaudernd stand ich da, verwirrt durch dieses mir fremdartige Gewühl, ich scheute mich, durch dasselbe vorwärts zu schreiten. „Fürchten Sie nichts!" sagte Herr von Trauliette ermunternd, „Sie sind unter sicherm Schutz." Zwei Consulatskawasse traten mit ihren Abzeichen voran, zwei andere schlossen hinter uns den Zug. Ehrerbietig machte die Menge Platz; denn der gemeinste Türke kennt das Ansehen eines Consuls, und der fanatischste Muselmann wird in Smyrna nicht wagen, gegen den einem Consul gebührenden Respect zu verstoßen. So gelangten wir unbehelligt zu der am Strande gelegenen Locanda de Nave.

Wenn eine Locanda in Italien uns Deutschen schon

3. Aufenthalt in Smyrna.

wegen des Mangels an Reinlichkeit und Comfort zuwider ist, wieviel mehr wird es bei einem Albergo in der Türkei der Fall sein!

Ueber eine finstere schmuzige Stiege wurden wir in den ersten Stock und in ein großes Zimmer geführt. Die Holzwände waren dunkelbraun angestrichen, ebenso der Fußboden; ein Tisch von gleichem Material und Aussehen und einige Stühle bildeten das ganze Mobiliar. Zwei daranstoßende kleine Cabinete enthielten leere Bettstellen.

„Hier", sagte Herr von Trauliette, „sind Sie in Sicherheit; dies ist ein reines Haus." Das Wort „rein" in diesem Sinne will heißen: das Haus ist in Quarantäne gelegt und daher vor Ansteckung geschützt.

„Aber Sie dürfen nichts berühren, was man Ihnen reicht, ausgenommen Holz" (Holz ist kein ansteckendes Medium), „kein Handtuch, keine Serviette, kein Bett, alles Dinge, die besonders gefährlich sind. Auch müssen Sie von den Dienern des Hauses sich fern halten; dieser Klasse von Leuten ist nicht zu trauen. Die Speisen werden Ihnen auf den unmittelbar an der Thür stehenden Tisch gesetzt, von welchem die leeren Gefäße wieder abgeholt werden, sodaß der Garçon nicht nöthig hat, Ihr Zimmer zu betreten. Auch wird es gut sein, wenn Sie Ihrer Dienerin nicht erlauben, das Zimmer zu verlassen; man kann nicht wissen, ob dabei immer die gehörige Vorsicht gebraucht wird." Bei diesen Worten schloß er mehrere Seitenthüren ab, händigte mir die Schlüssel ein und fügte hinzu: „Wenn Sie ausgehen, so schließen Sie auch die Hauptthür ab, damit Ihre Dienerin nicht von Neugierde verleitet werden kann." Dabei warf er einen bedeutsamen Blick auf Lotty, die mit ungläubiger Miene dastand.

Mit offenem Munde und erstaunten Blicken sahen und hörten wir ihm zu. Die Scene war so tragisch, und doch konnte ich mich der spöttischen Aeußerung nicht enthalten: „Das

also nennen Sie ein reines Haus und in Sicherheit sein?"
„Allerdings", sagte er, mit den Achseln zuckend, „es ist das
beste Haus, das wir haben, denn es wurde gleich beim Aus=
bruch der Pest in Quarantäne gelegt; allein auf die Diener ist
niemals mit Sicherheit zu bauen. Sie können indeß hier nicht
lange bleiben; ich werde sogleich eine geeignetere Privatwohnung
suchen." Er händigte mir und Helfer noch zwei lange starke
Stöcke ein mit dem Bedeuten, nie ohne dieselben die Straße
zu betreten und rücksichtslos jeden, der sich uns nähere, damit
fern zu halten, namentlich zu verhüten, daß unsere Kleider mit
andern in Berührung kämen. „Besser ist's aber, Sie gehen
gar nicht aus; Fremde sind gewöhnlich zu discret beim Ge=
brauche des Stockes und gerathen leichter in Gefahr." Damit
verließ er uns.

Meine Lotty hatte sich bereits mit dem inzwischen angekom=
menen Gepäck beschäftigt und mich so gut als möglich gebettet;
todmüde legte ich mich nieder, um erst spät des andern Morgens
aus einem ruhigen und festen Schlaf zu erwachen. Man schläft
zwar auf dem Schiffe viel, aber der Schlaf der Seekranken ist
kein erquickender; es ist ein wüster Taumel, in dem der Kopf
sich dreht und hebt und senkt, bis die Besinnung schwindet und
die Gliedmaßen schwer wie Blei regungslos hingestreckt liegen.
Das Erwachen aus diesem Schlafe ist von unendlichem Un=
behagen begleitet: der schwindelnde Kopf sehnt sich nach Ruhe,
das Auge nach einem festen Punkte, an dem es haften könne;
doch vergebens! Es tanzen die Wände, es dreht sich die Decke,
und unaufhörlich schwankt und stürzt alles, was nicht fest=
gebunden ist, durch= und übereinander. Man gäbe die Welt
für eine Minute Ruhe. „Nur Stillstand auf einen Augen=
blick!" seufzt man; aber umsonst, umsonst! Weiter geht es, un=
aufhaltsam weiter fliegt das Schiff durch die Fluten, sich hebend
und beugend und wiegend und wendend, in seinem Laufe fort.
Um diesem Unbehagen zu entgehen, gilt es, einen herzhaften

Entschluß zu fassen: mit geschlossenen Augen sich vom Lager zu erheben, hinaus aus der engen dumpfigen Cabine aufs Verdeck zu eilen, die frische Seeluft in der ersten Morgendämmerung einzuathmen und sich an dem prächtigen Schauspiel der aufgehenden Sonne zu weiden; wenn die leuchtende Kugel langsam und majestätisch aus dem weiten Meeresspiegel aufsteigt, leichte Wolken sie mit dem schönsten Purpurglanz umkränzen und die kräuselnden Wogen tausendfach das herrliche Bild widerstrahlen, dann vergißt der Mensch, in Anschauung und Anbetung versenkt, sein Leid und Weh.

Nachdem wir mit allen Vorsichtsmaßregeln unser bescheidenes Frühstück eingenommen hatten und nun berathschlagten, wie wir unser Leben in dieser unheimlichen Umgebung am besten einrichten könnten, öffnete sich die Thür, und herein trat ein kleiner freundlicher Herr, gefolgt vom Diener des Hauses, der mit Ehrerbietung Herrn van Lenep, Consul Sr. Majestät des Königs von Holland, anmeldete. Aufs höchste von dieser Zuvorkommenheit überrascht und erfreut eilten wir ihm entgegen, um unsern Dank für seine Fürsorge auszusprechen, den ich durch einen Händedruck bekräftigen wollte. Wie erschrak ich aber, als der bisher wohlwollende Ausdruck seines Gesichts sich plötzlich verwandelte, und er, entsetzt mehrere Schritte zurückweichend, seine Hände auf den Rücken barg. Wir starrten uns beide eine Weile sprachlos an, bis er mit sichtlicher Verlegenheit endlich sagte: „Verzeihen Sie, in Zeiten wie die jetzige ist jede Berührung gefahrbringend und muß gemieden werden." „Wie meinen Sie das?" fragte ich ihn, „liegt Gefahr für mich oder für Sie in einem Händedruck?" „Für uns beide", antwortete er. „Sie können nicht wissen, ob nicht ich schon die Ansteckung in mir trage, und Sie, obgleich Sie erst vor kurzem ein gesundes Schiff verlassen haben, können bei Ihren ersten Schritten am Lande in gefährliche Berührung gekommen sein. Ich bin hier, um mich durch eigenen Augenschein von Ihrem Befinden zu überzeugen und für einen andern als den hiesigen

Aufenthalt Sorge zu tragen. Ich bedauere, daß die Seuche mir nicht erlaubt, Ihnen mein Haus anzubieten; allein es ist in strenger Quarantäne, und die nothwendige Vorsicht verbietet uns, es für irgendjemand zu öffnen."

Selbst den angebotenen Stuhl lehnte er ab, und sichtbar beunruhigt, sich an einem nicht ganz unverdächtigen Orte zu befinden, an welchen ihn nur die althergebrachte Zuvorkommenheit gegen empfohlene Fremde geführt hatte, empfahl er sich wieder, mit der erneueten Bitte, uns zu Hause zu verhalten, bis wir noch im Laufe des Tages von ihm hören würden.

Die Vorsichtsmaßregeln gegen Ansteckung während der Pestzeit sind bei der europäischen Bevölkerung sehr umfassend und werden streng beobachtet. Die Wohnungen der wohlhabendern Familien, gewöhnlich durch eine hohe Mauer von der Straße abgeschieden, deren Thor den einzigen Ein- und Ausgang zu den oft bedeutenden Räumlichkeiten bildet, werden während der Zeit streng abgesperrt. Jeder Verkehr der Bewohner mit der Stadt ist untersagt; das Thor, fest geschlossen, wird niemandem geöffnet und der Schlüssel vom Hausherrn selbst in stete Obhut genommen. Für Herbeischaffung der Lebensmittel sorgen eigene Händler, die des Morgens mit Victualien beladen durch die Straßen ziehen und an die geschlossenen Thore klopfen, worauf ein kleiner in denselben angebrachter Schieber geöffnet wird, durch welchen der Hausherr zu größerer Sicherheit die Lebensmittel selbst in Empfang nimmt. Diese werden von außen durch die Oeffnung in ein innenstehendes mit Wasser gefülltes Faß geworfen, ehe sie der Empfänger berührt. Da fliegen Brote, Eier, Gemüse, selbst lebende Hühner in das Faß; alles muß erst die Weihe des reinigenden Wassers erhalten, ehe es berührt und zubereitet wird.

Allein trotz dieser gänzlichen Absperrung bringt die Seuche doch zuweilen in die besten Familien ein und bereitet dort unsagliches Wehe. Die Angst vor Ansteckung ist so groß, daß sie die Gefühle der Menschlichkeit, ja die engsten Familienbande zerreißt. Alles flieht den von der Pest Ergriffenen; das inficirte Haus wird verlassen. Gatten und Geschwister trennen sich, selbst die Mutter überläßt ihr erkranktes Kind der Pflege griechischer Krankenwärter.

Am Nachmittag erschien Herr von Trauliette, mit dem Auftrage seines Chefs, uns in ein wirklich reines und, was noch mehr sagen wollte, ein deutsches Haus zu führen. Die Uebersiedelung wurde sogleich bewerkstelligt, und wir betraten in kurzer Zeit die freundliche, sehr saubere Wohnung eines Uhrmachers aus Nürnberg.

Wie freundlich leuchteten uns die hellen Vorhänge der weißen Betten, der rein gescheuerte Fußboden und die sorglich abgestäubten Möbel entgegen! Die große Kommode war mit geschliffenen Gläsern und bunten Schalen besetzt, etliche Ostereier lagen darin. Mit Einem Blick hatte ich das Zimmer überschaut, es heimelte mich unendlich an. Hätte ich doch nicht geglaubt, daß so kurze Zeit nach der Trennung von meinem lieben Deutschland eine echt deutsche, kleinbürgerliche Wohnung mich ein Eldorado dünken würde. So lernt man das Gute daheim erst in der Fremde schätzen!

Freundlich bewillkommneten uns die braven Leute, ein alter geschäftiger Mann und eine kugelrunde Frau; diese, das strahlende Gesicht von einer weißen gefältelten Haube umrahmt, mit einer weißen Schürze angethan, glich dem Urbilde einer saubern Hausfrau. Schon vor vielen Jahren hatten sich Herr Haffner und seine Ehehälfte in Smyrna niedergelassen. Er sorgte dafür, daß die Türken nicht ganz hinter der Zeitrechnung zurückblieben, und seine treue Gefährtin nahm Fremde auf, die, wie wir, Reinlichkeit und Sicherheit suchten. Beide machten gute Geschäfte dabei.

Helfer begann schon am nächsten Tage seine entomologischen Excursionen in der Umgegend. Auch sah er sich nach Gelegenheit um, von der Pest befallene Kranke zu beobachten und an ihnen Heilmethoden zu versuchen. Er ließ sich zu diesem Zweck in ein griechisches Kloster einführen, in welchem ein Pesthospital eingerichtet war. Bereitwillig wurde er von Geistlichen umhergeführt, die von der Pest genesen und nun der Ansteckung nicht mehr unterworfen waren. Als er aber die Absicht äußerte, Medicamente zu verabreichen und Beobachtungen anzustellen, wurde ihm ernst bedeutet, das sei nicht gestattet, dem Schicksal dürfe nicht vorgegriffen werden. Gegen diese echt fatalistischen Grundsätze half kein Appelliren an die Vernunft, kein Demonstriren. Er versuchte nun, einigen Kranken die von ihm zubereiteten Mittel heimlich beizubringen, indem er hoffte, wenn diese rechtzeitig genommen würden, den Verlauf der Krankheit, das heißt das Aufbrechen der Karfunkeln zu beschleunigen und so den Kranken retten zu können. Bei einem, versicherte er mir, habe er entschieden diese Beschleunigung bewirkt; er wurde aber an weitern Beobachtungen durch das Verbot, das Kloster ferner zu besuchen, gehindert.

Smyrna hat drei ganz verschiedene Bevölkerungen: die türkische, die griechische und die Franken. Die türkische, bei weitem die Mehrzahl, lernte ich gar nicht kennen, da das Betreten ihrer engen schmuzigen Gassen für so gefährlich gilt, daß der dort Betroffene sofort von jedem andern Verkehr ausgeschlossen wird. Die griechische bewohnt ein eigenes Stadtviertel, dessen aus Holz und Fachwerk gebaute, hell und bunt bemalte, mit Schnitzwerk verzierte Häuser einen freundlichen Eindruck machen, ja so leicht und dünn aussehen, als könnte jedes Lüftchen sie davontragen; und doch widerstehen gerade sie durch die Nachgiebigkeit ihres Holzwerks den häufig wiederkehrenden Erdbeben besser als die von Stein massiv aufgeführten Gebäude, die bei heftigen Erdstößen Risse und Spalten bekommen und dann dem gänzlichen Verfall entgegengehen.

Die Griechen sind das eigentlich belebende Element in dem

städtischen Organismus. In ihren Händen liegt allein der Detailhandel, der kleine Geschäfts= und Gewerbsmann ist fast ausschließlich durch sie vertreten. Auch diese Klasse der Bevölkerung lernte ich wenig kennen, weil damals jeder Verkehr sehr erschwert war. Doch schon ihre äußere Erscheinung fiel mir auf und trat mir fremdartig entgegen. Mit der weißen, viele Falten werfenden Fustanella, der reichgestickten Weste, den langen weiten Hemdärmeln, dem breiten Gürtel, in dem ein Paar Pistolen stecken, mit dem rothen Fes und blauen Quasten darauf erschienen sie mir viel geeigneter, auf dem Theater eine gute Figur zu machen, als feilschend Handel zu treiben; doch ist das letztere ihre eigentliche Lieblingsbeschäftigung, in welcher sie die ganze Schlauheit ihrer classischen Vorfahren bewähren sollen.

Die Franken endlich sind meistens Nachkommen italienischer oder französischer Familien, die sich hier niedergelassen und theils mit Griechen vermischt, theils ihre Abkunft rein erhalten haben; sie nennen sich mit Vorliebe Europäer, wenn sie Europa auch nur aus den Traditionen ihrer Aeltern und Vorältern kennen. Als Zeichen ihrer Abkunft tragen sie mit Stolz den abendländischen Frack. Nirgends wird so großes Gewicht auf dieses Kleidungsstück gelegt wie in Smyrna. Hier ist es gleichsam der Kammerherrenschlüssel zur Eingangspforte der guten Gesellschaft, zu den Häusern der Consuln. In diesen Zutritt zu haben, ist ein nicht zu unterschätzender Vortheil, denn die Consuln bilden hier eine Macht, die sich unter Umständen mit einer europäischen Großmacht messen kann. Der Pascha von Smyrna wird nicht leicht eine Maßregel von Belang ergreifen, ohne die Meinung seiner guten Freunde, der Consuln, eingeholt zu haben; dem Anschein nach regiert er, doch unter ihrer stillen Mitwirkung. So war es wenigstens damals.

Die Ankunft eines deutschen Arztes war schnell bekannt geworden. Leidende, die lange und vergebens alle Heilmittel erprobt hatten, die ihnen die smyrnenser Aesculape bieten konnten, schöpften Hoffnung, bei dem fremden, wirklich studirten und graduirten Doctor Hülfe zu finden. Einige Curen, die mit leichter Mühe und ohne großen Aufwand ärztlicher Geschicklichkeit geglückt waren, erhöhten die vorgefaßte günstige Meinung, die man von Helfer hegte, und bald nannte die vergrößernde Fama ihn einen Wunderdoctor. Nicht nur die höhern und reichern Stände suchten Hülfe bei ihm, auch die untern Schichten der Bevölkerung, selbst Türken, die sonst ihren Leib wie ihre Seele Allah anheimzustellen pflegen, strömten herbei, mehr dem Wunderthäter als dem Arzte Glauben schenkend.

Das kleine Zimmer, in welchem Helfer die Kranken empfangen mußte, reichte bald für ihre große Anzahl nicht aus, sodaß ihre Zudringlichkeit in der beengenden Luft ihm unerträglich wurde. Oft entfloh er seinen Drängern durch die Hinterthür, wenn die für Audienzen angesetzte Zeit längst verstrichen war und noch immer neue Patienten herzukamen.

Da die ärztliche Praxis für ihn eine secundäre Beschäftigung war, sah er sich ungern durch sie allzu sehr gefesselt und an seinen botanischen und entomologischen Excursionen gehindert. Solange er in der Stadt wohnte, war aber an Ausflüge nicht mehr zu denken. Wir beschlossen daher, den ohnehin unheimlichen Aufenthalt zu verlassen, und fanden in dem eine Stunde entfernten Dorfe Budja, dem Sommeraufenthalt der meisten englischen Familien, bei einem Missionar der Hochkirche, einem geborenen Würtemberger, Unterkunft. Die kleine Wohnung bei unserm braven Uhrmacher in der Stadt behielten wir als Absteigequartier bei, in welchem Helfer dreimal wöchentlich seine ärztlichen Ordinationen fortsetzte.

Budja ist einer der reizendsten Orte. Im dunkeln Schatten von Oliven und Cypressen, die mit rothen Oleanderbüschen und weißen Myrtenblüten lieblich vermischt sind, liegen die hübsch gebauten Landhäuser in malerischer Unregelmäßigkeit. Fußpfade führten in freiem sich schlängelnden Laufe von einem zum andern, denn es gab hier noch keine Communication zu Wagen. Nur Mrs. Verry, die Frau des englischen Consuls, hatte sich einen Fahrweg von Smyrna bis zu ihrem Landhause in Budja bahnen lassen, der jedoch der Unebenheiten und großen Feldsteine so viele enthielt, daß die Fahrt in ihrer Kutsche, der einzigen in Smyrna, wol kaum beneidenswerth war, es sei denn, daß die Auszeichnung, Besitzerin eines solchen Unicums zu sein, sie dazu machte. Der ganze Verkehr Smyrnas ruht auf dem Rücken des geduldigsten aller Thiere, des mit so großem Unrecht geschmähten und verachteten Esels. Was wäre Smyrna ohne seine Esel! Nicht nur daß sie alle Bedürfnisse des täglichen Lebens den Einwohnern zuführen, sie sind auch deren einziges Vehikel. Die Männer trägt der Esel zu ihren Geschäften, die Damen zu den Besuchen. Ja selbst nach dem Ballsaal sieht man die hübschen Smyrniotinnen im schönsten Putz zu Esel reiten. Das Hinterhaupt mit dem kleidsamen rothen Fes bedeckt, von dem eine dunkelblaue schwere Quaste herabhängt, und unter dem dicke Zöpfe von schönen blonden oder kastanienbraunen Haaren hervorquellen, die blendendweiße Stirn mit frischen Blumen umrankt, das wallende Ballkleid durch einen Ueberwurf geschützt: so sieht man sie an den Abenden solcher Feste durch die Straßen von Smyrna reiten. Und wie sanft und sorgsam trägt das wohlerzogene Thier seine Schöne; wie viel Raum bietet sein Rücken dem weiten Faltenkleide. Nicht mit gedrücktem und zerknittertem Gewande, wie bei uns aus dem engen Wagen, steigt sie von ihrem Zelter; den dunkeln Ueberwurf fallen lassend, tritt sie frisch wie eine aufbrechende Rose in die hellerleuchteten Räume. Es lohnt wohl der Mühe, einer Versammlung junger geputzter Smyrniotinnen beizuwohnen. Etwas Anmuthvolleres kann man sich nicht denken. Die Mischung der verschiedenen europäischen Typen, wie sie hier sich unverkennbar zeigt, gibt den asiatischen, regelrechten, aber etwas starren Zügen der Griechinnen einen eigenthümlichen Reiz der Lieblichkeit und Anmuth, welcher den rein classischen Formen mit ihrem geradlinigen Profil abgeht. Hierzu gesellt sich die unbefangene Fröhlichkeit dieser nichts Arges kennenden und fürchtenden Kinder. Ich sah nie zuvor so unbefangen, so fröhlich und mit so natürlicher Grazie scherzen und lachen als hier.

Unser Aufenthalt in Budja in dem Hause des Missionars Jetter war ebenso angenehm wie interessant. Zum ersten mal lernte ich englisches Familienleben kennen, das hier, wenn auch mit fremdartigen Sitten und Gewohnheiten vermischt und durchsetzt, nichtsdestoweniger den englischen Charakter von der liebenswürdigern Seite zeigte. Nur der strengen Feier des Sonntags konnte ich keinen Geschmack abgewinnen; mir fehlte das Verständniß für eine den ganzen Tag fortgesetzte religiöse Beschäftigung. Anfänglich war ich geneigt, das Verstummen jedes muntern Lautes, jeder profanen Musik, die Abstinenz von jeder andern als einer religiösen Lektüre als den Ausdruck wahrhaft erhabener Gemüthsstimmung anzusehen und zu bewundern; als ich aber mit diesen Familien näher befreundet wurde und bei den Nachmittagsbesuchen gar manchen gelangweilt oder den und jenen über einem religiösen Buche eingeschlummert fand, als ich sah, wie sehnsüchtig man den kühlen Abend und die erlaubte Promenade herbeiwünschte, da schien mir unser deutscher Sonntag mit seinem Morgengottesdienste und den heitern Unterhaltungen des Nachmittags doch mehr das rechte Maß zwischen dem Himmlischen und Menschlichen, das jedem das Seine gibt, einzuhalten. Erst später in England fand ich den Schlüssel zur englischen Sabbatfeier in der Respect einflößenden religiösen Volksstimmung. Dort ist die ernste Feier des ganzen Tages nicht eine dem Volke von oben auferlegte Doctrin, sondern ein tief in seinem Herzen wurzelndes religiöses Bedürfniß, welches die höhern Stände achten und dem sie sich fügen. Ich selbst habe dort die Handarbeit beiseitegelegt, wenn meine Dienerin ins Zimmer trat, um ihre Sonntagsstimmung durch meine Werktagsbeschäftigung nicht zu verletzen.

3. Aufenthalt in Smyrna.

Die alles umwandelnde Zeit wird auch darin viel ändern — ob bessern, wird sich zeigen.

Ein Vorfall mit meiner Lotty hätte bald unserm Aufenthalte in Budja bei Herrn Jetter ein ärgerliches Ende gemacht. Ich hatte sie streng angehalten, sich der Sitte des Hauses zu fügen und jede Art weltlicher Beschäftigung am Sonntage zu unterlassen. Die Aermste, in hohem Grade gelangweilt, saß gewöhnlich vor der Thür im Schatten der herrlichen Platanen, ein Erbauungsbuch zur Seite; aber lange hielt sie die Lektüre nicht aus. Eines Sonntagsnachmittags gesellte sich der griechische Diener des Hauses zu ihr, dem ebenso wie ihr stiller feierlicher Ernst anbefohlen war. Beide beklagten sich, so gut es gehen wollte, halb mit Worten und halb mit Geberden über die traurigen Sonntage; jedes rühmte, wie es daheim so ganz anders sei, und Lotty, hingerissen von der Erinnerung an manch ländliches Tanzvergnügen, und bemüht, ihrem Leidensgefährten die Reize eines Walzers anschaulich zu machen, springt von ihrem Sitze, stimmt einen wiener Ländler an und dreht und schwingt sich auf den glatten Steinplatten nach dem Takte mit lautem Geklapper umher. Da plötzlich ruft ihr eine Stentorstimme ein furchtbares Halt zu, in deren Urheber, obwol durch die dichten Platanenzweige ihren Blicken entzogen, sie alsbald den gestrengen Hausherrn erkannte. Das Gesicht vor Zorn geröthet, überschüttet er sie mit einer Flut von Vorwürfen über Unsittlichkeit, Sabbatschänderei und dergleichen Ausdrücken seiner heiligen Entrüstung, bis die Aermste in Thränen ausbrechend Zuflucht bei mir sucht. Nur mit Mühe konnte ich den geistlichen Herrn beschwichtigen, der von der Harmlosigkeit des Geschehenen nichts hören wollte, sondern eine Verunglimpfung seines frommen Hauses und seines geistlichen Rufes darin erblickte. Endlich kamen auch seine Frau und Helfer dazu, und es gelang unsern gemeinsamen Bemühungen, den Frieden wiederherzustellen. Aber fröhlich habe ich meine Lotty in dem Hause nicht wieder gesehen.

Von dem Grafen Hoschpie, einem Neffen des Herrn van Lenep, nach seinem romantisch gelegenen, zwei Stunden von Budja entfernten Sommersitz Sebi Koui, dem sogenannten holländischen Dorfe, freundlich eingeladen, unternahmen wir in Begleitung mehrerer jungen hübschen Damen, Freundinnen des Hauses, eine Partie dorthin, natürlich auf gut geschulten und zierlich aufgeputzten Eseln.

Der Weg führte durch eine anmuthige, fruchtbare Ebene, von malerisch geformten Hügelreihen umgrenzt, mit Myrten, Oleander, Arbutus, Gummibäumen und Steineichen bedeckt. Die Blätter und Blüten der Bäume und die in reicher Fülle prangenden Fruchtfelder gewährten einen wundervollen Anblick, eine bunte Mischung des Colorits, wie sie nur das milde, von extremer Hitze und Kälte gleich freie ionische Klima hervorzubringen vermag.

Der Graf empfing uns allein und war um so mehr bemüht, die fehlende Hausfrau durch eigene Liebenswürdigkeit zu ersetzen. Es schien ihm Freude zu machen, seine Kunstschätze und seine Kenntniß derselben zeigen zu können. Nebst einem ganzen Stammbaum vortrefflich in Rembrandt's Manier ausgeführter Familienporträts besaß er eine nicht unbedeutende Anzahl schöner Gemälde der niederländischen Schule.

Nachdem wir uns an den Kunstschätzen sattsam gelabt, wurde auch der leiblichen Speise nicht vergessen und den mancherlei Erfrischungen an Sorbet, köstlichen Früchten, Backwerk und dem nie fehlenden Glico zugesprochen. Hierin wurden wir jedoch bald durch Pferdehufschlag und Waffengeklirr, das vor den Fenstern ertönte, und durch den Eintritt türkischer Polizeisoldaten gestört. Mit der ihnen eigenen Wichtigthuerei und daneben schlecht verhehlter Scheu vor dem Ansehen des Hauses van Lenep baten sie mit ins Kreuz gelegten Armen und vielen Bücklingen ehrerbietigst um die Erlaubniß, Haus, Hof und Garten durchsuchen zu dürfen. Ohne Bewilligung des Consuls hat keine türkische

3. Aufenthalt in Smyrna.

Behörde das Recht und wird es nicht wagen, seine Wohnung zu betreten, selbst nicht wenn es sich um die Verhaftung notorischer Uebelthäter handelt. Es war ganz kürzlich ein Raubmord an einem Juden in der Nähe verübt worden, die Gegend überhaupt seit einiger Zeit unsicher, und die Thäter sollten sich hierher geflüchtet haben. Nachdem die Erlaubniß von Graf Hoschpie ertheilt worden war und die guten Muselmänner mit Wohlbehagen die ihnen gereichten Becher feurigen Weins geleert hatten, wurde ans Werk gegangen, die Räuber zu fangen, jedoch mit so viel Lärm und so viel Aengstlichkeit, das eigene Ich nicht in Gefahr zu bringen, daß ich unwillkürlich an das Hasentreiben meiner Heimat und an die dabei geübte Vorsicht, sich außer Schußlinie zu postiren, denken mußte. Das Resultat war natürlich, daß keine Räuber entdeckt wurden, da ihnen Zeit genug gelassen war, gemächlich ihrer Wege zu gehen.

Ohne durch diesen Zwischenfall eingeschüchtert zu sein, traten wir unsere Rückkehr in fröhlichster Laune an. Fräulein b'Jong, der Tochter des dänischen Consuls, einer besonders hübschen und muntern jungen Dame und kühnen Reiterin, kam es in den Sinn, die Vorzüge ihres Esels als ungewöhnlich hohe zu rühmen. Darob entspann sich bald ein kleiner Streit, da keine der Damen ihren Esel weniger gerühmt wissen wollte; jede pries die Folgsamkeit, die Schnelligkeit und Sicherheit ihres Zelters. Mich belustigte ein solcher Streit, er erinnerte mich an die Wetten unserer Rennbahn. Halb im Scherz und halb im Ernst schlug ich vor, in einem Wettrennen die Esel selbst ihre Sache ausfechten zu lassen. Das Wort fing Feuer, allseitig wurde zugestimmt, und da wir uns eben in einer offenen Ebene befanden, sogleich zur Ausführung geschritten. Eine Eselcavalcade, seien die Thiere auch noch so gut geschult, in eine Front zu bringen, ist sicherlich nicht leicht; nun gab ich, die an dem Wettlaufe unbetheiligt war, das Zeichen: eins, zwei, drei, und dahin sausten die Thiere und Reiterinnen, daß, wenn auch keine Funken stoben, doch Bänder, Hüte, Locken und weite Gewänder flogen, was einen ebenso komischen als anmuthigen Anblick gewährte. Die größte Schwierigkeit kam aber erst zuletzt, am Ende der Bahn. Einen Esel, der einmal aus seinem Phlegma gerissen und sich in vollen Trab gesetzt hat, in einer gegebenen Richtung zu erhalten und ihn an einem bestimmten Ziele zum Stehen zu bringen, ist unmöglich, und so verfehlten auch hier alle die ihnen gegebene Markung. Auf diese Weise blieb die Entscheidung über den tüchtigern Esel eine offene Frage, wie so manche andere.

Da die von Konstantinopel aus sich verbreitende Pest nicht so verheerende Wirkungen hat und so lange andauert als die von Aegypten kommende, hatte die Epidemie nach kurzer Dauer aufgehört die Gemüther in Smyrna zu beunruhigen. Der stockende Verkehr war wieder freier geworden, und nun durfte auch unser Freund von Syra, Kapitän Stanley, es wagen, seinen Schoner in den Hafen von Smyrna einlaufen zu lassen, um dort seine Vermessungsarbeiten fortzusetzen. Für uns war sein Erscheinen eine große Freude, für mich von besonderer Wichtigkeit, da ich seinem Unterricht im Skizziren eine zwar sehr unvollkommene, doch immerhin interessante Sammlung verdanke. Helfer fand an ihm einen bereitwilligen Begleiter zur Besteigung des Tartali, der höchsten Kuppe in der Smyrna umkränzenden Bergkette. Auch mehrere Herren aus der Gesellschaft, die das Unternehmen schon oft projectirt, aber in ihrer gewohnten Gemächlichkeit niemals ausgeführt hatten, schlossen sich uns an. Wir hatten eine mondhelle Nacht erwählt, um der Tageshitze zu entgehen und am andern Morgen den Sonnenaufgang von der Höhe zu beobachten.

Zu Pferde, auf Eseln und Maulthieren setzten wir uns in Marsch und durchritten eine weite Ebene, deren sorgfältige Cultur uns in Erstaunen versetzte. Granaten, Orangen- und Feigenbäume wechselten mit Fruchtfeldern aller Art ab, bis wir das

Dorf Burnar Baſhi erreichten, deſſen hübſche Häuſer und dunkle Baumgruppen in der Stille 'der Nacht und der Beleuchtung des bleichen Mondlichtes friedlich und anheimelnd dalagen.

Von da fingen wir zu ſteigen an, und bald nahmen uns die tiefen Schatten der dichten Waldung an dem Hang des jäh emporſteigenden Berges auf. Der Weg, wenn man den ſchmalen ungebahnten Pfad ſo nennen will, der ſich zwiſchen hohen Felswänden und ſteilen Abgründen emporwindet, wurde immer beſchwerlicher und durch loſe, herabrollende Steine unſicherer; ein Glück für die Schwindeligen, daß die Dunkelheit die tiefen Schlünde verdeckte, an deren äußern Rändern die unlenkſamen Thiere eigenſinnig hinſchritten. Unbekümmert um die Angſt ihres Reiters, der ſich über der Tiefe ſchweben ſieht, gehorchen ſie weder ſeinen gütlichen noch ſeinen ernſten Zurechtweiſungen. Das Sicherſte iſt, ſie ruhig gewähren zu laſſen, da ſie ſelten einen Fehltritt thun. Gegen Mitternacht erreichten wir die Höhe. Der Wechſel der Temperatur war ſehr groß; trotz warmer Mäntel und ſchnell angezündeter Feuer wurde uns die Kälte ſehr empfindlich.

Die Meſſung, die Helfer mit dem Thermometer unternahm, ergab eine Höhe von 5180 Fuß.

Ermüdet von der Anſtrengung, überließen wir uns geraume Zeit nach Mitternacht einer kurzen Ruhe, aus der uns ſchon um vier Uhr die erſte Dämmerung weckte. Mit geſpannter Aufmerkſamkeit harrten wir nun der Morgenröthe entgegen. Es iſt ſchwer, mit Worten die Schönheit zu ſchildern, welche die aufgehende Sonne von dieſem Punkte aus darbot.

Ueber die weit nach Oſten ſich erſtreckenden waldreichen Höhen und Thäler erhob ſich die leuchtende Kugel, mit ſiegender Gewalt die dichten Schatten zerreißend, die ſie bis dahin verhüllt hatten. Bald da, bald dort tauchte eine Bergſpitze in roſigem Lichte aus der ſoeben noch verborgen geweſenen dunkeln Waldung auf. Die Nebel zertheilten ſich und ſuchten fliehend und zu wunderlichen Gestalten sich zusammenballend Schutz in den tiefen, engen Thälern. Nach Westen hin öffnete sich dem staunenden Auge ein wunderbar schöner Anblick: der Golf von Smyrna, von seinen herrlichen Ufern umrahmt, in malerischen Krümmungen weithin sich dehnend und fast geschlossen von belaubten Inseln, über welche hinaus der Blick weiter streifte, bis er sich in dem unbegrenzten Meeresspiegel verlor.

Smyrna, scheinbar nahe zu unsern Füßen gelegen, mit seinen schlanken Minarets und hellen Häusern und mit dem Hafen voll bewimpelter von den Wellen geschaukelter Schiffe, verlieh dem Bilde Lebenswärme und führte das in Anschauung der Natur verlorene Gemüth der prosaischen Wirklichkeit wieder zu. Leider konnten wir uns nicht lange der herrlichen Betrachtung überlassen, denn wir mußten eilen, die Morgenfrische zum Rückwege zu benutzen.

Der Zudrang zu Helfer's ärztlichen Audienzen wuchs von Tag zu Tag, zugleich aber auch der Neid und die gekränkte Eigenliebe der einheimischen, meist griechischen Aerzte. Sie hatten trotz ihrer Unwissenheit ihr ärztliches Ansehen bisher glücklich aufrecht erhalten und sahen nun ihren Ruf und ihr Interesse empfindlich von einem jungen Fremden bedroht, der weder Praxis noch ihre Gemeinschaft suchte. Kein Wunder, daß sie Groll im Herzen trugen und darauf sannen, sich des lästigen Concurrenten zu entledigen.

Allmählich verbreitete sich das Gerücht, Helfer's Sicherheit sei gefährdet, ohne daß man den Urheber desselben erforschen konnte. Bald erhielt Helfer directe Drohbriefe, die ihn warnten, seine Praxis nicht wie bisher fortzusetzen. Er ließ sie jedoch, ebenso wie die Vorstellungen unserer ernstlich besorgten Freunde, unbeachtet und fuhr mit seinen Krankenbesuchen an den bestimmten Tagen fort. Auch mich hatte seine Sorglosigkeit in Sicherheit eingewiegt, bis er mir eines Tages ein Blatt Papier zeigte, welches er auf einem seiner Geschäftsgänge an dem Zweige eines Erd-

3. Aufenthalt in Smyrna.

beerstrauchs angeheftet gefunden hatte und auf dem geschrieben stand: „Hüte dich! Du wirst nicht lange auf diesem Wege Kranke heilen, deine Stunden sind gezählt." Das Blatt konnte eben erst angeheftet worden sein; der Feind lauerte wahrscheinlich noch in der Nähe, um zu beobachten, ob es in die rechten Hände gekommen sei, und welche Wirkung es auf den Empfänger hervorbringen würde.

Dieser Vorfall weckte uns aus unserer Sorglosigkeit, um so mehr, als uns vielfache Beispiele von der tückischen Rachgier der Griechen erzählt wurden, die oft lange verborgen schlummert, um dann nach Jahren ihr Opfer sicher zu treffen.

Helfer ging nun nie mehr ohne Waffen aus und hatte stets einen gleichfalls bewaffneten Diener auf seinen Gängen nach der Stadt zur Seite. Doch auch diese Vorsicht würde ihn vielleicht nicht geschützt haben; denn wer kann jeden Augenblick gegen den Angriff eines im Verborgenen lauernden Uebelthäters gewappnet sein? Da aber trat wieder ein Zufall oder eine Fügung, jedenfalls ein Ereigniß unerwarteter Art an uns heran, das zunächst unserm Aufenthalt in dem lieblichen Budja ein plötzliches Ziel setzte und auf unsere Zukunft einen mächtig bestimmenden Einfluß ausübte.

Bei einem unserer Besuche in der Stadt erzählte uns unser gesprächiger Wirth mit strahlender Miene, daß er seit einigen Tagen zwei neue, ganz außergewöhnliche, vornehme Gäste beherberge, die, wenn es uns recht sei, mit uns speisen würden. Wir hatten nichts dagegen einzuwenden, beachteten die pomphafte Anmeldung jedoch wenig, da uns die im Orient nicht eben vervollkommnete Wahrheitsliebe unsers Nürnbergers wohl bekannt war. Daher wurden wir um so mehr überrascht, als die Thür sich öffnete und zwei junge Männer in reicher türkischer Tracht, beide von ausnehmender Schönheit, hereintraten! Mit den edeln Zügen und jenem den Asiaten eigenen tiefsinnigen Ausdruck der dunkeln, von langen Wimpern beschatteten Augen, dem schön gekräuselten Barte, den schwellenden Lippen, die eine Reihe der schönsten Zähne verdeckten, verband sich in ihren Mienen der Ausdruck einer geistigen Regsamkeit, die dem Orientalen gewöhnlich fehlt und ein Kennzeichen europäischer Bildung zu sein pflegt. So vereinigten sie in sich morgen- und abendländische Vorzüge. Sie überraschten uns noch mehr durch den würdevollen und zugleich ungezwungenen Anstand, mit dem sie uns begrüßten und abwechselnd in englischer und französischer Sprache eine anziehende interessante Unterhaltung führten. Eine solche Erscheinung war uns, wie gewiß jedem, dem sie entgegengetreten, etwas ganz Außergewöhnliches. Wir waren begierig zu erfahren, welches Land diese Wunder hervorgebracht und welches sie großgezogen habe. Auf unser Befragen nannten sie sich Neffen des berühmten Dost Mahomet Khan, des Herrschers von Kabul! Sie erzählten uns umständlich ihre Jugendgeschichte. Ihre Mutter, eine durch Geistesgaben ausgezeichnete Prinzessin, sei in Ispahan erzogen worden und habe dort intimen Umgang mit den Damen der englischen Gesandtschaft gepflogen, wodurch ihnen von früher Kindheit Liebe zur englischen Sprache und europäischen Cultur eingeflößt worden sei. Sie sprachen mit großer Anhänglichkeit von einer ältern Schwester, die mit aller Sorgfalt von ihrer Mutter erzogen worden und sie durch ihre belehrende Unterhaltung auch dann noch in den Zimmern des Harems gefesselt habe, als das Jünglingsalter sie nach morgenländischer Sitte eigentlich schon von dort ausschloß. Große Sehnsucht habe sich ihrer bemeistert, Europa, das Land der Intelligenz und Künste, zu schauen. Sie hätten nach des Vaters Tode ihre Unabhängigkeit benutzt, ihren sehnlichsten Wunsch in Erfüllung zu bringen, und seien, um ungestörter sehen und beobachten zu können, ganz incognito, jedes Aufsehen vermeidend, unter den Namen Hunter und Braun als britische Unterthanen zuerst nach England und dann nach Frankreich gegangen. Jetzt waren sie auf dem Heimwege begriffen, voll der edelsten enthusiastischen Absichten, europäische Bildung und Sitte in ihr Vaterland einzuführen.

Ihre Bemerkungen und Urtheile über unsere geselligen Zustände waren höchst treffend und pikant; sie hatten sich durch das Vorzügliche, was sie in Europa gesehen, nicht blenden lassen, sondern sich ein offenes Auge für die mancherlei Verkehrtheiten und Widersinnigkeiten unsers geselligen Lebens und der tyrannischen Mode bewahrt. Hätte James Morier sie gehört, so wären wir wahrscheinlich um einige Bände seines berühmten „Hajji Baba in England" reicher.

Nach einigen Tagen fanden wir unsere neuen Bekannten bei einem Feste im Großen Paradies, einem Belustigungsorte der Smyrnioten, wieder. Sie waren dazu vom englischen Consul eingeladen worden und wurden von ihm wie von der übrigen Elite der Gesellschaft mit großer Achtung und Zuvorkommenheit behandelt. Hätte in uns noch ein Zweifel an ihrer Identität obgewaltet, so wäre er durch die ehrende Begegnung des englischen Consuls, der im Besitz ihrer Papiere war und nähere Kunde von ihnen haben mußte, sicher geschwunden. Allein wir bedurften dessen nicht; unser eigener Eindruck war uns Bürgschaft genug.

Die gesammte junge und reizende Damenwelt umflatterte die beiden Phönixe wie bunte Schmetterlinge; Gesang und Tanz und muntere Unterhaltung wechselten in größter Ungezwungenheit ab.

Uhli Khan, der ältere der beiden Afghanen, benahm sich mit der Gravität und Würde eines echten asiatischen Fürsten; er schien die Frauengestalten kaum eines Blickes zu würdigen, nur die Unterhaltung mit Männern und die Musik schien ihn zu erfreuen. Selim Khan, der jüngere, war dagegen sichtlich im Kampfe mit sich selbst; unwillkürlich bewegte ihn die Tanzmusik im Takte, und mit Wohlgefallen streiften seine Augen in dem Kreise der Frauen umher, die ihn neckend zum Tanze aufforderten.

Dennoch ließen seine muselmännischen Begriffe von Manneswürde es nicht zu, sich unter die Tanzenden zu mischen; denn nach diesen ist es nur Sklaven und Weibern erlaubt zu tanzen.

Wir lernten unsere interessanten Freunde immer mehr schätzen. Für ihre geistige Bildung und ihren guten literarischen Geschmack zeugten die Bücher, die sie bei sich führten: Classiker der englischen Literatur, wie Addison, Johnson, Steele, bildeten ihre Lieblingslektüre; ihre Unterhaltung erging sich meist in Schilderungen ihres Vaterlandes, ihrer Hoffnungen und Projecte, für dessen Bildung zu wirken. Diese Beschreibungen konnten nicht verfehlen, einen großen Reiz auf Helfer auszuüben und ihn, wenn auch nur scherzweise, den Wunsch äußern zu lassen, jene Länder einst zu bereisen. Mir entging jedoch der Ernst, der hinter diesem Scherze verborgen lag, nicht, noch auch, wie sehr die dringenden Einladungen der beiden Afghanen, sie in ihr Vaterland zu begleiten, sein Verlangen steigerten. Sie schienen große Zuneigung zu Helfer gefaßt zu haben und bedauerten nichts so sehr, als ihn bald verlassen zu müssen und seine Kenntnisse nicht für ihre Zwecke ausbeuten zu können. Ihren Onkel, Dost Mahomet, schilderten sie als einen Mann, der Europäer hochschätze und ihnen volle Sicherheit gewähre. Auch stellten sie eine unter ihrem einflußreichen Schutze auszuführende Reise zu ihm als völlig gefahrlos dar.

Sie beabsichtigten den Karavanenweg über Bagdad nach Bassora zu nehmen, sich nach dem Indus einzuschiffen und diesen bis Kabul hinaufzugehen. Ihren Aussagen zufolge war ihr Einfluß schon am untern Indus groß, da ihr Onkel mit den Ameers in enger Verbindung stehe. Zur Bestreitung der Reisekosten trugen sie nach morgenländischer Art werthvolle Edelsteine und Perlen bei sich.

Ich bemerkte, wie Helfer sein Verlangen, die beiden Prinzen zu begleiten, mir zu verbergen bemüht war, und gewann die Ueberzeugung, daß der Aufenthalt in Smyrna, so angenehm und vielversprechend bisher, ihm fernerhin reizlos und ungenügend erscheinen würde. Dennoch äußerte er keinen Wunsch, eine weitere Reise mit ihnen zu unternehmen, und sie wäre auch sicherlich unterblieben, wenn nicht abermals ein Zufall, wie man zu sagen pflegt, es anders gefügt hätte.

Ich begleitete Helfer bei seinen täglichen Ritten zur Stadt der großen Hitze wegen fast niemals, hatte daher auch nicht Gelegenheit gehabt, den Eindruck zu bemerken, den die fortgesetzte Unterhaltung mit den jungen Afghanen auf ihn machte. Eines Morgens jedoch, als Helfer mir Adieu sagen wollte, kam unsere Wirthin und lud mich dringend ein, sie zur Feier eines griechischen Festes nach der Stadt zu begleiten. Ich hatte durchaus keine Neigung und entschuldigte mich auf alle Art, endlich auch die Lahmheit meines Esels als Grund anführend; doch die freundliche Frau hatte schon für diesen Fall gesorgt und ihren besten Esel für mich satteln lassen. So blieb mir nichts übrig als mitzureiten.

Dieser Ritt wurde ein Wendepunkt in unserm Leben; ohne ihn wären wir wol nie nach Indien gekommen, sondern lebten vielleicht noch heute in dem lieblichen Smyrna.

Wir begegneten in der Stadt den beiden Afghanen, die Helfer seit mehrern Tagen nicht gesehen hatte. Sie erzählten uns, daß sie ein Schiff für Beirut gefunden, das am nächsten Morgen unter Segel gehen sollte, und sie nun mit den Vorkehrungen zur Abreise beschäftigt seien. Ohne diese zufällige Begegnung hätten wir sie nie wiedergesehen, da die Kürze der Zeit ihnen nicht erlaubt haben würde, heraus nach Budja zu kommen, um Abschied von uns zu nehmen. Meine Augen waren gerade auf Helfer gerichtet, als er das Wort Abschied hörte, und so entging mir der starke Eindruck nicht, den es auf ihn hervorbrachte. Er entfärbte sich, und Geschäfte vorschützend verließ er uns eiligst. Ich hatte genug gesehen, um zu wissen, was es ihm kostet, die Reise nach dem Innern Asiens aufzugeben, und da dieses von jeher unser eigentliches Ziel gewesen war, schien es mir nicht zweckmäßig, eine so günstige Gelegenheit zu dessen Erreichung unbenutzt vorübergehen zu lassen. Schnell war daher mein Entschluß mitzureisen gefaßt, und ohne Zeitverlust schritt ich zur Ausführung. Ich bat unsere Freunde, ihre Abreise womöglich um einige Tage zu verschieben, wozu sie, über meinen Entschluß im höchsten Grade erfreut, gern bereit waren. Selim Khan eilte zu dem Schiffskapitän, ihn zum Warten zu bewegen, was keine Schwierigkeiten hatte. Bald kehrte auch Helfer zurück. Er schien wieder ruhig und heiter geworden zu sein. Nie aber werde ich den Ausdruck seines Gesichts vergessen, als ich ihm lächelnd mit den Worten entgegentrat: „Weißt du schon? wir reisen mit!" Er betrachtete mich fast unwillig, daß ich mit einem Gegenstande, der ihn so tief erregte, meinen Scherz treiben könne.

Nachdem ich ihm aber meine ernstlichen Ansichten und Absichten in Betreff der Reise nach Kabul auseinandergesetzt, und er gehört hatte, daß schon mit dem Kapitän unterhandelt worden sei und die Verwirklichung nur noch von seinem Willen abhänge, konnte er seine ungemessene Freude nicht länger verbergen und stimmte in den Reisebeschluß ohne Zögern ein.

So war das Los abermals gefallen und wir im Begriff, den ruhigen Aufenthalt in Smyrna Helfer's Forscherdrange zu opfern, um einer ungewissen Zukunft entgegenzugehen.

Wer sich einmal einer Idee hingegeben hat, wird von ihr mit mächtigem Triebe unbewußt und unaufhaltsam fortgerissen. Immer weiter und weiter treibt sie ihn, ob zu einem erreichbaren Ziele oder zu verlockenden Luftgebilden, sieht sein geblendetes Auge nicht. Eine Idee hatte auch uns der friedlichen Heimat, dem Kreise lieber Freunde entrissen, und sie entführte uns jetzt zum zweiten mal einem sorglosen Leben voll anmuthiger Geselligkeit und dem Genusse des herrlichsten Klimas. Die Menschen nennen oft die Ereignisse in ihrem Leben das Schicksal; ich möchte sie die Ergebnisse der den Menschen beherrschenden Ideen nennen. Denn wie ganz anders hätten andere das Leben

3. Aufenthalt in Smyrna.

im Vaterlande, den Aufenthalt in Smyrna sich gestaltet! Uns riß die Helfer beherrschende Idee von beiden los.

Nur zwei Tage waren uns zu den Vorbereitungen der Abreise vergönnt, die uns nun ganz in Anspruch nahmen. Es war gut so, denn ich schied nicht ohne Trauer und Bangigkeit von den vielen hier erworbenen Freunden, die zuerst eifrig bemüht waren, unser Vorhaben rückgängig zu machen, als sie uns aber fest entschlossen fanden, sich bei der Ausführung desselben hülfreich und dienstfertig erwiesen. Herr Dutil, der österreichische Consul, veranstaltete in seinem Hofraume die Verauctionirung unserer fahrenden Habe. Mir war es ein halb komischer, halb wehmüthiger Anblick, Stück für Stück der mir liebgewordenen Gegenstände in fremde Hände übergehen zu sehen. Schon getragene Hauben, Hüte, Kleider, Bänder zu kaufen nahmen die Damen keinen Anstand, wenn sie nur modern und kleidsam befunden wurden. Schnell war der ganze Kram vergriffen und zu unserm Erstaunen theurer bezahlt, als der Einkaufspreis gewesen war.

Noch eine zweite, nicht minder tragikomische Scene stand mir bevor: die Anlegung türkischer Männertracht. Sicherheit und Schicklichkeit geboten, meine Frauenkleider abzulegen. Frauen können im Orient nur in geschlossenen Sänften oder ganz verhüllt zu Pferde sitzend reisen, wobei natürlich freie Aussicht und Verkehr mit Menschen unmöglich sind.

Ich wollte jedoch nicht wie ein Ballen Waare im verschlossenen Kasten oder wie eine Mumie eingewickelt die schöne Welt, die meiner wartete, durchziehen; ich wollte sehen, hören und lernen, und das konnte ich nur in Männertracht.

Meine Freundinnen waren mir bei der Umwandlung in einen Mamluken behülflich. Jede half mir ein anderes Stück der ungewohnten Kleidung anlegen. Als aber das Fes und der Turban an die Reihe kamen, in welche mein starkes Haar sich unmöglich hineinzwängen ließ, das auch unter dem schweren persischen Shawlstoff mir unerträglich die Hitze gemacht hätte, wollte sich keine entschließen, auf meine Bitten die Schere anzulegen. Selbst die muthige Marie Perbey, ihrer Abstammung nach halb Engländerin, halb Griechin, konnte es nicht über sich gewinnen; und als ich endlich selbst die Schere ergriff und mit einem herzhaften Schnitt den Zopf vom Kopfe trennte, erscholl von allen Seiten ein Schluchzen und Wehklagen, als gäbe es einen lieben Todten zu beweinen. Auf mich machte der Vorgang einen lächerlichen Eindruck, während ich unter andern Umständen vielleicht auch mitgeweint haben würde.

Als endlich nach Einstecken eines Dolches und zweier Pistolen in den breiten Gürtel meine Toilette vollendet und ich nun einem jungen Türken nicht unähnlich war, führte man mich zu dem größern Kreise der versammelten Bekannten, wo ich Helfer ebenfalls schon in muselmännischer Tracht fand.

Wir erschienen uns beide so sehr verändert, daß wir uns kaum wiedererkannten und hoffen durften, auch von Fremden nicht erkannt, sondern für ein Brüderpaar gehalten zu werden.

4.
Ueber Beirut nach Lattakia.

Das Schiff, in welchem wir unsere Passage nach Beirut genommen hatten, war ein arabisches. Wer ein arabisches Schiff kennt, wird wissen was das heißen will, und wer ein solches nicht kennt, wird sich doch selbst aus der besten Schilderung keine Vorstellung davon bilden können; der Aufenthalt darin hat etwas unbeschreiblich Uncomfortables und Unreinliches. Ich erstaunte daher nicht wenig, am Morgen unserer Abfahrt ein weißgewaschenes Verdeck, eine wohlgelüftete, reinlich gehaltene und gut geordnete Cabine zu finden. Diese höchst angenehme Ueberraschung verdankten wir unserm lieben Freunde Owen Stanley, der mit seinen Matrosen eine vollkommen englische Ordnung auf unserm arabischen Küstenfahrer eingeführt hatte, wobei der Schiffsherr mit vollkommener Gleichgültigkeit zugeschaut und nur ein „Inch Allah!" ausgerufen hatte.

Die Segel wurden entfaltet, der Wind blies günstig, und der Anker hob sich mit Knarren. Noch aber hatte ich einen schmerzlichen Abschied zu nehmen — von meiner treuergebenen Lotty. Sie hatte sich vor kurzem mit einem ehrsamen, in Smyrna ansässigen deutschen Sattlermeister verlobt; die Hochzeit sollte in wenig Tagen gefeiert werden. Nachdem sie mir aufs Schiff gefolgt, konnte sie im Moment des Scheidens sich nicht losreißen; weinend umfaßte sie mich und bat fußfällig, sie nicht zurückzulassen; sie wolle lieber Bräutigam und Häuslichkeit aufgeben, als sich von uns trennen. Nur mit der größten Mühe konnte ich sie bewegen, ihrem Bräutigam, der trübselig dareinschaute, ans Land zu folgen; und ich freue mich jetzt, daß ich es gethan. Sie ist glücklich verheirathet. Durch meine ihr überlassene Hauseinrichtung in den Stand gesetzt, ein wirklich reines Asyl für Fremde zu halten, ist sie wohlhabend geworden und hat ihre Söhne zu tüchtigen Gewerbsleuten erziehen lassen, welche die Industrieausstellungen in London und Paris besucht haben. Noch jetzt empfange ich Briefe von ihr, die ihre treue Anhänglichkeit bezeugen.

Am 29. August verließen wir nach einem dreimonatlichen Aufenthalt das heitere Smyrna, das uns so entgegenkommende Gastfreundschaft geboten hatte. Wir sollten sogleich wieder von den Launen der Winde und der trügerischen Wellen zu leiden haben; denn schon des andern Tages, nachdem wir die Insel Vurla passirt hatten, stellte sich conträrer Wind und bald gänzliche Stille ein.

Unsere Fahrt blieb durchweg eine sehr langsame und ungünstige. Obgleich auf einem Küstenfahrer, bekamen wir doch von der Küste nichts weiter als die Spitzen der Gebirge von Anatolien zu sehen. Die Zeit verstrich uns jedoch schnell und angenehm im Studium der persischen Sprache, in der unsere Afghanen uns zu unterrichten bemüht waren, da deren Kenntniß in ihrem Lande unumgänglich nöthig sei. Ueberdies war ihre Unterhaltung höchst anziehend; es gab kein Thema, über welches sie nicht mit gesundem Menschenverstande und richtiger Urtheilskraft ihre Meinung zu sagen wußten, und oft machten sie sehr witzige und treffende Bemerkungen.

Auf dem interessanten Rhodus durften wir nicht landen. Die europäischen Consuln hatten zu ihrem und der Insel Schutz aus eigener Machtvollkommenheit eine Quarantäne errichtet. Nach siebentägiger Fahrt erreichten wir Cypern und landeten im Hafen von Larnaka, eigentlich nur einer Rhede, die den Schiffen von keiner Seite Schutz gewährt. Wir mußten eine

halbe Stunde vom Lande entfernt Anker werfen. Unsere Vor=
stellungen von üppigen Weingärten, die den herrlichen Cyper=
wein liefern, wurden sehr enttäuscht; wenigstens in dem Theil
der Insel, den wir zu Gesicht bekamen, waren keine Reben zu
sehen; nichts als weißer Sand= oder Salzboden ohne alle Vege=
tation.

Nur zwei Gegenstände erregten als Vorboten der südlichen
Zone unser Interesse. Der erste bestand aus einigen Dattelpalmen,
die, so verkümmert sie auch waren, uns doch in den süßen Wahn
wiegten, wir seien in das Paradies eines ewig milden Klimas
eingetreten und würden hinfüro keine Kälte mehr zu ertragen
haben, keine Fluren mit dem winterlichen Leichentuche mehr be=
deckt sehen. Eitle Träume! In kurzer Zeit hatten wir mehr
davon zu leiden als jemals in der nordischen Heimat.

Der andere Gegenstand unsers Interesses war ein großer
blutrother Skorpion, der sich auf dem heißen Sandwege mit so
raschen heftigen Bewegungen hin= und herschnellte, daß ich ent=
setzt zur Seite sprang. In ihm glaubte ich einen Repräsen=
tanten des giftigen Gewürms der tropischen Länder zu erblicken,
wie es die Reisebilder unserer jugendlichen Phantasie als so ge=
fahrdrohend vor Augen stellen; doch auch darin irrte ich, denn
ich erinnere mich nicht, bei unsern spätern Wanderungen im
Dickicht der Tropenwälder einem häßlichern und gefährlichern
Insekt begegnet zu sein als diesem Skorpion.

Wir hatten beabsichtigt, unser Schiff, das nach Beirut be=
stimmt war, hier zu verlassen und in einem Boote die Küste bei
Lattakia zu erreichen, um von dort nach Aleppo zu gehen, dem
Sammelplatze der Karavanen, an die wir uns anschließen wollten.

Die Contumaz, die Ibrahim Pascha über die ganze Küste
verhängt hatte und nach der keinem nicht direct aus Europa
kommenden Schiffe erlaubt war, anderwärts als in Beirut zu
landen, wo zu diesem Zwecke eine Quarantäne eingerichtet war,
die Strenge und Wachsamkeit, mit welcher diese Maßregel durch=

geführt wurde, machten unsern Plan unausführbar. Wir mußten uns in das Unvermeidliche fügen und die Fahrt mit dem Schiffe bis Beirut fortsetzen, um von dort nach Lattakia und weiter zu gelangen.

In der Frühe des 12. September kamen wir endlich in Sicht von Beirut und erblickten die phönizische Küste bei anbrechendem Morgenlichte, wie sie Karl Ritter in seiner Erdkunde so unübertrefflich und wahr geschildert hat, daß nichts dazuzuthun und nichts davonzunehmen ist. „Hier erhebt sich ein einförmig aufsteigendes Bergland im düstern Blau über der Wasserfläche, wenn die Purpurwolken der Morgenröthe das bewegte Meer schon mit den feurigsten Farben beleuchten. Bei Sonnenuntergang aber scheinen dem Nahenden die Schneegipfel des Libanon, von der sinkenden Sonne beleuchtet, im rosenrothen Schimmer aus weiter Ferne entgegen, und von ihnen nimmt der absegelnde Schiffer zuletzt noch Abschied von Syrien.

„Näher und näher rückend, heben sich die Bergzüge mannichfaltig empor und lassen schöne Thäler und Schluchten unterscheiden, die, mit Wäldern geschmückt, welche aus Eichen, Fichten, Cedern in verschiedenem Grün bestehen, erst mäßig sichtbar werden. Dörfer zeigen sich zerstreut in großer Zahl als helle Punkte auf dem Gehänge zwischen und über dem gelblichen Grün der Weinberge oder zwischen dem aschfahlen Grün der Olivenwälder.

„Bei sanftem Winde zeigt sich das Küstenmeer ganz mit schleimigen Medusen bedeckt, die in den mannichfaltigsten Formen scharenweise dahinziehen. Fliegfische erheben sich aus dem Wasser in niedrigem Fluge, ihren Feinden, den hier sehr häufigen Haifischen, zu entgehen.

„So nähert man sich allmählich Beirut, dessen vorherrschend rother Sandboden schon aus der Ferne herüberscheint, auch wenn das Schiff noch um Stunden vom Ufer entfernt ist. Dieses wirft dann aber auf der tiefen Rhede an der wasserreichen Mündung des Nehr Beirut im schlammigen Meeresgrunde seine

Anker, die Klippenstellen derselben vermeidend, welche den Ankertauen verderblich sein würden.

„Ueber der Stadt entfaltet sich das schönste Terrassenland mit seinen reichsten Productionen, von der Palmenvegetation in der heißen Küstenebene bis zur dauernden Schneeregion der Hochgipfel.

„An die einzelnen Gruppen der Palmenbäume reihen sich die Citronen, Orangen und viele andere Gewächse der Obstgärten mit den edelsten Früchten, die Pistacien, die grandiosen Walnußbäume, die Olivenwaldungen und die Maulbeerpflanzungen an. Am Saume der Ebene ziehen sich die reichsten Getreide-, Reis- und Baumwollfelder hin; Rebenhügel im Kranze umgeben sie, und die Pflanzung des majestätisch dunkeln Pinienwaldes bezeichnet den natürlichen Damm der Düne gegen das Culturland, welches belebt wird durch das mannichfache Geschwirre der Drosseln, der Amseln, das laute Geschrei der zahlreichen buntgefiederten Bienenfresser und den Nachtigallengesang der Bübül.

„Auf den höchsten Gipfeln des überragenden Hochgebirges mit seinen zahlreichen Heerden und wohlhäbigen Ortschaften gewinnen die Nadelholzarten an der Grenze der saftigen alpinen Matten der schneereichen Libanongipfel die edelste Form in dem berühmten Cedernwalde von Dschebbel Mechmel."

Die bisher in muselmännischen Landen unbekannte und selbst gegen ihre Religion verstoßende Einrichtung der Quarantäne, welche ebendeshalb unter Obhut der fremden Consuln gestellt war und Syrien viermal vor der Pest geschützt hat, wurde gerade sehr streng gehalten.

Kaum hatten wir die Anker geworfen, als ein Guardiano der Sicherheitswache an Bord des Schiffes kam und es uns freistellte, die Quarantäne auf dem Schiffe, das zu diesem Zwecke Wache erhielt, oder im Lazarethgebäude zuzubringen.

Des Schiffsaufenthalts herzlich müde, wählten wir das letztere und wurden sogleich von der Wache dahin geführt, ohne die Stadt zu berühren, die in großer Entfernung und in Gebüsch versteckt kaum sichtbar wurde.

Das Quarantänegebäude lag auf einem ziemlich hohen felsigen Vorsprunge, gegen den die See in dunkelblauer Färbung mit Macht anstürmte und schäumend wieder zurückprallte: ein prächtiger Anblick!

Frische Meereswinde, wechselnd mit den vom Hochgebirge des Libanon herabwehenden Lüften, bestrichen den Ort; eine gesündere und angenehmere Lage für ein Lazareth kann es nicht leicht geben. Aber das Gebäude selbst war erst im Entstehen begriffen; 350 ägyptische Soldaten arbeiteten ununterbrochen an demselben und an einigen hübschen, zweckmäßigen Anlagen. Das Ganze war jedoch noch weit von der Vollendung entfernt und noch ohne alle Einrichtung.

Durch Verwendung des französischen Consuls, an den Helfer einige Empfehlungsschreiben abgesandt hatte, wurden uns zwei Zimmer angewiesen, welche besonders hergerichtet worden waren, um die Frauen des Serails von Soliman Pascha, dem berühmten General Mehmed Ali's, einem gebornen Franzosen, zu beherbergen.

Wir hatten uns, als wir hörten, daß diese Zimmer uns überlassen werden sollten, auf den vielgerühmten Luxus eines Serails gefreut, wurden jedoch sehr enttäuscht; wir fanden nichts als leere Wände und einen gereinigten Fußboden, immerhin eine große Vergünstigung in Syrien.

Wir richteten uns so bequem als möglich ein; Bauziegel stellten wir zu Tischfüßen zusammen, und eine ausgehobene Thür wurde als Tischplatte daraufgelegt. Als Sitze wurden Fensterläden benutzt, die wir durch Darüberbreiten unserer Schiffsmatratzen zugleich in Betten verwandelten. Auf einer Strohdecke sollte dinirt werden, wenn es etwas zu diniren gab; wofür unsere Wächter jedoch ganz und gar nicht sorgten.

Zum Glück war uns das freie Umherwandern im ganzen Quarantäneraum gestattet, und in einen großen angrenzenden

Weingarten gewährte uns dessen höchst defecte Umzäunung freien Eingang. Die herrlichen Trauben lachten uns verlockend entgegen, und der Hunger überwand bald unsere Scrupel, sie zu kosten; sie waren so köstlich und so gehaltreich, daß wir uns schon in das Gelobte Land, dem wir so nahe waren, versetzt fühlten.

Endlich fanden wir auch den Besitzer, dem wir unsern Diebstahl beichteten und Schadenersatz anboten, worüber er höchst verwundert schien. Nicht nur daß er jede Zahlung ernst und würdevoll zurückwies, er wurde uns auch behülflich, während der Dauer unserer Quarantäne aus der Stadt ein substantielleres Mittagsmahl zu beziehen.

Unser gastfreier Nachbar war ein Druze, und wir lernten an ihm den Charakter dieses Volkes von der vortheilhaftesten Seite kennen.

Er besaß Ländereien und zahlreiche Heerden im Gebirge und kam nur zur Zeit der Weinernte von dort herab; denn ungern verlassen die freiheitliebenden Druzen ihr Gebirgsland. Durch den öftern Verkehr mit der Stadt und seine Beziehungen zu ihrem vielseitigen Handel war ihm die türkische Sprache geläufig geworden, die nun ein Mittel der Verständigung zwischen ihm und Helfer abgab.

Die Druzen sind ein schöner Menschenschlag voll Energie und geistiger Begabung, tapfer, ehrliebend und gastfrei. Der Reisende oder Flüchtling, der sich in ihren Schutz begibt, findet ein sicheres Asyl.

Als Eigenthümer ihrer Ländereien im Gebirge betrachten sie sich wie freie Herren und bebauen dieselben mit Fleiß, wogegen die Bewohner der Ebene nur Pächter des Gouvernements sind.

Obgleich sie sich äußerlich zum Islam bekennen, huldigen sie eigenen Glaubenslehren, die sie aber streng geheimhalten. Sie nehmen voll Wißbegierde an dem Unterrichte christlicher Missionare theil und haben sogar Schulen der amerikanischen Mission in ihrem Gebirgslande eingerichtet. Noch viel wirksamer würden diese ihren edeln Beruf erfüllen können, wenn nicht die christlichen Maroniten ihnen aus Eifersucht entgegenarbeiteten. Die Maroniten, obgleich zwischen ihnen und den übrigen Gebirgsbewohnern kein äußerlicher oder nationaler Unterschied besteht, zeichnen sich vor allen durch ihren religiösen Fanatismus aus; gehorsam fügen sie sich dem zelotischen Kirchenregimente ihrer Priester, die ihr schönes Land mit Klöstern bedecken, und denen sie die Früchte ihres Fleißes darbringen.

Zu unserm Leidwesen waren wir von jeder Excursion in die Umgegend sowie von dem Besuche der Stadt ausgeschlossen, die wir ihres geschichtlichen Interesses wegen gern besichtigt hätten, wenngleich sie dem zauberischen Anblick ihrer Umgebung nicht entspricht und in der Bauart den meisten Städten der Levante gleicht. Die Straßen sind krumm und finster, die Häuser mit den niedrigen Fenstern ärmlich und von rohester Structur. Man sieht es denselben nicht an, daß mitunter Millionäre in ihnen wohnen.

Nur die große Moschee, ein Bau der Christen, die ehemalige Sanct=Johanniskirche, welche den Kreuzfahrern zu kirchlichen Festen gedient hat, ragt über die Häusermasse und das dichte Gebüsch hinaus; ihr Anblick ließ die ganze Vergangenheit dieser einst mächtigen Stadt mit all ihren Schicksalen vor unserm Geiste vorüberziehen. Unter heidnischen Göttern entstanden, von römischen Kaisern erweitert und von Herodes Agrippa, dem letzten Könige in Jerusalem, zum Sitz seiner prunksüchtigen und schwelgerischen Hofhaltung erkoren, wurde Beirut der Schauplatz blutiger Festspiele, an deren einem 700 Verbrecher zur Belustigung der Zuschauer sich gegenseitig im Wettkampfe ermorden mußten, und selbst der edle Titus feierte hier das Geburtsfest seines Vaters durch die Hinrichtung mehrerer Tausend aufrührerischer Juden!

Wie sonderbar, daß auf diesem mit Blut getränkten Boden die strenge römische Wissenschaft ihren Sitz aufschlug. Bis in das 6. Jahrhundert blühte zu Beirut die berühmteste Rechtsschule des römischen Reiches, die durch ihre Sittenstrenge und Disciplin bekannt war, die ersten Juristen und Staatsmänner bildete und sich den Namen einer Mutter der Weisheit erwarb. Doch auch diese Blüte sollte nicht dauern; was Menschenhände nicht zerstörten, verwüstete das furchtbare Erdbeben des Jahres 529, das fast durch ganz Syrien verheerend auftrat, und bei dem ein großer Theil der Bewohner und Studirenden von Beirut das Leben verlor.

Von dieser Zeit an hat sich die Stadt nie wieder erhoben; sie fiel nacheinander unter die Herrschaft der Araber, Kreuzfahrer, Türken und Drusen und wurde wechselsweise aufgebaut und wieder zerstört.

So ist es geblieben, bis 1840 die englische Flotte die Truppen Mehmed Ali's aus Beirut vertrieb.

Trotz aller Zerstörungen hat aber Beirut gegründete Anwartschaft, bei einer Wiedergeburt des Orients einer der wichtigsten Punkte des altclassischen Gestades zu werden; seine glückliche Lage im Mittelpunkte der phönizischen Küste, die Schönheit der Natur, die Fruchtbarkeit des Bodens sowie der Fleiß und die Bildsamkeit seiner Bevölkerung berechtigen es zu einer solchen Hoffnung.

Vielleicht ist der Zeitpunkt nicht mehr fern, wo diese von der Natur begabten, aber durch den Islam und zelotisches Mönchswesen fanatisirten und irregeleiteten Völkerschaften zu einer neuen Blüte wahrer Civilisation auferstehen werden. Doch dazu ist von nöthen, daß sie nicht von den europäischen Mächten als Gegenstand kleinlicher Eifersüchteleien misbraucht werden, und daß die christlichen Missionen weniger danach streben, Proselyten zu machen, als vielmehr Menschen zu bilden!

Aus unserm ruhigen Asyl und dem Studium der persischen und hindostanischen Sprache, welches wir mit ungeschwächtem Eifer betrieben, wurden wir durch die Nachricht aufgeschreckt, daß ein Regiment ägyptischer Soldaten eintreffen solle, um hier

Quarantäne zu halten. Auf unsere Anfrage beim französischen Consul, dessen Fürsorge wir die bisher innegehabten Räume verdankten, empfingen wir die Bestätigung dieses Gerüchts und unter vielen Versicherungen seines Beileids die Mittheilung, daß wir unsere Wohnung nicht länger würden behalten können, indem die höhern Offiziere sie jedenfalls für sich requiriren würden. Es sei, hieß es ferner, unmöglich, uns den Eintritt in die Stadt vor Ablauf der Quarantänezeit zu gestatten; sie müsse, wie das ganze Land, streng gegen den auswärtigen Verkehr abgesperrt bleiben. Da aber ein längerer Aufenthalt unter diesen Umständen im Lazareth unthunlich sei, werde er, falls wir eine heimliche Entfernung wagen wollten, im Hafen ein nach Lattakia bestimmtes Schiff zu unserer Aufnahme bereit halten. Zugleich wurde uns ein Fischer zugewiesen, der uns auf einem verborgenen Schmugglerwege an das Meergestade hinunterführen und mit seinem Fischerboote an Bord des Schiffes bringen solle.

So gefährlich eine heimliche Flucht aus der Quarantäne überall ist, sie war es bei dem rücksichtslosen despotischen Regimente Ibrahim Pascha's in Syrien im doppelten Maße; ihm galt ein Menschenleben nichts; nur die Sucht, sich in Europa einen Namen zu machen und sich mit dem Nimbus europäischer Civilisation zu umgeben, bewog ihn, deren Institutionen nachzuahmen.

Wir hatten keine Wahl. Zu bleiben war unmöglich; die Flucht mußte gewagt werden. Wir rechneten dabei am meisten auf die Trägheit unserer Wächter und ihre Liebe zum Golde. Auch unser Nachbar, der Gärtner, wurde für unser Vorhaben gewonnen, mehr aus Haß gegen den neuen und harten Beherrscher, der jeden Zweig des Handels und der Industrie für sich selbst monopolisirte und die betriebsame Bevölkerung schwer bedrückte, als durch die ihm gebotene Geldsumme, die er für seine Person entschieden zurückwies; nur für seinen Diener, der uns zum Träger unsers Gepäcks dienen sollte, schlug er einen Backschisch nicht aus.

Am 19. September, nach fünftägigem Aufenthalte im Lazareth, rüsteten wir uns zur Flucht. Unsere Afghanen ließen sich schwer dazu bereden; sie wollten nach echt orientalischer Weise lieber jedes Ungemach passiv ertragen, als es muthig beseitigen. Die Vorstellung, daß sie hier allein zurückbleiben müßten und wahrscheinlich, weil von Smyrna kommend, als türkische Spione behandelt werden würden, brachte sie endlich zum Entschluß, auf das Wagniß einzugehen.

Die uns zunächststehenden Wächter waren gewonnen; unsere geringe Habe wurde hinter die benachbarten Rebengelände verborgen, und frühzeitig begaben wir uns anscheinend zur Ruhe, schlossen Thüren und Läden, löschten die Lichter aus und saßen in tiefer Dunkelheit und Stille. Kein Zustand ist so geeignet, die Energie zu lähmen, dem Gemüth Besorgniß einzuflößen und die Phantasie mit allerlei beängstigenden Bildern zu erfüllen, als unthätig und lautlos in völliger Dunkelheit den Zeitpunkt eines gewagten heimlichen Unternehmens abwarten zu müssen. Die Minuten wurden uns zu Stunden, das Herz klopfte hörbar, und das Ohr lauschte gespannt auf jeden Laut. Helfer ließ seine Repetiruhr wol hundertmal schlagen, bis sie die zum Aufbruch bestimmte Stunde der Mitternacht anzeigte. Jetzt erhoben wir uns einer nach dem andern; Helfer schritt, leise die Thür öffnend und sich an die Wand des Hauses schmiegend, voran; ich folgte ihm in einiger Entfernung, dann Selim Khan und zuletzt sein älterer Bruder. Die Helle der Nacht, welche in Syrien auch bei mangelndem Mondschein herrscht, und die mich bisher so entzückt hatte, machte mich jetzt verzagt; wir konnten uns deutlich auf 50—60 Schritte erkennen; doch erreichten wir, ohne von den schlaftrunkenen Wächtern bemerkt zu werden, den uns vor Späherblicken bergenden Weingarten, wo wir unsern Führer fanden, dem wir nun schnell zu dem für die Flucht bestimmten Pfade am Rande des Felsenvorsprungs folgten. Hier erwartete uns der Fischer, der sein Boot unten

befestigt hatte, mit noch einem rüstigen Manne; und das that
noth, denn hatten wir früher nur passiven Muth zu bewähren
gehabt, so galt es jetzt, thätige Beherztheit zu entwickeln.

Von einem 60 Fuß hohen, senkrecht aus dem Meere empor-
steigenden Felsen, an dessen Fuß tief unten sich die schäumenden
Wellen mit lautem Getöse brachen, führte in schräger Richtung
von Vorsprung zu Vorsprung ein treppenartiger Steg abwärts,
dessen Stufen, verwittert und schlüpfrig und mehrere Fuß voneinander entfernt, kaum gangbar zu sein schienen. Hier sollten
wir hinuntersteigen! Unmöglich! · Welch rasende Tollkühnheit!
Und doch, es mußte gewagt werden. Zum Lazareth konnten
wir nicht mehr zurück; unsere Begleiter hätten es ihrer eigenen
Sicherheit wegen nicht zugegeben. Zum Glück blieb keine Zeit
zu langem Erwägen. Der Fischer erfaßte mich mit seinen ner-
vigen Armen, und leicht, als trüge er eine Feder, betrat er den
gefahrvollen Weg, den er wahrscheinlich schon oft mit größern
Lasten geschmuggelter Waaren bestiegen haben mochte. Helfer folgte
mir, seiner eigenen Gewandtheit vertrauend, und die Afghanen
schlossen den Zug, willenlos sich ihren Führern überlassend. So
ging es hinunter in lautloser Stille; kein Wort wurde gewechselt;
jeder war sich bewußt, daß ein einziger Fehltritt, ein Ausgleiten
des Fußes den unvermeidlichen Tod nach sich ziehen mußte.
Endlich erreichten wir einen breitern Vorsprung, auf dem wir
festen Fuß fassen konnten und tief aufathmend einige Secunden
verweilten. Nun ging es schneller vorwärts, bis wir glücklich zu
einer kleinen Bucht gelangten, in der das Boot, gegen die Wellen
geborgen, versteckt lag. Wer wollte unsere Empfindung schildern,
als wir unten den sichern Boden betraten und, zur schwindeln-
den Höhe hinaufschauend, erst die ganze Größe des überstandenen Wagnisses ermessen konnten!

Unserm Gärtner, der auch jetzt noch jede weitere Belohnung ablehnte, mit einem Händedruck unsern Dank bezeigend, bestiegen wir
das Boot, das, von kräftigen Ruderschlägen vorwärts getrieben,

uns bald zu dem für die Weiterreise bestimmten Schiffe brachte. Doch noch ehe wir es erreicht hatten, zeigten Flintenschüsse aus der Quarantäne, daß man unsere Flucht entdeckt habe und uns verfolge. Ob es ernstlich gemeint war, oder ob die gewonnenen Wächter nach vollbrachter That ihre Wachsamkeit durch diese Alarmzeichen beweisen und die Verantwortlichkeit von sich abwälzen wollten, blieb unentschieden; wir waren jetzt sicher m Bord des Küstenfahrers.

Der Kapitän empfing uns mit all der Ehrerbietung, die der Empfehlung eines Consuls in Beirut gebührt. Er war ein dicker, wohlhäbig ausschauender Türke, angethan mit einem roth-, gelb- und grüngestreiften seidenen Kaftan, buntgemusterten weiten Hosen und gelben Pantoffeln; als Kopfbedeckung trug er ein rothes Fes mit mächtigem Turban von grüner Farbe, das Zeichen der Pilgerfahrer nach Mekka. Sein voller gekräuselter Bart reichte ihm bis auf die Brust. Er hatte seine einzige Cabine zu unserer Aufnahme in Bereitschaft gesetzt; aber ach, keine englischen Matrosen hatten hier geordnet und gesäubert! Beim Betreten der ersten Stufen, die in den ungelüfteten Raum hinunterführten, taumelte ich zurück, betäubt von dem Gemisch widerlicher Dünste, die sich da schon seit Jahren gesammelt haben mochten. Sie rührten von Knoblauch, eingesalzenen Fischen, Theer und Thran her, mit deren Exhalationen sich die Gerüche von duftenden Citronen, verschiedenen Spezereien und von Büscheln getrockneter Lavendel- und Rosenblätter vermengten; und zu alledem kam noch eine dicht zusammengedrängte Menschenmasse, meist Juden und ägyptische Soldaten!

Wenn unsere Cabine auch von diesem Raum abgesondert lag, so war doch die Atmosphäre dieselbe, es war unmöglich einen Augenblick darin zu verweilen. Glücklicherweise fehlt es im Orient nie an Decken, Teppichen und Polstern, und so konnten wir uns mit ihrer Hülfe einen Theil des Hinterdecks, welches ziemlich hoch das Vorderdeck überragte, abtheilen und uns dort bequem einrichten. Wir waren nun von den übrigen Bewohnern des Schiffes durch Vorhänge getrennt; nur der Kapitän hatte auf dem Deck uns zur Seite am Steuerrade Platz genommen, und neben ihm unsere Afghanen sowie ein feingekleideter zierlicher Franzose, der sich uns mit gewandter Höflichkeit als Küchenmeister Sr. Hoheit des mächtigen Ibrahim Pascha vorstellte und im Begriff war, seinem Herrn nach Aleppo zu folgen.

Wir hatten von der Quarantäne aus für Proviant nicht sorgen können und waren somit auf die Schiffskost: steinharten Zwieback, getrocknete Datteln, frische Oliven und alten Ziegenkäse, beschränkt, eine Nahrung, zu der ich mich nicht eher entschließen konnte, als bis der Hunger dazu zwang. Unser pariser Küchenmeister führte dagegen große Vorräthe zur Bereitung leckerer Speisen für den Tisch seines Herrn bei sich und war durch den Besitz eines geräumigen Feuerbeckens in Stand gesetzt, unter allen Umständen ein schmackhaftes Mahl zu bereiten. Die Aufmerksamkeit, die ich seiner Geschicklichkeit schenkte, schien ihm nicht wenig zu schmeicheln; denn als das Mahl bereitet war, lud er uns auf das verbindlichste ein, daran theilzunehmen. Wir machten uns keine Scrupel, mit des Paschas Vorräthen uns hinter seinem Rücken bewirthen zu lassen, sondern langten tapfer den wirklich delicaten Speisen zu. Diese so ganz unerwartete Schicksalsgunst, wie so manche andere, die uns schon geworden war, hob unsern zeitweilig gesunkenen Muth und belebte wieder die Hoffnung auf ein glückliches Gelingen. Der Mensch denkt und empfindet nun einmal anders nach als vor der Mahlzeit!

Mechanisch drehte der Kapitän das Steuerruder hin und her, ohne dabei das Vordertheil des Schiffes sehen zu können. Der verrostete Compaß, der neben ihm stand, zeigte nicht die geringste Bewegung, was ihn aber wenig zu kümmern schien; denn als Helfer ihn auf diesen Umstand aufmerksam machte, nickte er blos mit dem Kopfe und strich mit der äußern Handfläche langsam unter dem Knie hin: eine den Türken eigene, unbeschreibliche und unnachahmliche Pantomime, mit der sie vieles und vielerlei ausdrücken, wozu andere Nationen langer Redensarten bedürfen, am häufigsten jedoch die Geringschätzung dessen, was sie hören, besonders wenn es von einem Giaur kommt, kundgeben wollen.

Auf Helfer's wiederholte Bemerkung, daß ein Schiff unmöglich ohne Compaß zu führen sei, erwiderte er gelassen, ihm sei der Große Bär ein sicherer Compaß, mit geheimnißvollem Lächeln hinzufügend, er bedürfe übrigens gar keines Wegweisers. Ich glaubte, er meine damit, die Nähe des Landes zeige ihm die Richtung an; allein er vertraute auf eine andere, unsichtbare Hülfe.

Nach Sonnenuntergang, währenddessen er auf einem vor ihm ausgebreiteten schönen Teppich mit Andacht sein Gebet verrichtet hatte, zog er eine bemalte und beschriebene Tafel aus seinem Brustlatz und hing sie sich um den Hals; dann wandte er das Schiff vom Lande abwärts, band das Steuerruder fest und legte sich mit der Sorglosigkeit eines Kindes schlafen.

Helfer konnte sich nicht enthalten, ihn zu fragen, was er denke und beabsichtige? „Zu schlafen", sagte er mit unerschütterlichem Phlegma. „Aber wer wird in der Nacht das Schiff lenken?" „Der Wind", erwiderte er, sich auf die andere Seite legend. „Wenn nun aber der Wind umschlägt, was dann?" Er würdigte diese Frage keiner Antwort mehr, sondern wies bedeutsam auf seine Tafel und schlief ruhig ein.

Diesmal bewährte sich auch wirklich sein Amulet: ein günstiger Fahrwind brachte uns am Nachmittag des zweiten Tages glücklich in den Hafen von Lattakia.

Wie verschieden war unsere damalige Fahrt von der Sicherheit, Schnelligkeit und dem Comfort der Dampfer, welche jetzt in diesen Gewässern eine regelmäßige Verbindung vermitteln. Wie bequem und rasch kann man jetzt die genußreiche Reise an diese durch Naturschönheiten, geschichtliche Vergangenheit und zukünftige Culturentwickelung so interessanten Gestade vollführen!

Im Hafen von Lattakia herrschte ein außerordentlich reges Getreibe. Es wurden soeben zahlreiche Horden ägyptischer Soldaten ausgeschifft, die erst kürzlich in ihrem Heimatlande ausgehoben oder vielmehr eingefangen worden waren, um für Begründung der Herrschaft Mehmed Ali's in Syrien zu kämpfen.

Da waren Nubier mit den sphinxartigen plattgedrückten Gesichtern und den kleinen geschlitzten Augen; das starke, schwarze, in Hammelfett getauchte und um Dochte gewickelte Haar hing ihnen zu beiden Seiten der flachen Backenknochen, einer dicken Perrücke von spiralförmigen Locken ähnlich, bis zur Schulter herab. Dann hoch und schlank gebaute Abyssinier mit regelmäßig kaukasisch geformten Gesichtszügen, aber aschgrauer Hautfarbe; die niedergeschlagenen langen dunkeln Wimpern zeigten den Ausdruck tiefster Betrübniß. Alle waren in die verschiedenartigsten Lumpen gehüllt, die kaum ihre Blöße bedeckten. Sie wurden zusammengekoppelt den weiten Weg vom Hafen bis zur Stadt getrieben. Dieser mit den schönsten Olivenbäumen bepflanzte Weg, an den sich weitläufige Gärten anreihen, bietet einen reizenden Spaziergang. Die Häuser liegen fast ganz im Grün versteckt, nur die Moscheen und einzelne Dattelpalmen mit ihren Kronen ragen daraus empor.

Wir hatten aber keine Zeit, den fremdartigen Erscheinungen Aufmerksamkeit zu schenken; wir mußten eilen, uns in Sicherheit und unter Obdach zu bringen, denn unser Kapitän hatte uns beim Scheiden davon benachrichtigt, daß in der gegenwärtigen Zeit keine Unterkunft für Fremde in Lattakia zu finden sei, alle Khans, ja alle Privatwohnungen, wo bisher noch ein Raum vorhanden gewesen, seien von dem neuen Herrscher in Beschlag genommen. Helfer erinnerte sich der vielgepriesenen gastlichen Aufnahme Reisender in den syrischen Klöstern und beschloß, als rechtgläubiger katholischer Christ in dem unfern gelegenen Franciscanerkloster Unterkunft zu suchen, mich als seinen Bruder einzuführen und auch für unsere moslemitischen Begleiter Quartier zu erbitten, die sich natürlich erst verpflichten mußten, während des Aufenthalts im Kloster ihres Propheten nicht zu gedenken.

Mit Hülfe einiger Piaster fanden wir einen Führer, der uns zu dem großen, aber ganz veröbet aussehenden Klostergebäude führte. Es war nach der Straße zu durch eine lange hohe Mauer abgesperrt, ohne andere Oeffnung als eine einzige unscheinbare Pforte. An dieser Pforte hing ein Hammer, mit dem Helfer drei herzhafte Schläge auf die darunterbefindliche Metallplatte führte, sobaß der Schall weit hinein ins Innere ertönte.

Wir hatten nicht lange gewartet, als sich oberhalb der Pforte ein kleiner Schieber öffnete und ein alter Mönch vorsichtig sein rundes Gesicht und den kahlen Kopf herausstreckte, den er aber beim Anblick von vier Muselmännern mit Schrecken zurückzog. Auch den Schieber wollte er schleunigst wieder schließen, da traf sein Ohr der christliche Gruß „Laudetur Jesus Christus", und wie durch ein Zauberwort verwandelte sich der Ausdruck seines Gesichts aus Furcht in höchstes Erstaunen. Er starrte uns an, ungewiß, ob er diesem Gruß aus einem beturbanten Kopfe vertrauen sollte, bis Helfer ihm auf italienisch erklärte, wir seien keine Feinde, sondern fränkische Reisende, die nur ihrer Sicherheit wegen türkische Tracht angelegt hätten und hier um Aufnahme bäten, weil die Stadt mit ägyptischen Soldaten überfüllt sei. Jetzt öffnete er die Pforte ebenso bereitwillig, als er früher ängstlich gezögert hatte, und hieß uns freundlich willkommen. Auf unsere Bitte, uns Herberge im Kloster zu gewähren, gab er freundliche Zusage, gestand jedoch achselzuckend, daß Obdach und ein hartes Lager alles sei, was er uns bieten könne, denn er lebe nur von den milden Gaben, die ihm durch christliche Familien in der Stadt gespendet würden. „Ob dem jungen Herrn da", setzte er mit einem bedeutsamen Blick auf mich hinzu, „eine solche Herberge behagen wird, weiß ich nicht." Der alte Herr bekundete durch die Schnelligkeit, mit der er meine Verkleidung erkannt hatte, nicht wenig Scharfblick; bisher war ich noch immer, wie ich glaubte, für einen jungen Türken gehalten worden. Jedoch meine Befürchtung gewahr werdend, er könnte mir als Frau die Aufnahme im Kloster verweigern, redete er mich an: „Kommen Sie nur, ich werde suchen es Ihnen so bequem als möglich zu machen." Er hielt Wort — so gut er konnte.

Seit funfzehn Jahren bewohnte er das Kloster allein, seit funfzehn Jahren hatte kein Feuer in der großen leeren Küche gelodert, war das Refectorium nicht gelüftet, waren die Zellen und Corridore nicht gesäubert worden, hatten Spinnen und Vögel unbehindert ihr Wesen darin getrieben und die Fenster fast undurchsichtig gemacht. Wir betraten einen langen Gang, von dessen getäfeltem Fußboden das Geräusch unserer Schritte weithin widerhallte und die rings herrschende Grabesstille vielleicht seit langer Zeit zum ersten male wieder unterbrach.

Am Ende des Ganges führte er uns in zwei aneinanderstoßende Zellen, die in keinem bessern Zustande als die übrigen Räume waren; aber als er die Fenster öffnete, bot sich uns eine wunderliebliche Aussicht auf herrliche Fruchtgärten und darüber hinaus auf das offene Meer.

Der gute Alte weidete sich an unserm Wohlgefallen; es machte ihn offenbar stolz, daß sein Kloster doch auch etwas Schönes aufzuweisen habe.

Nun eilte er in die Stadt zu einigen Getreuen seiner kleinen Heerde, um das zu unserm Unterhalt Nothwendige herbeizuschaffen. Er kehrte nach kurzer Zeit mit gutem Brot, Wein und köstlichen Früchten beladen zurück, gefolgt von einem Diener, der weiche Polster aus dem Hause eines benachbarten christlichen Kaufherrn brachte und uns Ruhelager damit bereitete.

4. Ueber Beirut nach Lattakia.

Auch einen Diener für die Reise wußte der gute Padre Antonio auf unser Ersuchen am andern Morgen uns aus seiner treu anhänglichen kleinen Gemeinde zu verschaffen. Pietro Giacomo, aus Malta gebürtig, war ein von Natur pfiffiger und wohlgeschulter Gesell. Er sollte uns bis Aleppo als Reisemarschall dienen, zunächst aber die Klosterküche übernehmen, und unterzog sich diesem Geschäft willig und mit großer Geschicklichkeit. Bald war alles Nöthige zu einem reichlichen Mittagsmahl herbeigeschafft, ein helles Feuer auf dem so lange veröbeten Herde angezündet, das Refectorium gesäubert und gelüftet, der Speisetisch gedeckt, und um die zwölfte Stunde konnte servirt werden. Nie werde ich das freubestrahlende Gesicht unsers Padre vergessen, mit dem er an seiner eigenen wohlbesetzten Tafel als unser Gast Platz nahm, und selten habe ich mit so innigem Vergnügen die Pflichten der Wirthin erfüllt und mich so an dem Appetit meiner Gäste erfreut als bei diesem Mahl, wo ich als Klosterhausfrau fungirte.

Das Herz unsers Alten erweiterte sich, seine Augen strahlten und seine Lippen wurden beredt; selbst gegen unsere Afghanen, von denen er sich bis dahin scheu zurückgezogen hatte, weil er sie offenbar nicht für verkleidete, sondern wirkliche Muselmänner hielt, wurde er zutraulicher.

Von Jugend auf dem geistlichen Stande gewidmet, in Rom im Seminar erzogen und später für die Mission bestimmt, ward er ein Zögling derselben und trat dann, dem Befehl der Obern gehorsam, als jüngster Klosterbruder in das hiesige Kloster ein. Damals war es noch von zahlreichen Geistlichen bewohnt und hatte einen ausgedehnten Wirkungskreis; nach und nach wurde dieser immer beschränkter; die Zahl der Mönche und ihr Einfluß schwand; viele wurden nach andern Orten versetzt, bis Antonio endlich seinem letzten Mitbruder die Augen zudrückte. Seit funfzehn Jahren schon hauste er ganz allein in diesen weiten düstern Mauern, in denen er alles in allem war, Pförtner und Sakristan, sogar sein eigener Ministrant bei der Messe. Und dennoch, wie zufrieden leuchtete sein Auge, mit welcher Demuth trug er das ihm auferlegte Geschick! „Es kann nicht anders sein", sagte er; und damit war jeder sehnende Gedanke, jeder weltliche Wunsch beseitigt.

Ich kann nicht sagen, welchen tiefen Eindruck die freudige Selbstverleugnung dieses Mönches auf mich machte, mit welcher Beschämung ich mein eigenes, von stürmischen Wünschen erregtes Herz damit verglich.

Trotz dieser Abgeschiedenheit war unser Padre keineswegs theilnahmlos; mit großem Interesse hörte er Helfer's Erzählungen zu, und bei Nennung von Städten und Ländern holte er ein altes Buch herbei. „Jetzt", sagte er, „jetzt erzählen Sie, ich folge Ihnen überall hin." Es war ein ganz zerlesenes geographisches Lexikon in italienischer Sprache, neben dem Brevier und Missale das einzige Buch im Kloster. In ihm studirte er während seiner vielen Mußestunden und lebte so in und mit der Welt, die er nie gesehen hatte.

Des andern Morgens begleitete uns der gute Padre als Führer durch die Stadt, die überall antike Baureste enthält. Besonders merkwürdig sind die vielen aus ältester Zeit herrührenden Gräber an der Nord- und Westseite der Stadt, die, in den Felsen eingetrieben, zum Theil eine solche Ausdehnung haben, daß ganze Generationen darin Platz finden würden. In eins derselben steigt man durch einen langen Felsgang hinab. Die große Menge und die sorgfältige Bauart dieser Grüfte sind ein Beweis für die Zahl und den Reichthum der Bevölkerung von Lattakia. Gebeine findet man nirgends mehr in ihnen. Eine der größten ist Mur Tekleh, nach Sanct-Thekla, einer Märtyrerin, genannt, welche Zuflucht in ihr gefunden haben soll. Ihr Namenstag wird noch jetzt von den Christen daselbst gefeiert.

Diese Grüfte haben den Christen der ersten Jahrhunderte während ihrer Verfolgungen zu Asylen und Wohnungen gedient, da sie sehr verborgen liegen, trocken und geräumig sind und auch Brunnen enthalten.

Die Einwohnerzahl von Lattakia soll 6—7000 betragen, darunter etwa 1000 Christen, ebenso viele Maroniten und Armenier und 4000 Muselmänner. Letztere erbauten zu ihren zehn Moscheen erst kürzlich auf dem Castellberge noch eine prachtvolle neue zu Ehren des heilig gehaltenen Scheik Mugreby, welcher jede Woche einmal die Wallfahrt nach Mekka ausgeführt haben soll. Zu dieser Moschee führt eine imposante Stufenreihe hinauf; zahlreiche Fenster mit bunten Glasscheiben und eine Kanzel mit schöner Marmortreppe zieren sie. Hier muß der erste Mullah jeden Donnerstag eine möglichst orthodoxe muselmännische Predigt halten und das Volk gegen die Ungläubigen fanatisiren.

Die Stadt hat gutgebaute Häuser; besonders zeichnen sich die Consulate mit den Flaggen Englands, Frankreichs, Italiens und anderer europäischer Mächte durch Stattlichkeit aus. Auch blicken die Christen mit großer Befriedigung auf die Consulatsgebäude, da sie bei jeder ihnen zugefügten Unbill zum größten Aerger der Türken Schutz darin finden.

Unser Führer erzählte viel von dem Fanatismus der hiesigen Muselmänner und schilderte sie als die intolerantesten von ganz Syrien.

„Sie haben unser Kloster mehreremal gänzlich ausgeraubt", fügte er hinzu; „was sie nicht benützen und nicht fortschleppen konnten, zerstörten und verwüsteten sie; erst seitdem gar nichts mehr als die leeren Wände übriggeblieben, ist Ruhe. Die Verfolgungen erstreckten sich auch auf die übrige christliche Bevölkerung, die öfters gezwungen war zu fliehen und Schutz auf der nahen Insel Ruad zu suchen."

Die Insel Ruad, das Arca der Alten, ist ein merkwürdiger Punkt der Erde, ein kleines Felseneiland, das schroff aus den umspülenden Wogen emporsteigt. Moses schon nennt sie als einen

Bundesstaat der Phönizier. Unter allen politischen Wandlungen des nahen Festlandes haben ihre tapfern, fleißigen und freiheitliebenden Bewohner ihre Unabhängigkeit und ihr Asylrecht zu wahren gewußt, sodaß sie manchem politisch Verfolgten eine sichere Zuflucht gewähren konnten.

Die Insel entbehrt übrigens aller Vegetation; sie trägt nur eine Masse mehrere Stockwerke hoher Häuser, die durch kolossale, von ungeheuern Quadern aufgeführte Mauern umschlossen sind, und besitzt einen Hafen, der durch natürliche Lage wie durch künstliche Befestigung jedem Feinde den Zutritt wehrt.

Dennoch wurde das rüstige Schiffervolk durch seinen ausgebreiteten Handel reich und mächtig; es erhielt sich, früher unter eigenen Königen, später unter selbstgewählten Präsidenten, als eine selbständige kleine Republik, bis es in den letzten Kriegen die Partei der Türken gegen Ibrahim Pascha nahm, und dieser, als Herr der Küste, den Befehl zur Plünderung der Insel gab; nur durch die englische Flotte wurde sie vor dem Untergange geschützt. Die Bewohner sind als vortreffliche Schwimmer und Taucher bekannt, wir verdanken ihnen einen großen Theil unserer feinsten Badeschwämme, die sie in großer Tiefe auf dem Meeresgrunde von Steinen losreißen, aber ohne so lange unter Wasser bleiben zu können wie die Perlenfischer von Ceylon. Das Gewerbe ist jedoch so anstrengend, daß wenige dieser muskulösen Männer es länger als ein Jahr betreiben können.

Auch dem christlichen Kaufherrn, dessen Polster uns weich gebettet hatten, statteten wir einen Besuch ab. Er war offenbar vorher benachrichtigt worden, denn er hatte sein enges dunkles Comptoir, in welchem er den ganzen Tag in Geschäften vertieft zuzubringen pflegte, verlassen und hatte sich mit seiner Familie in den mit Marmor getäfelten innern Hofraum begeben, unter schattigen Kastanien, hohen Cypressen, blühenden Granaten und Rosenbüschen, in deren Mitte ein klarer Springbrunnen seinen hellen Wasserstrahl in ein kunstvoll gearbeitetes Marmorbecken herabplätschern ließ.

Derartige Höfe mit ihrer erfrischenden Kühle und ihrem dem Auge wohlthuenden Schatten sind ein großer Comfort, der einzige allerdings, den die Wohnungen selbst der wohlhabendsten Familien besitzen; im Innern enthalten die Häuser nichts als weißgetünchte leere Wände und von Stroh oder Rohr geflochtene, mit Polstern bedeckte Divans. Die Zimmer sind dunkel und meist dumpfig, weil sie selten gelüftet werden.

Eine ältere Frau und drei jugendliche Gestalten saßen unweit des Springbrunnens; zwei waren beschäftigt, Seidenfäden aufzuwickeln. Die dritte aber, augenscheinlich die jüngste, flocht ihren Schwestern Granatblüten in das dunkle Haar; sie war ein wunderliebliches Geschöpf, schlank und graziös wie eine Hebe, die Form ihres Gesichts das schönste Oval, ihr Teint fein und durchsichtig, wie Pfirsichblüte geröthet; ihre rehfarbenen Augen waren von langen dunkeln Wimpern beschattet, die weiße Stirn umgrenzte hellblondes Haar, das wellenförmig in langen Zöpfen herabfiel; an den äußersten Spitzen derselben hingen türkische Goldmünzen, die bei jeder Bewegung ein leises Klingen ertönen ließen. Von unserm Eintritt wurden alle, obgleich vorbereitet, sichtlich überrascht; die Frauen waren verlegen, sich vier türkischen Männergestalten gegenüberzubefinden, und die liebliche Hebe verbarg ihr Gesicht hinter ihrer Mutter, nur von Zeit zu Zeit, durch Neugierde getrieben, das Köpfchen emporhebend, um uns scheu zu betrachten. Die Begrüßung mit dem Hausherrn war äußerst ceremoniell und reservirt. Mochte er bei seinen Erfahrungen von türkischer Willkür und Habsucht sich uns gegenüber doch nicht sicher fühlen, und auch Helfet's kurze Mittheilung über den Zweck unserer Reise ihm kein volles Vertrauen einflößen, genug, er beobachtete uns scharf und wechselte manchen argwöhnischen Blick mit Padre Antonio.

Helfer stellte mich mit den üblichen Verbeugungen und die

Hände über der Brust gekreuzt den Damen als seine Frau vor; sie staunten mich eine Weile ungläubig und forschend an, und erst als er ihnen in überzeugenden Worten erzählt, daß ich aus freiem Willen und aus Neigung zu ihm die Reise unternommen und nur der Nothwendigkeit weichend Männertracht angenommen habe, wurden sie zutraulicher, beschauten mich aber immer noch kopfschüttelnd. Ihrem Ideenkreise lag die Vorstellung von einer Frau, die in Männertracht durch die Welt reist, freilich allzu fern.

Ich sah, daß die Kleine ein Anliegen habe; denn sie flüsterte ihrem Vater mehreremal einige arabische Worte ins Ohr, wobei sie mich immer lächelnd fixirte; sie hätte ebenso gut laut sprechen können, ohne uns ihr Geheimniß zu verrathen, da wir von der arabischen Sprache noch keinen Laut verstanden. Auf Helfer's Fragen, was die Tochter wünsche, wandte sich der Hausherr an mich: „Das närrische Mädchen wünscht, Sie in Frauenkleidern zu sehen, und möchte selber Sie ankleiden; Sie müssen ihrem kindischen Sinne das zugute halten." „Mit Vergnügen", erwiderte ich, „will ich mich von ihr schmücken lassen." Diese Worte brachten Leben in die Gruppe. Die Mädchen sprangen von ihren Sitzen und eilten geschäftig nach den innern Gemächern, wobei sie auf stelzenartigen, eine Spanne hohen, mit vier dünnen Beinen versehenen, an die Füße geschnallten Schemeln mit außerordentlicher Sicherheit und Zierlichkeit sich fortbewegten und durch ein graziöses Hin- und Herschwanken gleich vom Winde bewegten Ranken sich im Gleichgewicht erhielten.

Diese stelzenartige Fußbekleidung ist wahrscheinlich dadurch veranlaßt, daß die Marmorplatten des Hofes mehrmals am Tage begossen werden und nicht selten ganz von Wasser bedeckt sind. Ob sie allgemein gebräuchlich ist, weiß ich nicht; ich habe sie nur in diesem Hause gesehen.

Die Mädchen führten mich in ihr Schlafgemach, das statt der Betten auch nur mit Polstern bedeckte Bänke enthielt. Die älteste, so ziemlich von meiner Gestalt, holte ihren schönsten Putz herbei, während die beiden jüngern beschäftigt waren, mich von dem in ihren Augen so unschönen Mamlukenanzuge zu befreien. Nachdem dies geschehen, wurde mir ein Hemd von crêpe-de-chineartigem Stoff mit sehr langen und weiten Aermeln angethan; dann folgten weite Pantalons von blaßrosafarbenem Atlas, eine Tunica von schwerem buntgeblümtem und mit Goldfäden durchwirktem Seidenstoff, darüber ein kurzes, reich mit Gold gesticktes Jäckchen von himmelblauer Seide. Ein kostbarer persischer Shawl, dreieckig gefaltet, wurde mir statt um die Schultern, wie es europäische Sitte ist, um die Hüften gelegt und vorn in einen Knoten geschlungen, sodaß die Enden tief hinunterhingen, während die beiden breiten Ecken bis zum Knie reichten und eine dem Schurzfell eines Bergmanns nicht unähnliche Fläche bildeten. Zuletzt mußte ich eine Menge schwerer, reich mit Goldmünzen verzierter Ketten umhängen, die vom Halse bis zur Taille reichten. Nun war alles gelungen, nur der Kopfputz fehlte noch; schmerzlich vermißten meine geschäftigen Kammerzöfchen die langen Haarzöpfe, und als ich ihnen die Umstände, unter welchen ich sie mir selbst abgeschnitten, durch Wort und Miene begreiflich machte, betrachteten sie mich erstaunt, fast unwillig, und suchten endlich durch ein kleines rothes Fes und einen hellblauen mit Goldsternen durchwirkten Gazeshawl, der turbanartig um die Schläfe gewickelt wurde, den Mangel zu verdecken. Als ich dergestalt ausgerüstet vor ihnen stand, drückten sie eine unendliche Freude aus; sie bewunderten und liebkosten mich, tanzten vor Vergnügen umher und wußten der kindischen Späße kein Ende. Endlich sollte ich hinausgeführt und meinem Manne gezeigt werden, damit er sehe, wieviel schöner ich in diesem Anzuge sei. Auch die Stelzen hatten sie mir noch über die gelben Saffianschuhe geschnallt; und da ich mich auf ihnen ohne Hülfe nicht fortbewegen konnte, griffen sie mir mit Jubel unter die Arme, und auf ihre Schultern gestützt, führten sie mich im Triumph zu Helfer hinaus, der natürlich nicht verfehlte, der Toilette großen Beifall zu schenken. Nun herrschte Vertraulichkeit zwischen uns; ich wurde wie eine liebe alte Freundin behandelt; der Kaffee und der Tschibuk, dessen aromatischen Duft auch die Frau vom Hause einsog, erhöhten das Behagen, und erst spät trennten wir uns, nachdem ich meine schönen Kleider wieder abgelegt. Dem Umkleiden schauten die Mädchen mit trübseligen Mienen zu, und beim Abschiede konnten sie sich nicht entschließen, mich zu umarmen, nachdem sie doch vorher mit ihren Liebkosungen so freigebig gewesen waren.

Wie lieblich und voller Anmuth waren diese Mädchen, wie reizend erschien mir ihr unbefangenes kindliches Wesen verglichen mit den gefeierten Schönen europäischer Salons. Aber welches Los wartete ihrer? Alle drei waren, obwol kaum erwachsen, schon verlobt, und zwar mit Männern, die sie nie gesehen, die vielleicht eher Abneigung als Sympathie einzuflößen geeignet sind, jedenfalls aber mehr um das Gelingen ihrer Handelsunternehmungen als um die Zufriedenheit ihrer jungen Frau sich bekümmern werden. Das ist noch heute das Los der christlichen Frauen im Orient!

Wir wurden allseitig ermahnt, auf dem Wege nach Aleppo bei der Durchreise durch die Districte der Nasairier auf unserer Hut zu sein. Obgleich jetzt Ibrahim Pascha's eiserne Faust auf diesen Volksstämmen laste, der jede Unthat mit nachsichtsloser Strenge bestrafe, so sei doch der Weg durch die von ihnen bewohnten Gegenden immer noch gefährlich, und kein einzelner Wanderer würde bis vor kurzem gewagt haben, allein von Lattakia bis Dschubili zu gehen, obwol man den einen Ort vom andern aus erblicken kann.

Die Nasairier und Ismaeliten, Nachkommen alteinheimischer Stämme, stehen als Räuber im schlechtesten Rufe. Von ihnen sagt man, sie scheuten sich nicht, den Bruder und die

Mutter zu berauben. Kräftig von Gestalt, durch Abhärtung tüchtig zu jeder Beschwerde und Entbehrung, stets verfolgt und unterdrückt von den Beherrschern Syriens, haben sie in ihren schützenden Bergen sich dennoch eine Art gefürchteten Ansehens bewahrt.

Besonders berüchtigt durch die Unermüdlichkeit, mit welcher sie ihre Feinde verfolgen, sind die Ismaeliten schon von den Kreuzfahrern als Meuchelmörder mit dem Namen der Assassinen benannt worden, da viele christliche Fürsten und Heerführer unter den Dolchen derselben fielen.

Die Nasairier haben auf dem Gebirge zwischen dem Orontes bis zum Meere und Lattakia ein ansehnliches Gebiet inne mit vielen hoch gelegenen unersteiglichen Bergschlössern, in deren Mitte Massejeb, der Sitz ihres Oberhauptes, hervorragt.

Beide Sekten sind Gegner Mohammed's, den sie verfluchen, und Anhänger Ali's, den sie anbeten; nichtsdestoweniger hassen sie sich als Todfeinde, immer bereit, sich gegenseitig ihrem gemeinschaftlichen Gegner auszuliefern. Beide halten ihre Dogmen streng geheim und sind selbst durch Gewalt und Tortur nicht zu bewegen, ihre religiösen Geheimnisse zu verrathen.

Das geistliche Oberhaupt der Nasairier gilt für unfehlbar und genießt die größte Verehrung. Der zu dieser Würde Erwählte wird als Knabe im Lesen und Schreiben unterrichtet und angewiesen, Tod und Märtyrerthum für seinen Glauben als höchstes Verdienst zu betrachten. Durch keine Tortur läßt er sich das heilige Geheimniß entreißen. „Versuche es, schneide mir das Herz aus dem Leibe, und siehe, ob du dort etwas entdeckst", ist unter den grausamsten Qualen seine einzige Antwort.

Die hier geschilderten Thatsachen aus dem Leben der wilden Gebirgsbewohner erklären sich aus ihrem Mangel an religiöser und moralischer Bildung. Verfolgt und verachtet, leben sie unter dem Drucke des zügellosen Fanatismus der Anhänger Mohammed's, unter sich selbst in Haß und nimmer endender Fehde. Trotz dieser Verwahrlosung liefern sie auch unleugbare Beweise von guten, edeln Eigenschaften und großer Bildsamkeit. Sie sind gastfrei und höflich gegen Frembe, die sich ihnen als Gäste vertrauensvoll nähern und nicht ihre Habgier durch werthvolle in die Augen fallende Gegenstände reizen. Sie verehren ihre Scheiks, welche im Namen des Stammes die Gastfreundschaft ausüben, als Heilige und errichten auf ihren Grabstätten zahlreiche Denkmäler.

Der englische Consul Barker, der durch langjährigen Aufenthalt in Syrien der vertrauteste Kenner dortiger Völkerzustände geworden war, versicherte, er habe nasairische Diener ebenso treu und ehrlich befunden wie die christlichen und moslemitischen. Sie seien brav, zuverlässig, ungemein fleißig und arbeitsam, ja selbst offen und mittheilend; nur in Religionsangelegenheiten zeigten sie sich verschlossen und durch nichts zu einem Geständniß zu bewegen.

Er hat den thatsächlichen Beweis seiner guten Meinung von der Bildsamkeit des dortigen Volks gegeben. Nach einem funfzigjährigen rastlos thätigen Geschäftsleben zog er sich in die Ebene von Suweidieh zurück, die sich an der syrischen Küste in einer Ausdehnung von zehn englischen Meilen von der Mündung des Orontes (im Osten vom alten Selenica) landeinwärts erstreckt und von einer gemischten, meist aus Nasairiern, Griechen und Armeniern bestehenden Bevölkerung bewohnt ist. Hier entstand durch seine unermüdliche Thätigkeit ein wahrer Garten Eden, dessen reiche natürliche Gaben er durch die Cultur veredelte. Zwischen Maulbeerpflanzungen, Limonen und Orangen liegen die Hütten der Bewohner an den Ufern des Orontes zerstreut. Die Bauern sind ein kräftiges Volk, die Weiber schön, wohlwollend und höflicher gegen vorüberziehende Frembe als gegen arabischredende Landsleute.

Hier machte Barker eine höhere Cultur einheimisch; in seinen

Besitzungen prangen die herrlichsten Früchte der Erde. Sämereien von China, von den hinterindischen Inseln und anderwärts her gedeihen hier wie in ihrer Heimat, und die reichsten Blumenbeete aller Zonen schmücken die Anlagen in der Ebene bis zu den Sommerfrischen der höhern Landsitze auf dem Dschebelmusa und Akra hinauf. Er führte die Cultur des Maulbeerbaums, der italienischen Cocons und eine bessere Behandlung der Seide ein, deren Production einen großen Aufschwung genommen hat und die Quelle von Wohlhabenheit unter der Bevölkerung geworden ist, die nun ihren Erwerb nicht mehr in Raub zu suchen braucht, sondern gastfrei, wie ihr Herr, Fremde bei sich beherbergt.

Auch für den Schulunterricht der anglikanischen Mission sind die Nasairier sehr empfänglich, solange sie nicht bekehren, sondern nur belehren will. Schulen zu errichten zeigten sie sich geneigt, verwahrten sich aber immer dagegen, die Knaben, ehe sie eigene Einsicht gewonnen hätten, durch Unterricht zu einer andern Religion überführen zu lassen.

Dem Missionar Thomson, der sich unendliche Verdienste um ihre Bildung erworben, antworteten sie bei ihren religiösen Gesprächen stets: „Wir lieben Christus und Moses; euere Religion ist die unsere." Sobald aber ihr eigennütziger Zweck, etwa Medicamente für ihre Kranken zu erhalten, erreicht war, bestiegen sie ihre Pferde und ritten davon, in ihre Berge zurück. Die Gebildetern sahen jedoch den Vortheil einer höhern Bildung und den Schutz, den sie dadurch bei den europäischen Consuln gegen die Verfolgung der Türken gewinnen würden, ein und sollen zur Errichtung einer Missionsschule in den Umgebungen von Lattakia geneigt gewesen sein. Hoffen wir, daß dieser Plan zur Ausführung gekommen ist und ihm der Segen von oben nicht fehlen möge!

Wir hatten große Schwierigkeit, Thiere für uns und unser Gepäck zu finden, da jedes Reit- und Lastthier von den Häschern Ibrahim Pascha's mit Gutem oder Bösem zur Fortschaffung seiner

Soldaten in Beschlag genommen wurde. Unser Giacomo, mit allen Maulthiertreibern und ihren Schlichen wohlbekannt, wußte auch dafür Rath zu schaffen, und so gelang es ihm, fünf Reit= pferde und ein Packthier aus dem Bereich der Truppen heimlich zu entfernen. Wir mußten aber, um nicht Gefahr zu laufen, der so eroberten Thiere in der Stadt wieder beraubt zu werden, uns zu Fuße aus derselben hinausschleichen.

5.

Landreise nach Aleppo und Birjick.

In der Morgendämmerung des 25. September verließen wir Lattakia. Unser guter Padre Antonio, der uns liebgewonnen und dem es an unserer Tafel wohlbehagt hatte, sah uns ungern scheiden; seine Versuche, uns von der Weiterreise zurückzuhalten, fruchtlos sehend, begleitete er uns bis zur Klosterpforte. Noch lag das ganze große Gebäude nebst dem weiten innern und äußern Hofe in tiefem Schatten; eine lautlose Stille herrschte, die nur von unsern eigenen schallenden Tritten unterbrochen wurde. Da drehte er den rostigen Schlüssel, und knarrend öffnete sich die Pforte; doch ehe wir sie durchschritten, breitete er die Hände über unsere Häupter aus und gab uns mit gerührter Stimme seinen Segen; selbst über unsere muselmännischen Freunde sprach er sein Benedetto. Dann sich schnell wendend, schloß er die Pforte und damit wieder einen Abschnitt unserer Reise. Wir hatten hier ein sicheres Asyl, selbst Wohlwollen gefunden; das stärkte unser Vertrauen aufs neue, und muthig schritten wir vorwärts, bis wir unweit der Stadt unsere Thiere im Gebüsch versteckt fanden und sie ohne Zögern bestiegen, um so schnell wie möglich aus dem Bereiche der Soldateska zu kommen.

Wir fingen bald an die Höhen des Nasairiergebirges auf schlechten Straßen zu ersteigen, die von wildem Buschwerk, hauptsächlich Buchs und Myrte umgeben waren. Schöne Gebirgsormationen und üppige Thäler mit Lorber, Platanen, Kirsch=

und Erdbeerbäumen entfalteten sich vor unsern Augen. Einzelne Hütten, aus Erde oder Luftziegeln errichtet, lagen malerisch in ihnen versteckt. Aber ihre Bewohner, obschon an immer neue und schwerere Bedrückungen gewöhnt, hatten sie verlassen, um sich der härtesten aller despotischen Maßregeln, der Rekrutirung für Ibrahim Pascha's Armee, durch die Flucht zu entziehen. Alle waffenfähigen Männer waren in die höhern Gebirge, wohin des Pascha's Häscher so leicht nicht bringen konnten, geflohen.

Zur Seite unsers Pfades hatte sich der Strom von Lattakia, Nahr el Kebir (der Gewaltige, von seiner oft hoch anschwellenden Wasserfülle so genannt), bis zur ersten Station, Ghafàr Awenâd, zwischen engen Felsblöcken Bahn gebrochen; aber in der damaligen Herbstzeit sah man nur sein trocknes Kieselbett.

Nach einem fünfstündigen Ritt kamen wir nach Baluligeh (oder Bahlulie), einer Bergstation, in welcher des frischen und gesunden Klimas und der lieblichen Landschaft wegen wohlhabendere Familien von Lattakia Sommersitze haben, die jetzt aber auch verlassen und verschlossen waren. Doch fanden wir dort herrliche Trauben, Gurken und frische Ziegenmilch, die nebst den mitgebrachten kleinen Vorräthen ein erquickendes Mahl lieferten.

So ermüdend der Ritt auf unsern abgetriebenen, strapazirten Pferden bei der starken Steigung auch war, durften wir uns doch keine längere Rast gönnen; wir mußten eilen, noch vor der Dunkelheit eine Karavane zu erreichen, mit deren Führern wir der Sicherheit wegen verabredet hatten, den Weg gemeinschaftlich zu machen, und die uns noch um mehrere Stunden voraus war. Erst spät abends erreichten wir sie und nahmen unser erstes Nachtquartier nach einem Marsche von fünf deutschen Meilen in Ghafàr Awenâd; hier fanden wir Wachtposten ägyptischer Soldaten aufgestellt, aber sonst nichts als die leeren Wände des großen Khans, der in frühern Zeiten den Reisenden mehr Bequemlichkeit geboten haben mag.

5. Landreise nach Aleppo und Birjid.

Wir hatten von der Entfernung von 21½ deutschen Meilen zwischen Lattakia und Aleppo kaum den vierten Theil zurückgelegt. Noch drei starke und beschwerliche Tagemärsche, auf welchen wir die frische Luft und das erquickende Grün des Küstengestades gegen eine trostlose Oede vertauschen mußten, standen uns bevor. Wir brachen daher sehr zeitig des andern Morgens auf und kamen nach einem angenehmen Ritt von drei Meilen in der Morgenkühle nach Dschisr esch Schughr am Orontes. Hier schnürt die steil und hoch aufsteigende Bergkette das Orontesthal so eng zusammen, daß es von der Strombreite des Flusses ausgefüllt wird. Ueber diesen führt eine schöne auf dreizehn Bogen ruhende Brücke, die alle Karavanenzüge zwischen Lattakia und Aleppo überschreiten müssen. Mich hat später die Traun zwischen Gmunden und ihrem künstlichen Wasserfall an den Orontes erinnert.

In der Nähe der Brücke steht ein schöner Khan, welcher von der Nasairierfamilie Kaproli auf eigene Kosten erbaut worden und zur unentgeltlichen Aufnahme und Herberge armer und kranker Reisender unterhalten wird; diese großherzige Gastfreundschaft, so sehr sie im Widerspruch mit den Sitten der als ein Räubervolk berüchtigten Nasairier zu stehen scheint, ist dennoch ein wahrer Charakterzug derselben, den sie mit vielen uncivilisirten Völkern theilen. Sie rauben wo und was sie können und ehren gleichwol das Gastrecht so hoch, daß sie demjenigen, der es vorzugsweise ausgeübt, Denkmäler setzen!

Zu Niebuhr's Zeit gehörte Schughr einem mächtigen Nasairierchef, dem M'Kabbem zu Baluligeh, welcher damals noch Herr des Gebirgspasses war.

Von Schughr führen steile Bergpfade zu dem höchsten Passe des Gebirgsrückens, von dem man in das Thal des Orontes in weiter Ferne hinabschaut und fast senkrecht unter sich Schughr zu sehen glaubt. Gen Süden streift der Blick über das fruchtbare Thal bis Apamea und weiter hinaus über die niedern, sanftern

Bergzüge von Dschobr. Auf diesem höchsten Gebirgspasse ändert sich die Vegetation; das mannichfaltige Grün und die Waldvegetation hören auf, und man überschreitet ein durchaus kahles, wüstes, dem triestiner Karst sehr ähnliches Kalksteingebirge, mit felsiger Oberfläche und spärlicher Schafweide. In einigen Thälern und bassinartigen Vertiefungen trifft man zusammengeschwemmten fruchtbaren Boden an. An solchen Stellen haben sich Menschen angesiedelt, Brunnen gegraben und führen dort ein im höchsten Grade armseliges Leben. Die Gegend bietet in ihrer baumlosen Oede und felsigen Zerklüftung einen traurigen Anblick; dennoch ist die Landschaft mit Ruinen ehemaliger Kirchen, Schlösser und Ortschaften bedeckt von bedeutendem Umfang und solider Bauart; ein Zeichen der einstigen starken Bevölkerung, über die furchtbare Schicksale hingegangen sein müssen.

Die Hitze wurde fast unerträglich, und statt der Kühlung, welche ein frischer wohlthätiger Lufthauch bringt, vermehrte ein heißer trockener Wind, der Wangen und Lippen ritzte, daß sie bluteten, die Beschwerlichkeiten des Weges. Um dagegen geschützt zu sein, darf man in Syrien sich nicht leicht kleiden, wie bei uns in heißen Sommertagen, sondern muß sich soviel als möglich in dichte Gewänder hüllen; daher kommt die Tracht der Eingeborenen, der schwere Mantel, der dicke Turban und das doppelt zusammengelegte Tuch von Kamelhaaren, das der Beduine sich über den Kopf bis zu den Augenbrauen herabzieht, während er mit den beiden Enden desselben kreuzweise das ganze Gesicht bedeckt, sobaß nur die dunkeln, blitzenden Augen daraus hervorleuchten.

Ich nahm über meinen tuchenen Mamlukenanzug und einen Mantel vom selben Stoff während der größten Hitze noch eine seidene wattirte Mantille, die ich aus meiner Damengarderobe zurückbehalten hatte, über den Kopf und saß gleich einer Mumie verhüllt auf dem Pferde.

Mühsam schleppten uns unsere armseligen Thiere fort.

5. Landreise nach Aleppo und Birjik.

Bei jedem etwas grünen Plätzchen hoffte ich die ersehnte Rast zu finden; aber die Karavanenführer, weniger für sich als ihre Thiere besorgt, trieben vorwärts nach dem zum Nachtlager bestimmten Platze. Doch dieses Nachtlager, was war es? Nichts als eine große Weide, wo wol die Thiere gute Nahrung und frisches Wasser fanden, für uns aber nicht im mindesten gesorgt war.

Ohne unsern Giacomo wären wir hier schlecht gebettet gewesen; er bewies aber auch hier sein Talent zum Reisemarschall aufs glänzendste. In kurzer Zeit hatte er von den Kameltreibern so viel Decken und Kissen zusammengetragen — ob geborgt oder gestohlen, blieb mir unbekannt —, daß er für Helfer und mich ein bequemes Lager aufschlagen und es durch Vorhänge von der übrigen Gesellschaft abtrennen konnte, während der von ihm mitgenommene Vorrath an Lebensmitteln uns ein stärkendes Nachtmahl lieferte.

Zum ersten male legte ich mich in Gottes freier Natur zum Schlafe nieder; obgleich zum Tode ermüdet, erhielt das Neue und Seltsame unserer Lage mich doch lange wach. Das Auge schweifte in die unbegrenzte, von keinem Gegenstande behinderte Ferne, über die das tiefblaue Himmelsgewölbe mit den unzähligen hellglänzenden Sternen sich ausspannte. Ringsum flackerten die Feuer, an denen die Wächter, in ihre weiten, weiß- und schwarzgestreiften Mäntel gehüllt, die dunkeln Gesichter von der Helle des Feuers geröthet, gemächlich ihre Pfeife rauchten. Die Kaufherren, in mannichfaltigen Gruppen umherliegend, behielten mit ihren Dienern die sorglich verpackten werthvollen Güter scharf im Auge. Dazwischen hatten sich Kamele gelagert, von ihrer drückenden Bürde befreit, den langen dünnen Hals selbst noch im Schlafe erhoben und mit ihren Glöckchen bei jeder leisen Bewegung ein monotones Geklingel verursachend. Mit ihren sanften Augen und den klugen Gesichtern schauten sie drein, als wären sie sich mit Resignation ihres Berufes bewußt, dem Menschen ein treu ergebener Träger durch die erhitzten Steppen des großen Sandmeeres zu sein und ihm, wenn er dem Verschmachten nahe, durch ihren Tod den rettenden Labetrunk zu bieten!

All die gewaltigen Umwälzungen, in denen hier seit Jahrtausenden Völker auf Völker erstanden waren, um wieder unterzugehen, nachdem sie ihre Mission erfüllt, die großen Schicksalstragödien, die hier ihren Schauplatz gehabt hatten, und an deren nimmer zu verwischenden Spuren ich eben erst vorübergegangen war, beschäftigten mich lebhaft. Noch nie hatte ich mich der Heimat so entrückt, so ganz in eine andere Welt versetzt gefühlt als in diesem Augenblick. Vergangenheit und Zukunft schwebten vor meiner wachen Seele, bis endlich die Müdigkeit die aufgeregte Phantasie besiegte und ich mit wirr durcheinanderverwobenen Bildern arabischer Märchen und deutscher Wirklichkeit entschlummerte.

Der Schlaf war jedoch nur von kurzer Dauer; die erste Morgenröthe brachte Leben in die schlafenden Gruppen und hieß auch uns das Lager verlassen; und das war gut, denn als wir uns erheben wollten, fühlten wir uns ganz gelähmt und unsere Kleider durchnäßt. So stark ist in diesen Gegenden der Thau und die Wärmeabnahme in der Nacht. Wir konnten nur mit Mühe den Gebrauch unserer Gliedmaßen wiedergewinnen und fürchteten die schlimmsten Folgen für unsere Gesundheit; allein ein warmer Kaffee, die steigende Sonne und ein Morgenritt von einigen Stunden brachten alles wieder ins Gleichgewicht.

Der heutige Marsch führte uns durch eine gleich öde, monotone, mit unzähligen Trümmern besäete Landschaft. Wir stiegen mehrmals über kleine Plateaux empor, die sich terrassenförmig eins über das andere erheben und deren Wüstenei nur hier und da durch ein kleines armseliges Dörfchen oder einige magere Kornfelder unterbrochen wird. Obwol der Boden an manchen Stellen erfolgreichen Anbau gestatten würde, bleibt er doch wegen der Armuth der geplagten Dorfbewohner unangebaut liegen. Die Fellahs können den Ackerbau nur mit Unterstützung der reichen Aleppiner betreiben, die ihnen Kapitalien zu Ackergeräthen und zur Aussaat liefern, dagegen einen Theil der Ernte erhalten. Außerdem haben die armen Bebauer von dem Ertrage des bestellten Ackers dem Pascha hohe Steuern zu entrichten. Leicht erklärlich also, daß sie unter so ungünstigen Verhältnissen einen möglichst geringen Theil ihres Grundbesitzes cultiviren.

Unsere Afghanen, obgleich an tropische Hitze gewöhnt, ertrugen die Beschwerde des Marsches und der wechselnden Temperatur weniger gut als wir. Besonders erschöpft war Selim Khan, der uns ernstlich besorgt machte. Er hatte bisjetzt nur asiatischen Luxus kennen gelernt. Wir waren daher sehr froh, am Morgen des vierten Tages von der Plateauhöhe, wenn auch in weiter Ferne, das Minaret der alten Citadelle von Aleppo zu erschauen. Aber noch hatten wir erst über die stufenweise übereinanderliegenden Plateaux zu der großen Wüstenebene von Aleppo hinabzusteigen, die sich nordwärts bis zum Fuße der Berge von Aintab ausdehnt, südwärts bis zu den Höhen des Dschebel-el-Ala und ostwärts bis zu den Ufern des funfzehn Stunden von Aleppo fernen Euphrat reicht. Der Weg war voll natürlicher Höhlungen, die noch durch die Huftritte der Karavanenthiere auf dem klippigen Steinboden zu tiefen Löchern erweitert waren. So trostlos öde jetzt in der Herbstzeit der Anblick dieser Gegend war, ebenso lieblich und mit der glänzendsten Farbenpracht einer südlichen Flora ist sie im Frühling geschmückt, wenn die Blüten der tief im Felsen geborgenen Knollengewächse in dichten Büscheln emporschießen.

Eine halbe Stunde vor der Stadt fanden wir eine große Cisterne mit trefflichem Wasser. Diese oft tempelartig erbauten Brunnen sind in solchen Gegenden die größte Wohlthat für den Reisenden, nicht blos des labenden Trunkes wegen, den sie dem

Durstenden spenden, sondern ebenso sehr durch den kühlen Schatten, welchen der erschöpfte Wanderer unter ihrem schützenden Dache findet.

Von dieser Stelle ließ sich die ganze Wüstenfläche, in deren Mitte die Stadt erbaut ist, übersehen. Diese selbst bot einen großartigen Anblick dar, indem sie längs des linken Ufers des Flusses Kuveik (Kuek) wie ein Steinmeer sich ausdehnt, aus dem die schlanken Minarets gleich Nymphen aus dem Bade emporsteigen und so die Einförmigkeit anmuthig unterbrechen. Von hier aus konnte man die Schönheit der Stadt bewundern, ohne ihre Verwüstung im Innern zu sehen.

Wir langten mit Sonnenuntergang vor den Thoren von Aleppo an und hatten sogleich den Mangel an Empfehlungsschreiben schmerzlich zu empfinden. Unsere Abgeschiedenheit in der Quarantäne von Beirut und die schnelle Flucht von dort hatte uns verhindert, Empfehlungen für die Consuln in Aleppo, besonders für das im größten Ansehen stehende englische Consulat einzuholen. Ohne derartige Empfehlungen anzukommen ist in hohem Grade peinlich, da es weder Wirthshäuser noch Restaurationen nach unsern Begriffen dort gibt, einheimische Reisende bei ihren Landsleuten und fremde bei ihren Consuln einkehren und die niedern Klassen entweder auf der Straße oder bei den Maulthiertreibern in den Karavanserais ihr Nachtlager nehmen. Die letztern boten überdies im jetzigen Augenblick keine Unterkunft, da sie mit Truppen Ibrahim Pascha's überfüllt waren, der sich eben zu einem Streifzuge gegen die widerspenstigen Kurden und Turkomanen anschickte.

Wir waren in nicht geringer Verlegenheit, als unser Maulthiertreiber fragte, wohin er uns führen sollte. Helfer's Vorschlag, auch ohne Empfehlung die Gastfreundschaft des englischen Consuls in Anspruch zu nehmen, schien bei der strengen Beobachtung herkömmlicher Förmlichkeiten unter den Engländern mislich. Mir schien es nicht rathsam, die gute Meinung des Mr. Verry, des damaligen Consuls, durch eine unpassende Aufdringlichkeit vielleicht auch für die Zukunft zu verscherzen. Ich schlug dagegen vor, vorwärts zu gehen und den ersten europäisch aussehenden Menschen um Rath und nach einem vorläufigen Unterkommen zu fragen. Ich hatte eben noch heimatliche Ideen!

Entschlossenen Muthes, uns irgendwo ein Nachtlager und eine Abendmahlzeit zu erobern, gingen wir weiter. Ein zwölfstündiger Marsch und ein Fasttag waren starke Triebfedern für die Ausführung unsers Entschlusses. Wirklich waren wir so glücklich, in nicht zu großer Entfernung einen Frack mit langen Schößen zu bemerken, dessen Träger gravitätisch einherstolzirte. Der Frack winkte mir in diesem Augenblick wie ein Siegeszeichen entgegen, während ich sonst keine Verehrerin dieses unkleidsamsten aller Garderobestücke bin.

Helfer eilte augenblicklich dem europäischen Landsmanne zu und schilderte ihm in kurzen Worten unsere Lage und unser Begehr. Der Angeredete hörte ihn scheu und neugierig an, trat endlich, Hülfe versprechend, in ein Haus und schloß die Thür hinter sich, um — nicht wiederzuerscheinen. Nach minutenlangem vergeblichen Harren kehrte Helfer von dieser verunglückten Expedition zurück, wie einer, der in der Wüste nach fruchtlosem Suchen ohne Wasser zu seinen verschmachtenden Brüdern zurückkommt. Auch in Aleppo ist man neugierig, und so hatte unsere etwas fremdartige Erscheinung ein Häuflein Spazierender herbeigelockt, die in gemessener Entfernung mit untergeschlagenen Armen uns betrachteten; doch sprach keiner ein Wort. Die Zunge der Morgenländer ist nicht so beweglich wie die der Abendländer; sie betrachten sich alle Dinge erst recht genau, ehe sie etwas sagen, und denken oder träumen zehnmal mehr als sie sprechen.

Endlich erfuhren wir durch wiederholtes bringendes Fragen, daß alle Fremden zum englischen Consul gehen müßten — dem großen Herrn! Kaum schickten wir uns an diesem Rathe zu

folgen, als ein peremtorisches Halt ertönte und Zollwächter, mit welchen Ibrahim Pascha's Civilisation Aleppo beschenkt hatte, Hand an unsere Bagage legten. Es half kein Sträuben, keine Versicherung, daß nur Kleidungsstücke darin enthalten seien; sie mußte zum Zollhause geschafft werden und unser Giacomo zur Sicherheit sie begleiten. Immer größer war währenddem die Zuschauermenge geworden, und auch ein zweiter Frack wurde sichtbar. Durch den ersten mislungenen Versuch nicht abgeschreckt, trat Helfer an ihn heran mit der Bitte um Nachweis einer Herberge. Diesmal fand er ein an unserer Verlegenheit theilnehmendes Herz. Der angeredete Herr beauftragte einen der Umstehenden uns zu führen. Diesen machte das Versprechen einiger Piaster dazu bereitwillig, und er geleitete uns durch ein Labyrinth von Straßen, welche die zunehmende Dunkelheit unsern forschenden Blicken verhüllte.

Da unser Führer nur arabisch verstand, mußten wir ihm schweigend folgen, jede Erkundigung über das Wie und Wohin war uns abgeschnitten. Nach längerm Hin= und Herwandern in die Kreuz und die Quer hielten wir vor einer großen verschlossenen Pforte, die sich auf Anklopfen unsers Begleiters öffnete. Er rief einem kleinen uns entgegenkommenden Manne einige arabische Worte zu, steckte seine Piaster ein und — verschwand, worauf das Thor wieder hinter uns geschlossen wurde.

Wir befanden uns inmitten eines geräumigen von einer äußern Mauer und verschiedenen andern Baulichkeiten umgebenen Hofes. Das Hauptgebäude war hoch, obgleich nur von einem Stockwerk, und hatte in der Mitte ein großes Fenster, welches, fast so hoch als das Gebäude selbst, einen Theil seiner Längenfront einnahm. Ein mit Holz= und Goldarbeit schön verzierter Baldachin überwölbte den Eingang; den Fußboden bedeckte künstlich gelegte Mosaik vom kostbarsten farbigen Marmor. Aus einem Bassin vom gleichen Material, in der Mitte des Hofraums, erhob sich ein glänzender Wasserstrahl hoch in die Luft, um murmelnd wieder herniederzufallen und die umgebenden Blumenvasen sanft zu benetzen; daneben standen zwei himmelwärtsstrebende dunkle Cypressen, die einem Heer girrender Tauben zum Nachtlager dienten, und Gruppen von Jasmin- und Rosenbüschen, welche die erquickende frische Abendluft mit ihren balsamischen Düften erfüllten.

Sollten wir uns nicht wie mit einem Zauberschlage aus der Wüste in einen Feenpalast zu allen Genüssen und allem Luxus orientalischer Ueppigkeit versetzt glauben? Einstimmig brachen wir in Ausrufungen der Freude aus und gratulirten uns gegenseitig zu einem so unerwarteten, vielversprechenden Aufenthalt.

Jetzt fielen unsere Blicke auch auf den Mann, der das Thor geöffnet hatte. Er war ein kleiner magerer Herr mit rothen Pantoffeln an den bloßen Füßen, einem langen dunkelblauen Kaftan, einem ungeheuer großen schwarzen Turban und einem jesuitischen Gesichte. Er stellte sich uns selbst als einen armenischen Doctor von großem Rufe und als einen noch größern Sprachkenner vor, der einen Dictionnaire in nicht weniger als fünf Sprachen eben jetzt ausarbeite, und begann sogleich mit größter Genauigkeit und Gemächlichkeit in die Einzelheiten seines Werkes einzugehen. Wir hörten ihm eine Zeit lang zu, nicht wagend, den Fluß seiner Rede zu unterbrechen; denn der gekränkte Stolz des Gelehrten fällt schwer ins Gewicht. Als wir aber gar keine Anstalten zu dem ersehnten Nachtmahle sahen, wich der Respect dem Bedürfnisse nach leiblicher Nahrung, und einstimmig versicherten wir ihm, ein substantielles Mahl höchst nöthig zu haben. Wer uns deswegen tadeln möchte, dem wünsche ich, vier Tage hindurch bei schmaler Kost über hartes Gestein, auf welches die Sonne mit ihrer vollen Glut herniederstrahlt, einen zwölfstündigen Ritt zu machen. Sichtbar setzte unser Verlangen den Alten in Verlegenheit. Er lächelte, wandte sich bald auf diese, bald auf jene Seite und erklärte dann nach langen Entschuldigungen:

es sei zu spät, Einkäufe zu machen; die Vorräthe seines Hauses aber seien sehr beschränkt; ein wenig Reis, einige Eier sei alles, was er uns bieten könne. Tief sanken unsere sanguinischen Erwartungen; doch die Worte Eier und Reis trafen so wohlthuend unser Ohr, daß wir, nichts weiter begehrend, nur zur Schnelligkeit ermahnten; denn wir bedurften der Ruhe so sehr wie der Nahrung; Ermüdung und Hunger kämpften um die Oberherrschaft in uns!

Unser Wirth eilte geschäftig davon, seine Pantoffeln klapperten durch alle Räume des Hauses. Eine alte corpulente Dame stand ihm bei, sie war nicht die Hausfrau; diese sei jung und schön, aber den Blicken fremder Männer niemals sichtbar, flüsterte uns die alte Dame geheimnißvoll zu.

Es verging Minute auf Minute, die Minuten wuchsen zu Viertelstunden, die Viertelstunden zu Stunden, und der ersehnte Reis erschien immer noch nicht. Ich konnte mich nicht mehr aufrecht erhalten, meine Augen sanken vor Müdigkeit zu; das unwillige Raisonnement des tyrannischen Hungers ließ sich jedoch nicht beschwichtigen, er forderte sein Recht. Endlich um 10 Uhr wurde der Tisch zurechtgerückt; der Herr kam selbst, ihn zu decken und uns trotz unserer Abwehr beim Mahle zu bedienen. Ein „Gott Lob und Dank!" erwiderte seine Einladung zum Platznehmen. Immer mehr schwanden unsere Illusionen bei dem Anblick zerbrochener Teller, verrosteter Gabeln und Messer, zerrissener Tischwäsche und der ganzen zusammengesuchten Tafeleinrichtung in dem prächtigen Hause! Irgendeine Verzauberung mußte hier stattgefunden haben! Doch waren wir mit dem Reis, der uns herrlich schmeckte, viel zu sehr beschäftigt, um andern Gedanken nachzuhängen.

Nach geendeter Mahlzeit riefen wir: „Zu Bett! zu Bett!" „Adesso, signore", war seine Antwort, „adesso vado a preparare il letto!" Die Furcht, wieder stundenlang auf Bereitung der Betten zu warten, hieß mich ihm folgen. Keuchend eilte er durch die Gemächer; sie waren alle leer, trugen aber unverkennbare Spuren von ehemaligem Luxus. Mit Mühe brachte er aus allen Winkeln so viel Polster zusammen, als zur Herstellung erträglicher Nachtlager genügen mochten. Mir war unheimlich in dem großen veröbeten Hause geworden, dessen Besitzer mir wie ein Zauberer erschien, der einem mächtigern unterlegen sei! Die Müdigkeit überwand jedoch bald das „Gruseln" und ließ mich in einen tiefen erquickenden Schlaf fallen, den selbst die Träume von verzauberten Schlössern, verwünschten Prinzessinnen, Riesen und Zwergen nicht stören konnten, bis endlich die helle Mittagsonne mich zur Wirklichkeit erweckte. An meiner Seite stand Helfer, mich zum Aufstehen ermunternd. Die Hoffnung auf eine Schale duftenden Mokka trieb zur Eile. Bald waren wir im kühlen Hofraum neben dem plätschernden Wasserbassin unter den hohen Cypressen zum Frühstück versammelt. Auf den Zweigen der Gebüsche trieb ein Heer buntgefiederter, zwitschernder, zirpender und girrender Bewohner sein Wesen, unbekümmert um unsere Anwesenheit. Lustige Zeisige, Rothkehlchen, Dompfaffen und ein Schwarm anderer, mir noch unbekannter, in den herrlichsten Farben prangender Vögel umschwirrten unsere Köpfe und setzten sich vor uns auf die Marmorplatte, als hätten sie allein das Recht, dort ihr Morgenbrot einzunehmen, während zu unsern Füßen ein Heer verschiedenartiger Tauben, Hühner, Enten und anderes Geflügel einherstolzirte, von Zeit zu Zeit näher an uns heranrückte und wie fragend uns anschaute, ob wir ihm nicht das gewohnte Futter verabreichen würden. Wir Aermsten hatten ja nichts und waren selber noch nüchtern!

Da, um 1 Uhr erschien unsere Alte mit dem Frühstück, einem Kännchen, das eine gute deutsche Schale enthielt, und bedeutete uns, daß wir mit der Mittagsmahlzeit auf die Rückkehr unsers Dieners warten müßten.

Die Ankunft Giacomo's mit dem Gepäck setzte all unserer

Noth und Verlegenheit ein Ziel. Bald hatte er Einkäufe gemacht und ein schmackhaftes Mahl bereitet, das wir unter den Cypressen behaglich einnahmen, worauf wir uns einer süßen Siesta überließen.

Wir hatten noch nicht Gelegenheit gehabt, das dunkle Räthsel, welches das Haus und seine Bewohner uns aufgaben, zu lösen; unser Wirth war schon am frühen Morgen ausgegangen, und die alte Duenna beantwortete all unsere weitern Fragen mit einem stummen Kopfschütteln; Giacomo aber war bisher noch viel zu sehr mit der Sorge für den physischen Menschen beschäftigt gewesen, um sich die Befriedigung unserer Neugierde angelegen sein lassen zu können.

Noch saßen wir unter den Cypressen, in Muthmaßungen über das Räthselhafte dieses Ortes vertieft. Jeder glaubte den rechten Schlüssel dazu gefunden zu haben, und jeder irrte. Da öffnete sich die Eingangspforte, und eine Dame trat ein, die, nachdem sie den dicht verhüllenden Schleier zurückgeschlagen hatte, die Tracht der den bessern Ständen angehörenden fränkischen Frauen sehen ließ: einen dunkelseidenen von beiden Seiten aufgeschlitzten Rock, darunter hellseidene Pantalons, und ein reich mit Goldsoutache gesticktes Jäckchen. Das dunkle Haar hing in unzähligen mit Goldstücken verzierten Zöpfchen tief herab, den ganzen Rücken bedeckend; auf dem Scheitel saß eine von Silber filigranartig gearbeitete, enganschließende Kappe, um welche ein blauseidenes Tuch mit Goldstreifen geschlungen war. Die gebogene Nase, die hochgeschwungenen starken Augenbrauen, die dunkeln langgeschlitzten Augen verriethen unverkennbar den armenischen Typus.

Mit den gelben Pantoffeln schlürfend, kam sie langsam auf uns zu, verbeugte sich ehrerbietig und sagte endlich, die granatrothen Lippen öffnend, in fränkischem Italienisch: „Ich bin Madame Salina und möchte gern wissen, ob Sie meinen Mann nicht gesehen haben." Wir staunten sie und uns untereinander an; wer war Madame Salina? und wer war ihr Gemahl? Sie hatte unsere Blicke beobachtet und richtig gedeutet, denn nachdem sie den ihr gebotenen Sitz ohne weitere Ceremonie eingenommen hatte, hub sie mit so ungenirtem Ausdruck, als verstände sich das alles von selbst, zu erzählen an: „Mein Mann ist einer der ersten Aerzte hier in Aleppo; vor acht Tagen ist er zu einem reichen Kaufherrn, der auf dem Wege von Lattakia schwer erkrankt ist, gerufen worden, und seit der Zeit habe ich keine Nachricht von ihm erhalten. Ich fürchte, er ist in die Hände der Barbaren gefallen, die jetzt ihr Unwesen hier treiben und alles, was ihnen gut dünkt, mit sich nehmen. Ich habe von Herrn Dimitri, meinem Nachbar, erfahren, daß Sie von Lattakia kommen; da müssen Sie meinen Mann auf dem Wege gesehen haben."

Diese Art, von fernen Lieben Erkundigung einzuziehen, welche wir Abendländer, die wir zu Tausenden auf der Eisenbahn täglich aneinander vorüberbrausen, ohne uns nur eines Blickes zu würdigen, mild gesagt, sehr naiv nennen würden, ist in diesen Ländern ganz natürlich; denn selten werden Reisende sich hier begegnen, ohne das Woher und Wohin zu erfragen.

Wir drückten unser aufrichtiges Bedauern aus, keine Nachricht geben zu können, da unsere Karavane die Khans an der gewöhnlichen Straße, die jetzt immer von Soldaten angefüllt waren, vermieden und einen weniger betretenen Weg eingeschlagen habe.

Madame Salina hatte durch ihr natürliches, anspruchsloses Wesen in hohem Grade unsere gute Meinung gewonnen und schien ganz geeignet, uns Aufschluß über unsern räthselhaften Aufenthalt zu geben. Wir erzählten ihr die Begebenheiten bei unserer Ankunft und die sonderbare Aufnahme, die wir gefunden. Sie war sichtlich dadurch ergötzt, und mit schelmischem Lächeln sagte sie: „Da hat mein Herr Nachbar wieder ein Stückchen nach seiner Art ausgeführt und sich als Gelehrten herausstreichen wollen, was er gar gern thut. Er ist nichts als ein Bartscherer, den Herr Barker, der englische Consul, während längerer Abwesenheit auf seinem herrlichen Landsitze an der Meeresküste zur Aufsicht in sein Haus gesetzt hat."

Das war die prosaische Auflösung des so mystisch scheinenden Räthsels! Trotz allen Sträubens befanden wir uns also doch im englischen Consulat, wenn es auch im gegenwärtigen Augenblick von seinen Bewohnern verlassen war.

Nun kam die Reihe des Fragens an Madame Salina. Sie hatte ebenso gut ein Recht, ihre Neugierde zu befriedigen, als wir die unsere, weshalb wir auch nicht zögerten, ihr in gedrängtester Kürze Auskunft über uns zu ertheilen. Sie hörte mit ruhigem Ernste zu, in langsamen Zügen den aromatischen Dampf aus dem ihr inzwischen gereichten Nargileh einziehend. Die Erzählungen von unserer Heimat schienen eindruckslos an ihr vorüberzugehen, wie etwas, das ihrem Ideenkreise zu fern lag, wofür sie kein Verständniß hatte. Je näher wir aber Aleppo rückten, desto belebter wurden ihre Augen, und als wir unsers ersten verunglückten Versuchs mit dem Frack erwähnten, brach sie in Unwillen über die so schmählich verletzte, sonst hier so heilig gehaltene Gastlichkeit aus. Sie verlangte eine genauere Personalbeschreibung des Uebelthäters, bei welcher ein listiges Lächeln ihr Gesicht überflog und ihren Lippen ein leises „si conosce" entschlüpfte.

Die uns widerfahrene Unbill gut zu machen, lud sie uns ein, an ihrem Tische zu speisen, was wir dankend ablehnten, da Giacomo reichlich für unsere Tafel zu sorgen wußte. Ihre Aufforderung aber, den Abend mit einigen Freunden und Verwandten bei ihr zuzubringen, war uns sehr willkommen, und so verfügten wir uns zur bestimmten Zeit in ihre nahe Wohnung. Dort fanden wir einen Kreis von Damen, die auf den längs den Wänden befindlichen Divans mit untergeschlagenen Füßen saßen und den Duft des unentbehrlichen Nargileh einsogen. Ihre

5. Landreise nach Aleppo und Birjid.

Kleidung bestand aus der schon beschriebenen aleppiner Frauen=
tracht. Den Hals umrahmte eine große Menge goldener Ketten,
die über das den Busen verhüllende Musselintuch bis tief unter
die Brust herabhingen. Die Arme, soweit sie nicht von den
langen weiten Musselinärmeln, die aus dem engen Jäckchen
hervorquollen, verdeckt wurden, waren ganz von Goldspangen
umschlossen. Den turbanartigen Aufsatz des Kopfes zierten Festons
von Schnüren, die in Quasten echter Perlen endeten.

Ein wirklich schöner Anblick für den in die Geheimnisse der
levantiner Frauentoilette uneingeweihten Beschauer!

Gemächlich erhob sich eine nach der andern bei unserm Ein=
tritt und bot uns, die Hand auf der Brust, ihren Salam, um
ebenso gemächlich wieder Platz zu nehmen und weiter zu rauchen.
Unser doch sicherlich fremdartiges Aussehen schien gar kein
Interesse bei ihnen zu erwecken; ausdruckslos, die Augenlider
halb gesenkt, saßen sie wie Wachsfiguren da.

Mir wäre in dieser Umgebung lebendig=todter Gestalten un=
heimlich geworden, hätte Madame Salina nicht mit um so auf=
fälligerer Rührigkeit mich und Helfer bei der Hand gefaßt und
zu einem andern Theil des geräumigen Zimmers geführt. Ueber
ihr Gesicht schwebte eine schelmische Heiterkeit, als sie an eine
Gruppe Männer herantrat und mit lauter Stimme rief: „Kom=
men Sie nur hervor, Herr Franz, hier sind Landsleute!"
Vor uns stand — unser erster Frack, ein junger blonder Lands=
mann aus Böhmen, der, bei unserm Anblick über und über
erröthend, in töblicher Verlegenheit kein Wort hervorzubringen
im Stande war.

„Ist es bei Ihnen Sitte, die Fremden so aufzunehmen?"
herrschte sie ihn in erkünsteltem Zorne an. „Bei uns nicht.
Sie hätten bald unsere Gastfreundschaft um ihren guten Ruf
gebracht!"

Herr Franz stammelte nun einige Worte hervor, entschul=
bigte sich mit seiner Unkenntniß der Verhältnisse und der Furcht,

seinem Compagnon Verlegenheiten zu bereiten, da er uns für Agenten des Paschas gehalten hätte. Wir aber schnitten seine schlechten fränkischen Phrasen schnell durch ein herzlich deutsches Willkommen ab und äußerten unsere Freude, auf welche Art immer einen Landsmann gefunden zu haben. Kaum waren unsere Worte verklungen, als uns von zwei Seiten ein lautes Willkommen! zugerufen wurde und sich vier Hände uns entgegenstreckten, den deutschen Händedruck zu bieten.

Herr Pocher aus Leipa in Böhmen, als Besitzer einer großen Glaswaarenniederlage schon lange in Aleppo eingebürgert, und Herr Klinger, auch ein Böhme, Musikdirector in Ibrahim Pascha's Diensten, stellten sich als Landsleute vor.

Nun gab es ein Fragen und Erzählen aus der lieben Heimat, welche die beiden vor Jahren verlassen hatten, und selbst unser verlegener Herr Franz, Herrn Pocher's Compagnon, gerieth in Redefluß. Doch wo vier Böhmen beieinander sind, löst das Gespräch sich bald in Musik auf; so auch hier. Die Instrumente waren rasch herbeigeschafft, und unter Herrn Klinger's Leitung wurden mehrere Quartette aufgeführt, denen Helfer Arien aus den neuesten hier noch unbekannten Opern folgen ließ. Bis tief in die Nacht dauerte unser improvisirtes Concert.

Ich beobachtete dabei die Physiognomien der Frauen, neugierig, welchen Eindruck wol die ergreifende deutsche Musik auf sie ausübe. Aber keine Spur einer Gemüthsbewegung war zu bemerken. Gänzlich theilnahmlos saßen sie da, einige unbedeutende Worte untereinander wechselnd, indem sie von Zeit zu Zeit den dickgrundigen Kaffee aus den kleinen Schälchen nippten und dem nie fehlenden Glico zusprachen. Ihre Ohren, von Jugend auf durch den türkischen Tamtam abgestumpft, waren nicht mehr geeignet, dem Herzen harmonische Töne zuzuführen. Wir aber schieden spät in heiterer Stimmung aus der in Aleppo so unerwartet gefundenen deutsch=musikalischen Abendgesellschaft.

5. Landreise nach Aleppo und Birjid. 117

Am frühen Morgen des andern Tages kam Madame Salina, mich zu einem Gange durch die Stadt abzuholen, von der ich in der Dunkelheit des Abends noch nichts gesehen hatte.

Die einst so blühende Handelsstadt, im Mittelpunkte des Verkehrs zwischen dem Occident und Orient, in der die kostbaren Erzeugnisse der Tropen gegen die Producte abendländischer Industrie eingetauscht, ungeheuere Schätze aufgespeichert und die Realen nicht gezählt, sondern zugemessen wurden, der Sammelplatz aller Karavanen und Pilgerfahrer, die Stadt voll palastartiger Handelshäuser, prächtiger Moscheen und luftiger Minarets, mit reinlichen gutgepflasterten Straßen, wie sie meiner Phantasie den gelesenen Schilderungen zufolge vorschwebte — sie zeigte meinen Blicken jetzt ein Bild furchtbarster Zerstörung!

Das Erdbeben im Jahre 1822 hatte zwei Drittel der Stadt in Trümmer gestürzt, doch nicht, wie durch einen Brand zu geschehen pflegt, in formlose Aschenhaufen verwandelt, die keine Vorstellung von der einstigen Pracht zurücklassen, sondern große und glänzende Gebäudereste waren mitten unter den Trümmern stehen geblieben und ließen die Zerstörung im grellsten Lichte erscheinen. Da lag ein Prachtbau zur Hälfte danieder; der Luxus seiner innern Räumlichkeiten, in welche das Auge des Beschauers ungehindert eindringen konnte, gab Zeugniß von dem Reichthum und dem behaglichen Leben seiner ehemaligen Bewohner. Dort ragte unversehrt die halbe Kuppel einer prächtigen Moschee mit ihrem azurblauen und reich mit Goldsternen verzierten Gewölbe hoch empor, wie durch einen Schwertstreich von ihrer in Schutt verwandelten Hälfte getrennt. Die zerbröckelten Lehmwände elender Hütten lagen zwischen mehr oder minder zerstörten massiven Gebäuden, deren dunkle Granitblöcke wol einer Ewigkeit hatten Trotz bieten sollen und an deren Mauern Geschlecht auf Geschlecht, Völker auf Völker vorübergewandelt waren. Durcheinander gewürfelt war das Alte wie das Neue, das Große und Kleine, Palast und Hütte. Alle

Unterschiede zwischen den Wohnungen der Menschen waren ausgeglichen. Doch der Mensch richtet die Schranken von neuem auf zum Herrschen und zum Dienen!

So hatten auch die Aleppiner trotz des Anblicks dieser furchtbaren und schon öfter, wenn auch selten in so hohem Grade wiedergekehrten Zerstörung sich von dem Schrecken erholt und fingen an, ihre Häuslichkeit wieder einzurichten. Neue Hütten und neue Paläste waren zwischen den Trümmern schon erstanden, und mit Geschmack hatte man zu dem ältern sarazenischen Stil manch Modernes hinzugefügt. Die endlosen Bazars waren wie ehedem reich mit Kaufgütern angefüllt. Indische Shawls, schwere mit Gold und Silber durchwirkte Seidenstoffe, persische Teppiche, indische Spezereien, europäische Baumwoll- und andere Manufacturwaaren, Edelsteine, echte Perlen, böhmische Glaswaaren, Tücher und Pelzwerk — alles fand hier wohl geordnet seinen Platz und eine stets hin- und herwogende Anzahl feilschender Käufer.

Anfänglich erschreckten mich die vielen Hunde, die sich unter den Buden des Bazars selbständig und herrenlos einquartiert und in Districte vertheilt haben, über deren Aufrechthaltung sie eine strenge Grenzpolizei untereinander ausüben. Wehe dem vierfüßigen Frevler, der die Grenze überschreitet! Er ist sicher, von den rechtmäßigen Besitzern mit wüthendem Gebiß zerfleischt zu werden. Doch verhalten sie sich harmlos gegen die Menschen, die ihrerseits ihnen auch nicht zu nahe treten; denn der Muselmann, obgleich der Hund in seinen Augen ein unreines verachtetes Geschöpf ist, dessen Name ihm als größtes Schimpfwort dient, mishandelt ihn doch niemals, noch tödtet er seine Jungen; daher die große Anzahl frei umherstreifender Hunde im Orient.

Meiner Begleiterin gefiel mein Anzug durchaus nicht; sie hätte mich gern in ihrer eigenen Tracht gesehen und versuchte nach echter Frauenart meine Eitelkeit zu reizen, indem sie mir die zierlich geblümten Stoffe, den fein in Silber gearbeiteten,

5. Landreise nach Aleppo und Birjik.

nach ihrem Geschmack so kleidsamen Kopfputz rühmte. Nachdem sie mich aber gar nicht geneigt gefunden hatte, wieder Frauentracht anzulegen, mußte ich ihr zu Liebe wenigstens in die Anschaffung eines neuen Mamlukenanzugs willigen, dergleichen in Aleppo vorzüglich schön, von rothem Tuche mit reicher Goldstickerei, verfertigt werden. Aber auch hierbei hatte sie den Verdruß, mich statt der brillanten Farben ein bescheidenes Grün mit schwarzer Seidenstickerei wählen zu sehen; sie erklärte meinen Geschmack für unverbesserlich schlecht!

Später wurde ich ihre Führerin auf den Castellberg, den sie wie die meisten Aleppiner noch nie betreten hatte, da die Besteigung beschwerlich und eine eigene Erlaubniß des Gouverneurs dazu erforderlich ist. Dieses Castell, wie so viele Castells in Syrien inmitten der Stadt gelegen, ist ein halb natürlicher, halb künstlicher Berg von 150—200 Fuß Höhe, dessen Außenseite ganz mit Mauerwerk bedeckt und mit einem Graben von 60 Fuß Breite in einer Ausdehnung von dreiviertel Meilen umgeben ist.

Zur Zeit der Kreuzzüge war das Castell von Aleppo sehr fest; seine erste Anlegung scheint jedoch einer kufischen Inschrift zufolge aus dem 6. Jahrhundert der Hedschra zu stammen. Der Haupteingang wird unter einem starken Gewölbe mit drei eisernen dicken Thüren geschlossen, die vor zeiten zu den unerschöpflichen Schätzen Aleppos geführt haben sollen. Auch hier hatte das Erdbeben furchtbare Verwüstung angerichtet; der größte Theil der Gebäude lag in Trümmern; die noch brauchbaren waren zu Militärkasernen unvollkommen wieder hergerichtet.

Aus der Mitte dieser Trümmerwelt erhob sich ein 60 Fuß hoher Wartthurm, und daneben befand sich ein 288 Fuß tiefer Ziehbrunnen; beide waren wunderbarerweise von der mächtigen Erderschütterung unberührt geblieben. Der Brunnen spendete noch jetzt wie vor Jahrhunderten dem Durstenden sein eisigkaltes krystallhelles Wasser. Von dem Thurm hatten wir einen unbeschreiblich großartigen Ueberblick der nahen Wüste und ihrer fernen Begrenzung. Das Auge streifte im Süden und Osten hinüber bis zum Euphrat, im Westen bis zu den Bergen von Beilan; im Norden wurde der majestätische Taurus mit seinen schneebedeckten Gipfeln sichtbar. Zu unsern Füßen lag in weiter Ausdehnung die Stadt mit den blumengeschmückten Dachterrassen der neuen Häuser, welche die Trümmerwelt wohlthätig verdeckten; dazwischen schlängelte sich der Kuweik durch blühende Gärten und dunkle Olivenhaine, aus denen zierliche Lustorte hervorschauten.

Auch auf Madame Salina schien dieser großartige Anblick nicht ohne Wirkung zu sein; ihre Plaudereien verstummten, überrascht und verwundert schaute sie zum ersten male über die Grenzen Aleppos hinaus. Ob sich ihrer eine Ahnung von der Größe und Schönheit der Welt bemeisterte, konnte ich nicht ergründen; sie wußte für solche ihr neue Empfindungen und Gedanken keinen Ausdruck zu finden, und erst als wir in das Haus des Commandanten traten, seiner Frau einen Besuch abzustatten, kehrte sie wieder zu sich selbst zurück. Kaum betraten wir die Thürschwelle, da tönte uns ein lauter Schrei entgegen, und zwei weibliche Gestalten, die Gesichter in ihre Hände bergend, traten uns entgegen. Mein Mamlukenanzug hatte ihnen Schrecken eingejagt; sie glaubten sich dem Anblick eines fremden Mannes ausgesetzt; nachdem jedoch Madame Salina genügende Aufklärung gegeben, beruhigten sie sich wieder. Es waren Mutter und Tochter, nubische Schönheiten mit ziemlich dunkelm Colorit, großen schwarzen Augen, die Lider und Brauen künstlich schwarz umcirkelt, die Lippen blau, und die Nägel an Händen und Füßen roth gefärbt. Anfangs misfielen mir die in solcher Weise bemalten Gesichter; je öfter aber das Auge darüber hingleitet, desto harmonischer erscheinen die grellen Farben zu dem dunkeln Teint; einer nordischen Blondine würden sie freilich schlecht stehen.

Auch hier waren die Wände der Zimmer leer und dürftig

übertüncht, die Frauen ungenügend und unordentlich gekleidet, nur ihr Kopf mit Goldmünzen behangen. So wenig vornehm sie schienen, so sprachen sie doch in einem sehr hohen Tone. Als Madame Salina ihre Verwunderung äußerte, nur Eine Frau zu finden, antwortete diese: „Ich erlaube keine zweite." — „Ihr erlaubt es nicht? Euere Religion und Euere Gesetze gestatten es doch dem Manne?" — „Aber ich nicht; ich bin eine nubische Fürstentochter und habe meinen Mann nur unter der Bedingung, die einzige Frau zu bleiben, genommen; wollte er noch andere Frauen nehmen, so würde ich beim Pascha Klage führen und zu meiner Familie zurückkehren."

Ob ihre Ausnahmsansprüche begründet waren, weiß ich nicht, resolut genug sah sie aus, sie zu verfechten.

Nachdem ihr von mir, von meinem Kommen und Gehen, und warum ich in Männertracht sei, so viel begreiflich gemacht worden war, als sie fassen konnte, schieden wir mit höflichen Salams und Händekreuzen.

Madame Salina hatte keine Kinder, worüber sie sich häufig mit Thränen beklagte, denn nur als Mütter fühlen die Frauen im Orient ihre Würde und ihr Glück. Sie führte deshalb auch kein sehr häusliches Leben, sondern war häufig im Hause ihrer ältern Schwester, der Frau unsers Landsmanns Pocher, die mit Kindern gesegnet war. Hier hatte ich Gelegenheit, die unüberwindliche Indolenz der morgenländischen Frauen zu beobachten. Madame Pocher fand man trotz ihrer vier Kinder, so gut wie ihre kinderlose Schwester, den ganzen Tag mit untergeschlagenen Füßen in einer Divanecke sitzen, den Dampf des Nargileh einziehend. Herr Pocher machte die Einkäufe für die Küche, die ein Sklave besorgte, der dort wie im ganzen Hause nach eigenem Ermessen schaltete. Selbst ihre eigene Toilette, so brillant von außen, war doch sehr vernachlässigt. Beim Schlafengehen legen die Frauen nur ihr seidenes Oberkleid und ihr mit Gold gesticktes Jäckchen ab; die Höschen und andern Kleidungsstücke nehmen sie mit zu Bett. Der dicke Wulst von Haarzöpfen wird nur alle Wochen einmal ausgekämmt und frisch geflochten, sonst nur mit Pommade ein wenig geglättet. Glänzen und klimpern nur die daran gehefteten Zecchinen, so ist alles übrige gut.

Bei solchen Zuständen ist der häufige Besuch der Bäder sehr zweckmäßig. Die Einrichtung derselben fand ich jedoch im höchsten Grade widerwärtig. Die Frauen betrachten das mit heißen Dämpfen angefüllte geräumige Badezimmer, in dessen Mitte ein Bassin mit gewärmtem Wasser zum Einseifen und Abspülen angebracht ist, als einen Unterhaltungsort, in welchem sie gänzlich entkleidet umherwandeln, sitzen und plaudern, Süßigkeiten und Scherbet zu sich nehmen und hier, jedes lästigen Zwanges lebig, sich manche Unzartheit erlauben.

Von Madame Salina und meinem eigenen Verlangen nach einem erfrischenden Bade dorthin geführt, schreckte mich der Anblick schon auf der Thürschwelle derart ab, daß ich augenblicklich umkehrte und nie wieder ein türkisches Bad betreten habe. Ich kann also von seinen Toilettenkünsten und sonstigen Mysterien, die mir sehr gerühmt wurden, nichts verrathen.

Aus den Erzählungen des Herrn Pocher theile ich die Thatsache mit, daß er in seinem Handelsverkehre nur mit christlichen Kaufleuten geschriebene Contracte mache, wie das bei uns üblich, niemals aber mit türkischen, deren Wort ihm mehr Bürgschaft leiste als der bündigste Contract. Welch ein Ausspruch aus dem Munde eines christlichen Kaufherrn!

Die europäische Gesellschaft veranstaltete zu Ehren des neuen Beherrschers von Syrien ein solennes Ballfest. Die Ordnung und Sicherheit, die Ibrahim Pascha eingeführt hatte, die Strenge, mit welcher er Raub und Diebstahl bestrafte und die Beduinenhorden von den Thoren Aleppos in ihre Wüste zurückscheuchte, hatten große Hoffnung auf bessere Zeiten erweckt. Die Kaufherren konnten ihre Güter sicher transportiren und lebten in der Erwartung, den Handel zu seinem frühern Glanze aufblühen zu sehen. Ein reges Leben entfaltete sich überall, wenn auch die unnachsichtige Conscription zum Militärdienste mehrere tausend junge Männer bewogen hatte, sich ihr durch die Flucht zu entziehen.

Auch wir waren geladen und nahmen mit Vergnügen die Gelegenheit wahr, einem Ball in Aleppo beizuwohnen und den gefürchteten Eroberer zu sehen.

Das Festlocal, obgleich ziemlich geräumig und glänzend beleuchtet, blieb doch weit hinter unserer Vorstellung zurück. Statt des glatten getäfelten Fußbodens eines europäischen Ballsaals lagen hier Teppiche ausgebreitet, von ausgesuchter Schönheit zwar, aber auch so weich, daß sie ein rasches Dahingleiten der Füße unmöglich machen. Das genirte indeß die aleppiner Tänzerinnen nicht; sie hatten auch zum Tanz ihre gelben Pantoffeln und den langsamen, schlürfenden Gang beibehalten, überhaupt keine leichte Balltoilette angelegt, vielmehr ihren gewöhnlichen Anzug durch Anhäufung von Schmuck noch mehr überladen. Herrn Klinger's Stab dirigirte eine Française, und auf und ab, vorwärts und rückwärts schlürften die Frauengestalten, unbekümmert um das Tempo der Musik, gravitätisch langsam über den Teppich. Vergebens bemühten sich einige jüngere Herren des französischen Consulats, Leben und Bewegung in den Tanz zu bringen; sie blieben vereinzelt mit ihren Pirouetten und Entrechats, und scheu machten ihnen die dichtgescharten Tänzerinnen zwischen ihren Reihen hindurch Platz.

Nach jeder Française war eine Pause, während welcher Scherbet und eingelegte Früchte umhergereicht wurden.

Serenissimus, von ziemlich corpulenter Gestalt mit strengen Gesichtszügen, grauem Barte, den Kopf mit dem rothen Fes bedeckt, saß auf einem erhöhten Sitze. Das Schauspiel schien ihn zu belustigen; da fielen seine Augen auf Helfer und mich, die wir uns etwas abgesondert hielten. Der Anblick von Europäern in dem Mamlukenanzuge, der Tracht seiner Garde, frappirte ihn. Er fragte nach unserm Herkommen, und als man ihm darüber Auskunft gegeben hatte, äußerte er den Wunsch, uns näher zu sehen. Natürlich beeilte man sich, uns ihm vorzustellen. „Inch allah!" rief er aus, „die Frau hat Muth!" „Wie gefällt es Ihnen hier?" ließ er durch seinen Dolmetsch fragen, da er selbst sich der türkischen Sprache nicht bedienen wollte. „Ganz gut", ließ ich ihm erwidern. Als aber Helfer im weitern Gespräche bemerkte, ob es Sr. Hoheit nicht Vergnügen machen würde, Europa zu sehen, zogen sich seine Augenbrauen zusammen, und mit strengem Tone antwortete er: „Ich bin so wie ich bin für meine Länder gut genug!" Wahrscheinlich hatte er die Frage gedeutet, als solle er in Europa noch lernen.

Ich bat darauf um die Erlaubniß, den Damen seines Harems einen Besuch abstatten zu dürfen. „Was wollen Sie bei den Frauen?" sagte er. „Sehen Sie sich lieber meine Soldaten an; morgen ist Parade." Und wirklich habe ich diese Parade gesehen, die bunteste, die es geben kann an Verschiedenheit der Physiognomien und durcheinandergewürfelten Trachten! Aber die Soldaten waren unter Anleitung französischer Offiziere tüchtig einexercirt. Noch bewundernswerther war jedoch die Leistung unsers Landsmanns Klinger, der aus Mohrenknaben und jungen Abyssiniern in kurzer Zeit eine vortreffliche Musikbande eingeschult hatte und uns zu Ehren heute nur deutsche Märsche von ihr spielen ließ.

Als wir den heimischen Klängen noch lauschten, kam Se. Hoheit an uns herangesprengt und rief uns selbstgefällig zu: „Nun, wie gefällt es Ihnen?" Damit war er verschwunden.

Ich hatte auf dem Balle neben einer jungen Dame gesessen, deren Profil seiner regelmäßigen Schönheit wegen meine Aufmerksamkeit erregte. Wie reizend muß der Anblick ihres vollen Angesichts sein, dachte ich, und erwartete mit Spannung den Moment, in welchem sie ihren Kopf zu mir umwenden würde. Bei der Passivität der orientalischen Frauen hätte ich lange warten können, und so veranlaßte ich sie durch einen ausgestoßenen Seufzer sich nach mir umzusehen. Himmel, welch ein entsetzlicher Anblick! Hatte ich früher einen Seufzer fingirt, so entwand sich mir jetzt ein unwillkürlicher Schreckensausruf. Ihre andere Wange war tief ausgehöhlt, in der Mitte ein Punkt, von welchem dicke Nähte ausgingen, und die ganze Seite zusammenzogen bis zum Auge hinauf, dessen Lid herabhing und die innere Röthe zeigte. War es möglich, so viel Schönheit und so viel Häßlichkeit dicht nebeneinander, nur durch die Linie der feingebogenen Nase getrennt! Was ich sah, war die Wirkung des Bouton d'Aleppe, eines Geschwürs, welches in Aleppo und vorzüglich in Diarbekr jüngere Frauen und Mädchen befällt und sich nur auf Eine Seite des Gesichts erstreckt, diese aber völlig zerstört.

Der eigentliche Entstehungsgrund dieser Krankheit ist noch nicht bekannt; in Aleppo wird sie dem Wasser des Kuveik zugeschrieben, in Diarbekr dem Schmuze und der Einwirkung der Witterungscontraste, der scharfen Winterkälte im Gegensatze zur großen Sommerhitze. Sei der Grund nun welcher er wolle, der Anblick war nicht allein entsetzlich, er war auch Besorgniß erregend, da auch Fremde, wennschon seltener, der Krankheit unterworfen sind.

Von hohem Interesse für uns war die Bekanntschaft mehrerer englischer Offiziere, die zu der vielbesprochenen Euphratexpedition gehörten. Sie kehrten eben von einer gefährlichen Mission nach Urfa und Harran zurück. Unterwegs von den Subba- und Anizaarabern attakirt, war es ihrem Führer, Lieutenant Linch, durch Geistesgegenwart gelungen, die Feinde in Freunde zu verwandeln. Auch sie schlugen unter Herrn Dimitri's gastlichem Dache ihr Lager auf, und wir fanden uns dort beim gemeinsamen Frühstück. Die kleine Truppe bestand aus Lieutenant Linch, dem Zweiten im Commando der Expedition, einem gewandten Diplomaten und vollkommenen Kenner orientalischer Sprachen; seinem

Bruder, Kapitän in der ostindischen Armee, Dr. Staunton und Mr. Elliot. Letzterer war ein Mittelding zwischen Asiaten und Europäer. Als Sohn eines englischen Gentleman und einer eingeborenen Mohammedanerin genoß er nicht die Rechte eines ehelich Geborenen, welche in England mehr als anderswo von Wichtigkeit sind. Gleichwol erhielt er in England eine sehr sorgfältige Erziehung. Später wurde er auf einem griechischen Schiffe von den Russen gefangen genommen und nach Sibirien transportirt. Von dort entfloh er und gelangte nach Konstantinopel, wo er die Religion seiner Väter mit der seiner Mutter vertauschte und Derwisch wurde — ein nützlicher Tausch für den, der Asien sicher und bequem durchreisen will. In jedem Dorfe, wo so ein muselmännischer Heiliger einkehrt und sein Horn bläst, versammelt sich die ganze Bevölkerung; selbst die sonst zurückgezogenen Frauen erscheinen, um ihm zu dienen und von ihm zu lernen, denn von seinem Munde träufeln die Sprüche des Korans. Dieser Pseudoderwisch trug einen groben grauen Kittel, einen breiten Gürtel um den Leib, zwei große Pistolen darin, ein Tuch von Kamelhaaren um den Kopf und ein Paar Stiefel von rothem Leder, das Zeichen eines verfeinerten Heiligen, denn ein echter Derwisch schreitet barfuß über den glühenden Fußboden. Eine Gazellenhaut, über die Schulter geschlagen, diente ihm als Mantel und zum Lager. Edle feine Gesichtszüge und ein belebtes dunkles Auge deuteten auf höhere Bildung, als der grobe Anzug erwarten ließ. Seine Schicksale, mit denen er uns bald bekannt machte, gewannen ihm unser Interesse. Er gehörte zu denjenigen Menschen, die, von der Natur reich begabt, aber von der menschlichen Gesellschaft zurückgesetzt, im steten Kampfe mit derselben leben und in ihm siegen oder untergehen.

Die Herren bezeigten auch für uns lebhafte Theilnahme, nachdem wir ihnen unsere Plane und Erlebnisse mitgetheilt hatten. Besonders ritterlich begegnete uns Lieutenant Linch. Er hatte

Asien vielfach durchreist, und zu der guten englischen Erziehung gesellten sich bei ihm Geschmack für asiatische Gastlichkeit und orientalischen Luxus, der überdies dort zu einem gewissen Ansehen nothwendig ist. Vollkommen vertraut mit dem Charakter, den Schlichen und Ränken türkischer Beamten, war er ganz geeignet, mit ihnen durch Anwendung gleicher Mittel fertig zu werden, weshalb er auch häufig zu Unterhandlungen mit denselben verwandt wurde. Wie wir, hatte auch er die nationale Mamlukentracht angelegt, doch mit dem Unterschiede, daß die seine reich mit Stickerei versehen war. Unsere afghanischen Begleiter fielen ihm auf; er betrachtete sie anfänglich mit Mistrauen. Zu meiner Freude und Beruhigung aber erwiderte er auf mein Befragen nach dem Grunde seines Argwohns: „Die Erscheinung der beiden Männer hat mich bei meiner Kenntniß der Asiaten sehr überrascht, und ich war in der That geneigt, sie für Schwindler zu halten, deren es hier so gut wie in Europa gibt; ich bin aber jetzt überzeugt, daß sie der Klasse ehrenhafter Asiaten angehören, die ihr gegebenes Wort heilig halten und die Vorschriften des Korans gewissenhaft befolgen; mit diesen können Sie ruhig reisen!"

Wenn auch unser Vertrauen bereits festgewurzelt war, so that dieser Ausspruch von einem so gewiegten Kenner doch sehr wohl und verscheuchte jeglichen Anflug von Besorgniß.

Wir hatten gehofft, in Aleppo, dem vorzüglichsten Sammelplatze der Karavanen, die über Bagdad und Bassora die Pilger zum Grabe des Propheten, oder Kaufgüter nach dem Innern Asiens führen, bald eine Gelegenheit zu finden, unter deren Schutze wir die nicht gefahrlose Reise mit Sicherheit machen könnten. Allein es vergingen Wochen ohne die geringste Aussicht; der Kriegszustand hatte nach allen Seiten hin Lähmung und Stockung erzeugt. Um so willkommener war uns die Einladung des Lieutenants Linch, die unangenehme Zeit des müßigen Harrens mit einer Excursion nach Port William zu verkürzen, wohin er zurückzukehren im Begriffe stand. Wir nahmen seine freundlich gebotene Einladung mit großem Vergnügen an; waren wir doch ebenso begierig, den mächtigen Fluß zu sehen, der Vorderasien vom Norden bis zur Südspitze durchströmt, als Augenzeugen von der Eröffnung der Dampfschiffahrt auf dessen Gewässern zu sein.

Dieses großartige und kühne Unternehmen, welches mit eiserner Beharrlichkeit durchgeführt wurde, erregte zu jener Zeit die Aufmerksamkeit der ganzen Welt; wie hätte nicht auch in Aleppo, das so sehr dabei interessirt war, die regste Theilnahme dafür herrschen sollen! Politiker und Kaufherren sahen durch eine regelmäßige Beschiffung des Euphrat für ihre Zwecke und Interessen eine neue Aera anbrechen. Die Bedeutung jedoch, die das Unternehmen in civilisatorischer Hinsicht haben, die Segnungen, die es großen und begabten Völkerschaften bringen würde, welche unter harter Bedrückung schmachten und in fanatische Irrlehren versunken sind, sein eigentlicher Zweck, jene verwüsteten, brach liegenden Länder, die einst in paradiesischer Fülle prangten, einer segensvollen Cultur wieder zu erschließen — diese großen weltbeglückenden Ideen, die wol das Herz und den Geist des Begründers durchwogt haben mögen, sie wurden und sind bisjetzt leider noch nicht in vollem Maße erkannt und zur Geltung gekommen.

An einem heitern Octobertage verließen wir Aleppo. Jeder hatte sich, so gut er konnte, in Tuchkleidung eingehüllt und einen Shawl über den Tarbusch gebunden, als Schutz gegen die selbst noch in dieser Jahreszeit heiße Mittagssonne wie gegen die empfindliche Nachtkälte. Wir bildeten einen ansehnlichen, Respect einflößenden Trupp. Voran ritten zwei türkische Kawasse in reicher Tracht, wohl ausgerüstet mit Flinten und Pistolen und mit dem silbernen Stabe, dem Zeichen ihrer Würde, versehen. In gemessener Entfernung folgte Lieutenant Linch, mir den Ehrenplatz zu seiner Linken gebend, dann die übrigen Herren. Mir machte der Ritt in der stattlichen Begleitung, so verschieden von unserer bisherigen Reiseart, viel Vergnügen, um so mehr, als die Gegend nördlich von Aleppo reicher cultivirt ist. An den Ufern des Kuveik ziehen sich Dörfer hin, in üppig grünen Gärten gelegen, das Erdreich ist meist gut bebaut, selbst eine lange Allee mächtiger Bäume, die einer europäischen Anpflanzung Ehre gemacht haben würde, zierte die Gegend.

Um 7 Uhr erreichten wir einen Kurdenstamm, bei dem unser Vorläufer Mohamet uns schon angemeldet und Nachtquartier bestellt hatte. Es war mir sehr interessant, auch diese mir noch unbekannte Völkerschaft kennen zu lernen. Leider ließ die Dunkelheit mich nichts unterscheiden als eine Masse Wohnungen, halb über und halb unter der Erde, deren Dach ein schwarzes Zelt bildete. Wir wurden feierlichst vom Scheikh empfangen, mit vielen Salam und Händekreuzen als Zeichen des Respects für die hohen Herren, und in die für Fremde bestimmte Wohnung geführt. Jedes Dorf muß eine solche für Reisende, die unter dem Schutze des Gouvernements stehen, bereit halten; wo nicht, hat der Scheikh seine eigene Wohnung an sie abzutreten. Eine solche Wohnung ist ein viereckiges Loch, einige Fuß tief in die Erde eingegraben, mit einem darübergespannten schwarzen Zelt. Zwei kleine Oeffnungen vertreten die Fenster; doch die immer offen stehende Thür gibt das eigentliche Licht. Der Boden ist festgestampftes Erdreich; er war zu unserm Empfange mit längs der kahlen Wände ausgebreiteten Rohrmatten und mit weichen Polstern von Seide und geblümtem Kattun von vorherrschend rother Farbe bedeckt worden.

Unsere englischen Begleiter, schon besser mit der Landessitte vertraut, streiften ihre weiten rothen Stiefel ab, zogen die gelbledernen Schuhe an und nahmen mit untergeschlagenen Beinen Platz, was unsern minder geübten, ungelenken Gliedmaßen nicht gelingen wollte. Zum Nachtmahl wurde ein buntgewirkter Teppich vor uns auf den Boden gebreitet, worauf Pilaw

(Schöpfenfleisch mit Reis), die gewöhnliche sehr wohlschmeckende Speise, sauere Milch (Leben), Marmelade von Aprikosen mit frischer Butter, welches Gericht ich vortrefflich fand, und ausgezeichnete Weintrauben aufgetragen wurden; dazu flaches, tellerartig geformtes Brot, das bei der Armuth an Brennmaterial meistens auf einem strohreichen, hartgetrockneten Fladen von Kuhdünger gebacken wird; der Teig wird nämlich, der Form des Kuhfladens angepaßt, daraufgelegt, und dieser sodann angezündet; sobald er verbrannt, ist das Brot fertig; ziemlich grau und zäh, wird es zugleich auch als Teller und Gabel benutzt, indem man vom Rande ein Stück abbricht, es zwischen die drei Finger der rechten Hand nimmt, damit aus der Schüssel schöpft und es mit dem Ausgeschöpften zugleich verzehrt. Obgleich man uns zu Ehren, und um die vorgeschrittene Cultur zu zeigen, alte verrostete und lange nicht gereinigte Gabeln und Messer hervorgesucht hatte, schienen mir diese doch viel weniger appetitlich als die vor jeder Mahlzeit sorgsam gewaschenen Hände der Menschen, die überdies so geschickt und anständig die Speisen mit den Brotstücken herauszuholen verstehen, daß keiner den Platz des andern berührt. Unser Wirth, von Lieutenant Linch dazu aufgefordert, hatte nebst einigen der Vornehmsten seines Stammes uns gegenüber Platz genommen: und so saßen wir im Kurdenzelte, das gemeinsame Mahl mit den Fingern aus der Schüssel langend, und ließen es uns wohlschmecken.

Diese Lebensgewohnheiten mögen Europäern recht unappetitlich erscheinen, in Wirklichkeit sind sie es nicht. Die asiatischen Völker bewahren in allem ihrem Thun und Hantieren so viel Anstand und Würde, daß nichts bei ihnen roh und gemein erscheint. Unsere Kurden bewiesen ihr Taktgefühl auch darin, daß keine Miene ihr Widerstreben verrieth, mit einer Frau gemeinsam das Mahl zu nehmen, während sie doch ihre Weiber streng davon ausschließen. Obgleich diese bei ihnen, wie überall bei dem Landvolke, wo die Frauen fast alle gröbern Arbeiten verrichten,

5. Landreise nach Aleppo und Birjik.

auch frei und unverschleiert umhergehen und daher keine so strenge Abgeschiedenheit der Geschlechter stattfindet als in den Städten, dürfen doch die Weiber nicht mit dem Manne die Mahlzeit theilen, sondern müssen ihn dabei bedienen.

Das Zelt bot Raum genug, daß durch einen Vorhang für mich und Helfer ein besonderer Platz abgetheilt werden konnte. Wie immer nach der Ermüdung durch einen langen Ritt erquickte uns tiefer Schlaf, und gestärkt setzten wir des andern Morgens unsern Marsch fort. Der Scheikh gab uns selbst das Geleit bis zum nächsten Dorfe, wo wir uns mit Milch und frischem Wasser labten und einen andern Führer nahmen.

Wenn man hierzulande auch nicht in Gefahr ist, sich in großen Waldungen zu verirren, so ist es kaum minder schwer, den rechten Weg nicht zu verfehlen oder überhaupt einen Weg zu finden, da auf dem harten Steingrunde keine Spur eines Pfades sich zeigt, kein Baum, keine Pflanze dem dürren Boden entspringt, kein Gebirge, kein Hügel den Horizont begrenzt, selbst ein Dorf erst in nächster Nähe an den schwarzen Punkten der Thüröffnungen in den von Lehmerde zusammengebackenen Häusern bemerkbar wird und der blaue wolkenlose Himmelsbogen in ununterbrochener Linie auf der graubraunen Erdkugel zu ruhen scheint. So fand ich zur Herbstzeit den größten Theil Syriens. Andere, die das Land im Frühling durchwanderten, rühmen den Blumenflor, die Fülle von lila- und gelbgefärbten Crocusarten und von Knollengewächsen, die ihre Wurzeln tief in dem felsigen Boden gegen Frost und Sonnenstrahlen bergen, um beim Erwachen der Natur in erstaunlicher Menge blattlose Blüten zu entwickeln und die Gegend in einen Blumengarten zu verwandeln. Darum bleibt es immer mislich, nach flüchtiger Durchreise fremde Länder beschreiben zu wollen.

Gegen Abend erreichten wir einen Stamm von Turkomanen, die nicht in Erdhäusern, sondern in meist schwarz- und weißgestreiften Zelten leben. Von unserer Ankunft benachrichtigt, hatten sie ein großes Zelt zu unserer Aufnahme eingerichtet. Diese Zelte, oft recht geräumig und auf sechs bis acht Pfählen ruhend, sind in der Mitte durch einen Vorhang getheilt, welcher den für die Frauen bestimmten Raum absondert. Die Menge der seidenen Polster und kostbaren Teppiche sowie der reichere Anzug und der würdevolle Anstand des Scheikhs zeugten von der Wohlhabenheit des Mannes. Wir wurden mit noch mehr höflichen Ceremonien als am gestrigen Tage empfangen, und beim Abendessen gab es eingelegte Früchte und süßes Gebäck, welches nicht eigenes Machwerk sein konnte, sondern einen Verkehr mit der Stadt verrieth.

Lieutenant Linch führte die Rolle unsers Chefs mit vieler Würde durch. Gravitätisch nahm er den Ehrenplatz ein. Die Aufmerksamkeit, die er mir bewies, indem er mir die erste Schale Kaffee reichte, zog die Blicke der zahlreich versammelten Männer auf mich, deren Neugierde schon mein Aeußeres erregt hatte. Er stellte mich, dies wahrnehmend, als seinen jüngern Bruder vor und schnitt damit jede weitere lästige Forschung ab. Nach dem Nachtmahle überraschte uns der Gesang zweier Männer, der von einer Zither begleitet wurde. Als derselbe geendet, trat ein Mädchen im Alter von zwölf Jahren in den Kreis und führte einen mimischen Tanz auf. Mit unglaublicher Gelenkigkeit, entsetzlichen Verrenkungen ihrer Gliedmaßen und Verzerrungen der Züge bemühte sie sich, bald Leid, bald Freude darzustellen zur großen Bewunderung ihrer heimischen Zuschauer, die jede Bewegung mit gespannter Aufmerksamkeit verfolgten und unwillkürlich mitmachten. Man sagte mir, der Inhalt des Gesanges und des Tanzes sei Leben und Tod. Es war von hohem Interesse, den begeisterten Eindruck zu beobachten, den diese mimische Darstellung, so primitiv sie war, bei den Anwesenden hervorbrachte. Nach Beendigung derselben forderte die turkomanische Terpsichore von jedem eine Gabe, und zum höchsten Ergötzen aller bestürmte

5. Landreise nach Aleppo und Birjik.

sie mit Ungestüm unsern Derwisch Elliot, der, seine pflichtmäßige Armuth vorschützend, ihr die Gabe verweigerte, bis unser Führer durch Verdoppelung der seinigen ihn auslöste.

Ich hätte gern dem Frauengemach einen Besuch abgestattet und das Leben hinter dem Vorhange beobachtet. Meine Männertracht und die Rolle, welche ich durchzuführen hatte, schlossen mich jedoch davon aus. Doch sah ich genug von den unverschleierten Schönen, die, ebenso neugierig wie ich, oft zwischen den Falten des Vorhanges hindurchguckten und später, bei Bereitung der Abendmahlzeit, außerhalb des Zeltes umhergingen, um keinen zu hohen Begriff von ihren Reizen zu erhalten. So stattlich, kräftig und würdevoll die Erscheinung der Männer ist, so wenig anziehend sind die Frauen. Auf ihnen ruht die gröbere und niedere Arbeit. Der Ausdruck ihres Gesichts ist trotz der stechend schwarzen Augen stumpf und ohne geistige Regsamkeit; auch sind sie weniger gut und sauber gekleidet als die Männer. Der Schmuck, auf den sie den meisten Werth legen, sind Ringe in den Ohren und ein mit Glasperlen besetzter Ring von besonderer Größe im rechten Nasenflügel. Goldmünzen lassen sie von ihren hohen, nach oben breiten Mützen herabhängen. In dem sonst unbedeckten Gesichte verhüllen sie nur den Mund mit einer breiten Binde.

Des andern Morgens brachen wir früh auf. Unsere Absicht, die Ruinen der alten Hierapolis aufzusuchen, erforderte einen längern Marsch durch die Wüste. Der Scheikh selbst gab uns das Geleit, umgeben von einer Anzahl Auserlesener seines Stammes. Es schien ihm daran gelegen, den Feringis eine hohe Meinung von sich beizubringen. Mit langen Flinten bewaffnet, Pistolen im Gürtel und in den Händen Speere mit großen bunten Büschen an der Spitze, die lustig im Morgenwinde flatterten, auf schnellfüßigen Pferden von edler Abkunft reitend, die weiten weiß- und schwarzgestreiften Mäntel in reichen Falten über die Schultern geschlagen, glichen sie einem Trupp

Ordensritter voriger Jahrhunderte. Einige trugen Falken auf dem Arme, deren große kluge Augen mit dem Hut zur Vogeljagd bedeckt waren. Wer hätte sich nicht ins Mittelalter versetzt glauben sollen!

Nach einem mehrstündigen Marsche hörte das angebaute Erdreich auf, und wir betraten die sogenannte Wüste, die offenbar nur wegen Mangel an Bearbeitung den Wüstencharakter angenommen hat; Menschenfleiß könnte hier, wie vor zeiten, dem Boden wieder reiche Ernte abgewinnen.

In der Entfernung zeigten sich Antilopen, in Heerden beisammen weidend, die bei unserer Annäherung mit Windesschnelle auseinanderflohen. Die armen waffenlosen Thiere mit dem schön geformten Köpfchen und den sanften bittenden Augen finden ja nur Rettung in ihrer Schnelligkeit. Große Schwärme verschiedenartiger Vögel zogen lautlos dem Süden zu; so lärmend sie im Frühjahr ihre Rückkunft ankündigen, so still verlassen sie im Herbst die Gefilde ihrer Brütezeit. Nur der Hufschlag der Rosse auf dem harten Gestein unterbrach die lautlose Stille. Um die Gewandtheit der Reiter und die Schnelligkeit der Pferde recht anschaulich zu zeigen, gab der Scheikh seinen Leuten den Befehl, eine Jagd auf das vor uns fliehende Wild anzustellen. Kaum war das Wort gesprochen, als zehn Reiter wie auf Flügeln des Windes davoneilten, immer weiter voneinander sich trennend, dann einen Halbcirkel bildend, bis sie uns ganz aus den Augen entschwanden. Nach einer kleinen halben Stunde, während welcher wir unsern Weg im Schritt fortgesetzt hatten, kehrten einige der Jäger in mäßigem Galop zurück; quer über dem Kreuz eines ihrer Pferde hing, leblos aber unverwundet, eine Antilope: sie war durch keine Waffe erlegt, sondern niedergeritten worden! Bald sollten wir diese Art, das Wild zu erlegen, in der Nähe sehen. Auch die übrigen Jäger kamen aus weiter Ferne, hin- und herkreuzend, wieder heran. Es schien als suchten sie etwas; plötzlich tauchten unweit von uns zwei Thiere auf, es waren zwei junge Wildschweine; im raschesten Laufe sprengten die Jäger darauf los, trieben sie vor sich her und ritten sie dicht vor unsern Augen nieder, sodaß sie von den Hufen der Pferde getödtet wurden. Nie hätte ich geglaubt, ein Pferd könne dahin abgerichtet werden, ein lebendes Wesen todtzutreten; diesen Pferden schien das aber eine gewohnte Procedur zu sein, die sie willig, ich möchte sagen mit Mordlust, verrichteten.

Um 2 Uhr erreichten wir das ehemalige Hierapolis, das jetzige Membidsch. Nur Ruinen des der Dea Syra gewidmeten Tempels, einiger Paläste, der Ringmauern und vieler Aquäducte, die einst die ganze Stadt durchzogen haben müssen, zeigen den Ort an, wo Kaiser Julian mit seinem sieggewohnten Heere auf einer Brücke den Euphrat überschritt, gewiß, die Perser zu schlagen und zu unterjochen, in diesem Unternehmen aber seinen Tod findend. Von der Brücke sind keine Ueberbleibsel, von der Stadt selbst, die Julian zu einer Metropole der Euphratländer und zum Stapelplatze des Handels erhoben hatte, nur wenige Reste erhalten.

Ein heißer Wind, der die Zunge austrocknete und den Lippen Schmerzen verursachte, wehte hier. Um so willkommener war uns das frische Wasser sowie der schützende tiefe Schatten, den die Trümmerhaufen uns gewährten. Trotz der Mahnung unserer Führer zum Aufbruch, um das noch ferne Ziel vor Einbruch der Dunkelheit zu erreichen, überließen wir uns einer langen Ruhe; es dunkelte schon, ehe wir die fruchtbaren und gutbebauten Ufer des Sedjur erreichten, von wo der zum Nachtlager bestimmte Ort immer noch ziemlich weit entfernt war.

Unser Weg führte durch hügeliges Land, das sich bald flacher, bald steiler zum Fluß herabsenkte. Nicht lange waren wir vorwärts geschritten, als laute Menschenstimmen die Stille unterbrachen und bewaffnete Reiter sichtbar wurden, die mehrere Schüsse auf uns abfeuerten. Sogleich commandirte Lieutenant Linch halt. Unsere Turkomanen aber, denen ein Gefecht durchaus nicht willkommen zu sein schien, zogen sich eiligst ins Hintertreffen zurück, von wo Lieutenant Linch sie gänzlich entließ und zur Umkehr aufforderte, wohl wissend, daß ein zweifelhafter Freund oft viel gefährlicher ist als ein offener Feind. Er ritt in Begleitung eines Dieners den Angreifern, die inzwischen halt gemacht hatten, ruhig entgegen. Das kalte Blut, die Geistesgegenwart und Ueberlegenheit der Europäer übt den größten Eindruck auf diese Naturmenschen, die nie mit ruhiger Ueberlegung, sondern stets in leidenschaftlicher Erregtheit handeln. Wenig Worte reichten hin, den Vorgang aufzuklären. Unser starker Trupp hatte den Leuten des hier wohnenden Stammes Besorgniß eingeflößt; sie befürchteten einen feindlichen Ueberfall und hatten sich zur Abwehr und Vertheidigung gerüstet. Nachdem sie zu ihrer großen Zufriedenheit von unserer friedlichen Absicht überzeugt worden, führten sie uns unter freudigen Demonstrationen zu ihrem Scheikh. Dieser war ein alter Bekannter von Lieutenant Linch, welcher sich überhaupt großer Popularität unter den Eingeborenen erfreute, weil er, ihre Neigungen und ihre Schwächen kennend, es nicht verschmähte, sich denselben anzupassen.

Ehe wir unser Nachtlager erreichten, begann nun ein höchst beschwerlicher Marsch. Es war immer dunkler geworden, und der Weg am Ufer des Flusses ging bald durch tiefe Gründe, bald über steile Abhänge, die mir Schwindel erregten und mich nöthigten, die Augen zu schließen. Mein ganz erschöpftes Pferd war kaum mehr von der Stelle zu bringen. Am meisten von uns allen litt unser junger Freund Selim Khan von den ungewohnten Beschwerden. Nur mit größter Anstrengung hatte er sich bis hierher auf dem Pferde erhalten, jetzt erklärte er, nicht weiter zu können; daß er allein die Nacht hier unter freiem Himmel zubringe, konnten wir aber nicht zugeben, und so blieb Helfer ein Stück Wegs zurück, ihn mit Unterstützung unsers Dieners langsam vorwärts führend.

5. Landreise nach Aleppo und Birfid.

Mühsam hatten wir eine Stunde, die mir eine Ewigkeit dünkte, zurückgelegt; da zeigte eine Gruppe von Zelten in der magischen Beleuchtung zerstreut umher brennender Wachtfeuer den Endpunkt unserer heutigen Wanderung. Der malerische Anblick ließ mich bald die gehabten Beschwerden vergessen. Fast vor jeder Wohnung loderte ein Feuer, an dem die Weiber die Abendmahlzeit bereiteten, die Kinder im Kreise kauerten und begierig zuschauten, die Männer umherlagerten, behaglich ihren Tschibuk rauchend. Ein großer Platz in der Mitte der Niederlassung war besonders mit Feuer umcirkelt, zum Schutz der hier campirenden Heerden gegen wilde Thiere, besonders den gefräßigen Wolf, der in der Dunkelheit der Nacht gern aus der Wüste heranschleicht, sich einen fetten Braten davonzutragen.

Wir wurden hier mehr mit ceremonieller Höflichkeit als aufrichtiger Gastfreundschaft empfangen. Es war bei unserm Scheikh trotz aller Demonstrationen von Ergebenheit eine gewisse Verlegenheit nicht zu verkennen. Lieutenant Linch wußte gar bald der Sache auf den Grund zu kommen, es bestätigte sich ihm die schon längst gemachte Wahrnehmung eines der Expedition feindlich entgegenwirkenden höhern Einflusses. Ibrahim Pascha waren die Engländer mit ihrer Beschiffung des Euphrats ein Dorn im Auge; er betrachtete sich als unumschränkten Herrn ganz Syriens, der Euphrat gehörte ihm, und jetzt wollte eine Hand voll Fremdlinge ihm den alleinigen Besitz streitig machen! Das konnte sein Ehrgeiz nicht dulden. Da er aber nicht wagen durfte, in offener Feindseligkeit gegen die Engländer aufzutreten, bereitete er ihnen insgeheim jede Art von Schwierigkeit bei ihrem ohnehin so schwierigen Werke. Seine officiellen Befehle an die untern Behörden, die Expedition mit Transportmitteln, Arbeitsleuten und Proviant zu versorgen, widerrief er unter der Hand. Selbst den freien Stämmen, die sich den Engländern geneigt gezeigt hatten, flößte er so viel Furcht vor seiner Rache ein, daß sie sich scheu zurückzogen und die bisherigen Hülfsleistungen verweigerten. Es gelang Lieutenant Lynch jedoch auch hier, das frühere gute Einvernehmen und Vertrauen wiederherzustellen.

Des andern Morgens früh betraten wir das Flußgebiet des Euphrats, dessen klares, schnellströmendes Wasser die Landschaft wie ein Bandstreifen durchschlängelt. Mit stiller Feier begrüßte ich den Zeugen und Genossen der ältesten und merkwürdigsten Begebenheiten der Menschengeschichte. Unverändert nimmt er seit Jahrtausenden seinen Lauf, Segen spendend, gleichviel ob und von wem derselbe genossen wird. Jetzt haust an seinen Ufern ein buntes Gemisch halbcivilisirter, theils ackerbautreibender theils nomadisirender Stämme. Hundertfältig lohnt der fruchtbare Boden die geringe Mühe, die auf seine Cultur verwandt wird. Warum sollten auch seine Besitzer nach höherm Ertrage streben? Sie arbeiten ja doch nur, die ungezügelte Habgier ihrer Bedrücker zu befriedigen, oder von raublustigen Beduinen ausgeplündert zu werden!

Eine Reihe Berge von anmuthiger Formation zog sich zu unserer Linken den Fluß entlang, aber der gänzliche Mangel an Baumwuchs läßt den an schattiges Grün gewöhnten Nordländer selbst in dieser fruchtbaren Gegend eine unbefriedigte Sehnsucht empfinden.

Als wir uns Port William näherten, eilte Lieutenant Lynch voraus, wahrscheinlich unsere unerwartete Ankunft dem Commandirenden, Oberst Chesney, zu melden. Sehr höflich wurden wir von diesem empfangen und aufgefordert, es uns so bequem zu machen, als ein Feldlager gestatte, da wir bei der vorgerückten Abendzeit die jenseit des Flusses gelegene eine Stunde entfernte Stadt Birjick nicht mehr erreichen könnten.

Ich sah an diesem Abend wenig mehr von dem Lager als die es umschließenden Erdwälle, die mit einigen Kanonen zur Vertheidigung besetzt waren. Der Commandant bewohnte ein aus gestampfter Erde errichtetes Haus mit flachem Dache, das

nothdürftig gegen die Sonnenstrahlen schützte, und mit Fenster=
öffnungen ohne Fenster; es enthielt außer einigen Gemächern
für die Offiziere ein geräumiges Eßzimmer. Für uns wurden
zwei Zelte aufgeschlagen, in welchen wir uns ganz comfortabel
fühlten.

Am andern Tage, es war ein Sonntag, wurden wir ein=
geladen, dem Gottesdienste beizuwohnen, welchen in Ermangelung
eines Geistlichen der Arzt der Expedition, Dr. Staunton, abhielt.
Ich verstand noch wenig Englisch und gar nichts von dem vor=
gelesenen Sermon; dennoch verfehlte der Ernst, welchen Offiziere
wie Mannschaft bei der Feier zeigten, nicht, eine erhobene Stim=
mung in mir hervorzubringen. Mag auch der englische Gottes=
dienst mehr äußere Form und Gewohnheit als innere Erhebung
sein, so ist er dennoch von größerm und heilsamerm Einfluß,
als ihm mancher zugestehen will. Er ist in den fernsten Theilen
der Erde und unter den verschiedenartigsten Verhältnissen ein
Mittelpunkt und ein Band für alle Angehörigen der englischen
Nation.

Wir brachten den Tag der Ruhe ganz in Fort William zu,
und Helfer fand Gelegenheit, dem Obersten über die Beweggründe
zu unserer Reise, über sein Verlangen, das noch ungekannte In=
nere Asiens zu durchforschen, nähere Mittheilungen zu machen.
Sei es, daß Helfer's Forschungstrieb einem gleichen Streben des
Obersten begegnete, sei es, daß der feste ausdauernde Wille, mit
welchem wir beide das uns gesteckte Ziel verfolgten, die Sympathie
desselben erweckte und er in Helfer einen Mann erkannte, welcher
der Expedition nützlich werden konnte: genug, er lud uns zum
Bleiben ein, als wir zum Aufbruch nach Birjik rüsteten, indem
er zugleich ernstlich vorschlug, wir sollten die beschwerliche Land=
reise nach Bassora aufgeben und uns der Fahrt mit dem Dampf=
boot anschließen, vorausgesetzt, Helfer sei geneigt, seine natur=
wissenschaftlichen Kenntnisse der Expedition während der Fahrt
zugute kommen zu lassen. Unsern Afghanen wurde freigestellt,

als Passagiere die Reise mitzumachen, oder allein zu Lande nach Bassora zu gehen, um dort wieder mit uns zusammenzutreffen.

Wiederum trat ein entscheidender Moment an uns heran, dessen Tragweite wir damals nicht ermessen konnten, der aber für unsere weitere Reise, ja für unsere ganze Zukunft von den eingreifendsten Folgen wurde.

Das größere Dampfboot, Euphrat, war, obwol noch unvollendet, von Stapel gelassen; man hoffte in sechs Wochen zur Abfahrt fertig zu sein. Die Mitglieder der Expedition, eigens dazu auserlesene, gebildete, kenntnißreiche Männer, hatten uns Vertrauen und Hochachtung eingeflößt. Alle verhießen mit unbedingter Zuversicht eine interessante Fahrt. Wie hätten wir uns nicht glücklich schätzen sollen, daran theilzunehmen und den Beschwerden einer Landreise, die wir zur Genüge gekostet hatten, zu entgehen! Dankbar nahmen wir die Aufforderung des Obersten an und betrachteten uns von da an als zur Expedition gehörig.

Soviel Trübes sich auch an diese Expedition knüpft, die uns sogar in die äußerste Lebensgefahr brachte, so erhebend und unvergeßlich wird mir die Erinnerung an dieselbe für mein ganzes Leben sein. Wol kann und wird hoffentlich im Laufe der Zeiten der Euphrat für die Dampfschiffahrt erschlossen werden, aber eine Fahrt wie diese erste dürfte kein zweites mal stattfinden.

Die zur Beschiffung des Euphrats bestimmten zwei Dampfboote, Euphrat und Tigris, waren in eisernen Platten von England nach Iskenderun, dem Hafen des Mittelländischen Meeres, welcher dem Euphrat am nächsten liegt, transportirt worden; von dort mußten sie zu Lande nach Port William — beiläufig 110 englische Meilen weit — geschafft werden. Diese bei der Beschaffenheit des Terrains und dem gänzlichen Mangel an Straßen und Transportmitteln äußerst schwierige Aufgabe zu lösen mußten Wege über Berge und Felsschluchten gebahnt, Wagen, stark genug, um drei bis fünf Tonnen schwere Dampfkessel zu tragen, erbaut, endlich Zugthiere und Menschen zur Fortschaffung solcher

5. Landreise nach Aleppo und Birjik.

Lasten gedungen werden. Hierzu war eine Transportlinie von Suweidijeh nach Port William mit Benutzung des Orontes und des Sees von Antioch errichtet und den verschiedenen Stationsorten eine Anzahl Offiziere zugetheilt worden, welche daher mit ihren Mannschaften fast immer auf dem Hin- und Hermarsche begriffen waren. Im Lager wurde emsig gearbeitet, in allen Werkstätten gehämmert und gezimmert, wie in einer großen Fabrik. Jeder verrichtete seine Arbeit mit einer Emsigkeit, als hinge von ihm allein die Vollendung des Unternehmens ab, und jeder sah mit ungeduldiger Erwartung dem Zeitpunkte entgegen, der seine Mühen durch ein behagliches Hinuntergleiten auf dem herrlichen Flusse belohnen würde. Bald zeigte es sich jedoch, wie Ueberanstrengung, klimatische Einwirkungen, ungewohnte und schlechte Kost und das öftere Bivuakiren im Freien den Gesundheitszustand der Offiziere wie der Mannschaft benachtheiligten. Es gab nicht nur viele Kranke zu pflegen, sondern auch manchen Todten zu beklagen. Wechselfieber und Dysenterie herrschten an jedem Stationsorte, und die zwei Aerzte der Expedition, Dr. Staunton und dessen Bruder A. Staunton, von denen der erstere, selbst leidend, im Lager bleiben mußte, reichten nicht hin, die entfernten Kranken zu versorgen. Helfer wurde daher sehr bald vom Obersten ersucht, auch in dieser Hinsicht Hülfe zu leisten und zunächst zur Behandlung des schwererkrankten Majors Escourt nach Killis zu gehen; nicht sowol die Stellung des Majors bei der Expedition als dritter im Range, sondern mehr noch sein liebenswürdig humaner Charakter und sein gentlemanmäßiges Benehmen, welches ihm unsere wie die allgemeine Achtung und Zuneigung erworben hatte, bewogen Helfer mit Bereitwilligkeit der Aufforderung Folge zu leisten, obgleich er sehr ungern mich allein im Lager zurückließ.

Unsere afghanischen Freunde hielten sich sichtlich fern von den Engländern. Mir war dies nicht auffallend, sondern genügend erklärt durch das politische Verhältniß ihres Landes zu der englischen Regierung. Ich fand es daher auch natürlich, als sie mir mittheilten, daß sie, gelangweilt und des Wartens müde, eine Excursion nach Urfa und Diarbekr unternehmen wollten. Sie schieden, noch ehe Helfer zurückgekehrt war, unsere Reisebaarschaft in türkischer Münze, die wir unterhalb Bassora nicht weiter verwenden konnten, verabredetermaßen mit sich nehmend und mir dagegen einen werthvollen Schmuck übergebend.

Ich war nun ganz allein in dem öden Lager. Das Studium der englischen Sprache, Lektüre, Schreiben und Zeichnen verkürzten mir die Zeit. Zwei Bäume, die einzigen in der Umgegend, waren das Ziel meiner täglichen Promenade, und die Zuvorkommenheit und Fürsorge, welche der Oberst mir in dieser peinlichen Lage erwies, erleichterte mir dieselbe gar sehr. Immer werde ich dankbar der zarten Rücksicht eingedenk sein, mit welcher er mich fast täglich auf meinem einsamen Gange begleitete. Obgleich selbst unwohl, von Fieber geplagt und vielseitig beschäftigt, fand er zu dieser Pflicht der Courtoisie dennoch Lust und Zeit.

Helfer hatte den Major Escourt im Delirium eines hitzigen Nervenfiebers gefunden, und es vergingen Wochen, ehe er ihn ohne Gefahr verlassen konnte. Inzwischen trat die Regenzeit ein und vermehrte nicht nur die Schwierigkeiten des Unternehmens, sondern auch die Zahl der Kranken. Die Arbeiten, die alle unter freiem Himmel verrichtet werden mußten, gingen langsamer von statten, denn die meisten Arbeiter befanden sich im nothdürftig hergerichteten Lazareth. Aus dem Regen wurde oft ein Schneegestöber, das den Boden des Lagers grundlos machte. Diesen vereinten schädlichen Einwirkungen unterlag auch meine Gesundheit. Ich wurde von einem typhösen Fieber befallen und an den Rand des Grabes gebracht. Von diesem Zustande ist mir nur in der Erinnerung geblieben, wie mein Mann des Abends, nachdem die Offiziere das Eßzimmer verlassen hatten, mich in Decken gewickelt aus unserm mit tiefem Schnee bedeckten Zelte dorthin, als dem einzigen gegen die Witterung geschützten

5. Landreise nach Aleppo und Birjik.

Raume, trug und die Nacht über bei mir wachte, um mich am Morgen, vor dem Frühstück der Herren, wieder ins Zelt zurückzutragen. Dank seiner Pflege und meiner kräftigen Natur genas ich, wenn auch sehr langsam und erst dann völlig, als wir die uns angewiesene Sterncabine im Dampfboote Euphrat bezogen hatten. Nie werde ich den Tag vergessen, an welchem ich zum ersten mal wieder bei Tische erscheinen konnte und von allen Anwesenden mit aufrichtiger Freude begrüßt wurde. Meine Rührung erreichte ihren Höhepunkt, als mir zur Stärkung ein Gläschen alten Rheinweins gereicht wurde, von welchem die Herren die letzte Flasche zu diesem Zweck aufbewahrt hatten. Der Wein war schon lange von ihrem Tische verschwunden und trübes Euphratwasser ihr einziges Getränk. Solche Augenblicke graben sich tief in das Gedächtniß ein!

Die Möglichkeit der Herbeischaffung so schwerer Lasten und der Fortsetzung der Arbeiten in dieser ungünstigen Jahreszeit bei den verdoppelten Schwierigkeiten, welche die Localbehörden dem Unternehmen entgegenstellten, wurde mehrseitig bezweifelt, und viele riethen, bis zum Frühjahr zu warten. Allein der Oberst, in dessen Wörterbuch das Wort unmöglich nicht existirte, bestand mit gewohnter unerschütterlicher Beharrlichkeit auf der unausgesetzten Fortführung der Arbeiten. Er hatte um so mehr Ursache dazu, da die zu der Expedition bewilligten Gelder fast erschöpft waren und die Offiziere schon aus eigenen Mitteln Vorschüsse machten. Durch Aufbietung aller Kräfte gelang es endlich am 9. December, das letzte und schwerste Stück, den Dampfkessel, mit 104 Ochsen und 52 Treibern unter lauten Freudenbezeigungen und Geschützsalven in das mit Fahnen und einem Triumphbogen geschmückte Lager einzuführen. Dem Muzlim in Birjik mochten diese Freudenschüsse sehr unliebsam klingen. Er hatte gehofft und redlich das Seine gethan, das Gelingen zu vereiteln. So hatte er noch vor kurzem die eingeborenen Arbeiter veranlaßt, das Lager zu verlassen, und die Zufuhr von

Proviant verboten. Hierdurch waren die Arbeiter der Expedition allein auf sich selbst beschränkt, nachdem schon acht Mann von ihnen den Strapazen erlegen waren. Nur ein Charakter wie der des Obersten Chesney war im Stande, ein derartiges Unternehmen zu vollbringen. Seine eigene Energie weckte die seiner Untergebenen. Keiner hätte eine begonnene Arbeit unvollendet gelassen, denn er wußte, daß der Befehlshaber sie für ausführbar halte; und ihn schätzte, ihm vertraute jeder unbedingt. Einst, als der Oberst die Nachricht erhielt, die 55 Centner schwere Taucherglocke sei in einem ziemlich tiefen Sumpfe, fern vom festen Boden, versunken und ihre Herausschaffung unmöglich, erhob er sich aus dem Bett während des heftigsten Fiebers, begann sich anzukleiden und verlangte sein Pferd, um selbst die Weiterschaffung der Taucherglocke zu bewerkstelligen. Er war durch keine Vorstellungen zurückzuhalten, und erst als Mr. Hector, ein ebenso energischer Charakter, das schwierige Werk zu unternehmen und auszuführen versprach, gab der Oberst nach und streckte sich wieder auf sein Krankenlager. Sein Gemüth war so ausschließlich von der Expedition erfüllt, daß, als man das Arbeiten und Hämmern einstellte, um ihm im Zustande des Deliriums mehr Ruhe zu verschaffen, er selbst fortzufahren bat, da der Lärm der Arbeit ihm eine Beruhigung sei. Es schien, als hielte er jeden Comfort und jede Pflege für Luxus und für eine der Expedition unwürdige Verweichlichung. Als Mr. Kilby, der englische Agent in Aleppo, zur Abwechselung der Diät einen Cantar (504 Pfund) Erdäpfel um den freilich hohen Preis von 8 Pfund Sterling für die Expedition gekauft hatte, war der Oberst dieser Verschwendung wegen höchlichst entrüstet und wollte die Kartoffeln nicht zur Consumtion verwenden, sondern unter die Anwohner zur Saat vertheilen lassen. Nur die Vorstellung, wie durchaus nothwendig den Kranken ein Wechsel der Nahrung sei, konnte ihn von diesem Vorhaben abbringen. Gegen Ende December war die Kälte in Port William außerordentlich streng; das Thermometer stand 7 Grad unter Null, und die Fenster unserer kleinen Cabine waren mit dicken Eisblumen bedeckt. Wir hatten allen Scharfsinn aufgeboten, besonders uns nachts gegen die empfindliche Kälte auf dem Flusse zwischen den eisernen Wänden, so gut es ging, zu schützen, was uns denn auch besser als andern gelungen war. Der Oberst schritt eines Tages, fröstelnd und sich schüttelnd, das Verdeck auf und ab; Helfer lud ihn in unsere Cabine ein, und er beehrte uns mit seinem Besuche, sah sich um und sagte: „Es sieht hier bei Ihnen ja recht comfortable aus." Helfer zeigte ihm die mit Watte verstopften Fenster und unsere sonstigen Vorkehrungen; ohne ein Wort weiter zu erwidern wandte er sich um und stieg wieder aufs Verdeck. Jedoch stets wußte er die Verdienste seiner Offiziere zu würdigen und ihnen die gebührende Anerkennung zu verschaffen.

Die Vollendung der Dampfboote schritt trotz aller Anstrengungen nur langsam vor, sodaß die Abfahrt voraussichtlich vor dem Frühjahre nicht stattfinden konnte. Wir hatten inzwischen von unsern Afghanen Nachricht erhalten. Sie waren mit einer Karavane, der letzten in diesem Jahre, nach Bagdad und Bassora vorausgegangen und wollten uns dort erwarten. So ungeduldig wir waren, unsere Reise zu beschleunigen und mit ihnen weiter zu gehen, es war uns jetzt jeder andere Weg als die Euphratfahrt abgeschnitten, und so mußten wir uns in das Unvermeidliche finden.

Der Oberst hatte beschlossen, die unerquickliche Zeit des Wartens zu einer Forschungsreise in das Taurusgebirge zu benutzen. Die heftigen Regengüsse, die in diesem wechselvollen Klima dem Froste gefolgt waren, und sein sehr geschwächter Gesundheitszustand verschoben die Ausführung von Tag zu Tag. Endlich am 9. Januar, nachdem wieder ein heller Frost den Regen abgelöst hatte, sollte die Excursion wirklich vor sich gehen. Von den lustigen Vögeln der Gesellschaft, die trotz allem Ernste der Situation ihren guten Humor nicht verloren hatten, ward sie die Hospitalexpedition genannt.

In Begleitung von Lieutenant Murphy, dem Astronomen, einem wissenschaftlich gebildeten, liebenswürdigen, aber nie zur rechten Zeit fertig werdenden und daher Monsieur Tardif genannten Manne, und von Mr. Ainsworth, der, von gleichem Eifer für die Expedition wie der Oberst selbst erfüllt, sein steter Begleiter war und deshalb die Terze hieß, trat Chesney an der Spitze unserer Schar die Reise an; alle zitterten vor Kälte und konnten nur mit Mühe ihre Kraftlosigkeit verbergen.

Auch unser Marstall hatte keine Rosentage in dem Feldlager erlebt, weshalb er manche lahme Rosinante lieferte. Dem in seinen Mantel eingehüllten Obersten half man, eins dieser edeln Thiere zu besteigen; er wäre aber ohne die Unterstützung seines Dieners auf der andern Seite wieder hinuntergeglitten. Nicht viel besser erging es den andern Herren. Als alle fest im Sattel saßen, auch Helfer, der die Einladung des Obersten nicht hatte ablehnen können, wiewol für seine Zwecke bei fußhohem Schnee nichts zu hoffen war, setzte der Trupp sich in Bewegung.

So traurig der Anblick des kranken Obersten war, und wie sehr er mich auch befürchten ließ, ihn nicht wiederkehren zu sehen, konnte ich mich des Lächelns doch nicht enthalten; denn der Ritter von der traurigen Gestalt schwebte mir zu lebhaft vor Augen. Dennoch kehrte die Gesellschaft nach einigen Wochen angestrengter Märsche im Taurusgebirge frisch und wohlbehalten zurück: ein Beweis, was fester Wille und was bei klimatischen Fiebern Luft- und Ortsveränderung zu bewirken vermag.

Helfer hatte die Herren nur bis Aintab begleitet; die Unmöglichkeit, in den mit tiefem Schnee bedeckten Bergen etwas zu leisten, und die Besorgniß um mich, die er in Port William allein wußte, bestimmten ihn zur Umkehr. Er hatte in Aintab die Bekanntschaft des Herrn Comenus, eines Landsmannes, gemacht, der als Militärarzt in Ibrahim Pascha's Diensten stand;

5. Landreise nach Aleppo und Birjik.

von ihm zu einem längern Besuch eingeladen, beschlossen wir, den ungesunden, in dieser Jahreszeit höchst unfreundlichen Aufenthalt in Port William für einige Zeit zu meiden und nach Aintab, von da aber nach Aleppo zu unsern dortigen Freunden, der Familie Pocher, zu gehen. Wenige Stunden nach Helfer's Rückkehr waren wir reisefertig. Kleider und Putzgegenstände, wie in Europa, gab es nicht zu packen, und das wenigstens war eine große Annehmlichkeit.

Von dem immer liebenswürdig zuvorkommenden Major Escourt mit Pferden versorgt, erreichten wir am selben Tage glücklich, obwol bei heftigem Schneegestöber, Orul und fanden in einer armenischen Familie freundliche Aufnahme.

Die Frauen, in einem abgesonderten Zimmer, luden mich ein, bei ihnen am Tanbur Platz zu nehmen, um mich zu erwärmen. Da mir dies nothtat, ließ ich mich ohne Zögern auf den eingeräumten Sitz nieder, der mir allerdings neu und sehr sonderbar erschien. In der Mitte des Zimmers war im Estrich eine weite runde, etwa zwei Fuß tiefe Oeffnung; in derselben stand ein großes Kohlenbecken und auf diesem ein auf vier Füßen ruhender Rahmen, mit einer weit über die Oeffnung hinausreichenden wattirten Decke behangen. Um diese Vertiefung saßen die Frauen im Kreise herum, die Füße hineinhängend, den Oberkörper nach vorwärts gebeugt und die Arme bis an die Schultern unter der Decke verbergend, sodaß ihr mit einem dicken Tuche umwundener Kopf und der mit einer Pelzjacke bekleidete Rücken allein sichtbar blieben. Nur hin und wieder wagte sich eine Hand hervor, um dem Munde die Spitze des Nargileh zuzuführen. Auf solche Weise versitzen die Frauen die zwar kurze, aber desto empfindlichere Winterzeit. Der Tanbur ist dort die einzige Vorkehrung, sich bei einer Kälte von sechs Graden in fensterlosen Gemächern zu erwärmen!

Während der Nacht war viel Schnee gefallen; unsere Pferde sanken bis an die Knie hinein, und unsere Begleiter erzählten schaurige Geschichten von einem ganzen Trupp Soldaten, der auf diesem Wege von Wölfen angefallen und zerrissen worden sei. Vor einem ähnlichen Schicksal bewahrt, langten wir glücklich in Aintab an.

Aintab ist eine der bedeutendsten Städte Armeniens, in schöner Lage am Fuße des Taurusgebirges. Durchflossen vom Sadschur und umgeben von Obstgärten voll herrlicher Früchte, war es als Handelsplatz zwischen Antakia, Urfa und Aleppo von den ältesten bis auf die neuern Zeiten von großer Wichtigkeit. Das auf einem isolirten Felsen erbaute Castell, ganz ähnlich dem von Aleppo, diente schon während der ägyptischen Khalifate und der Kreuzzüge als eine starke Feste; es war auch jetzt als Vorposten der Armee Ibrahim Pascha's von seinen Truppen stark besetzt. Luftige Minarets unterbrechen wohlgefällig die Monotonie der dachlosen Häusermasse, die von beiläufig 20000 Menschen (zwei Drittel Muselmänner und ein Drittel armenische Christen) bewohnt ist.

Herr Comenus empfing uns ausnehmend höflich, doch, wie mir schien, nicht ohne Verlegenheit. War seine Einladung nicht aufrichtig gemeint gewesen, nur eine im Orient unter Landsleuten übliche Redensart, oder waren andere Dinge Grund seiner Verstimmung, genug, ich fühlte, er war nicht à son aise. Er entschuldigte die Abwesenheit seiner Frau, einer Armenierin, mit großer Wäsche; nun wußte ich genug, denn auch bei meinen lieben deutschen Hausfrauen ist in solchem Falle jeder Fremde ein unwillkommener Störer. Endlich trat sie ein. Ich war durch Helfer darauf vorbereitet worden, eine beschränkte, blöde Frau zu finden, die ihrem Manne mehr Dienerin als Genossin sei; hinsichtlich der Beschränktheit fand ich mich nicht getäuscht, aber es schien als helfe dieselbe ihr über alle Verlegenheit hinweg. Ihr Gesicht war nicht häßlich zu nennen, wenn nicht der aleppiner Karbunkel die linke Hälfte desselben verzerrt und der rechten so unähnlich gemacht hätte, daß sie füglich zwei Personen vorstellen

5. Landreise nach Aleppo und Birjid.

konnte. Der Anzug, ohnehin nach Landessitte nicht sauber, war durch das eben vollendete häusliche Geschäft nicht verbessert worden, denn die ganz durchnäßten Aermel klebten an den Armen fest. Ihren Salam mit möglichstem Phlegma bietend und in keinem Zuge irgendeine Empfindung verrathend, nahm sie neben mir auf dem Sofa Platz.

Ich that mein Möglichstes, ihr durch freundliche Geberden und Zulächeln meine Geneigtheit zu erkennen zu geben; doch diese Bemühungen waren ebenso fruchtlos als am unrechten Orte angebracht; sie erzeugten keine Veränderung in ihren starren Zügen. Weiter ging meine Fähigkeit, ihr mein Wohlwollen zu beweisen, nicht. Wir saßen ferner stumm nebeneinander; und selbst ihrem Manne, der sich uns als Dolmetscher mit manchen scherzhaften Zusätzen zu Frage und Antwort beigesellt hatte, gelang es nicht, ihr eine heitere Miene abzugewinnen. Ihr Gleichmuth konnte nur aus dem Gleise gebracht werden, wenn es sich um Geldeinnahmen oder Ausgaben handelte; in allen Geldangelegenheiten führte sie das Regiment. In ihrer sonstigen Indolenz ließ sie das Zimmer tagelang unaufgeräumt, und als ich, um sie auf die Probe zu stellen, den Besen ergriff, als wolle ich den Estrich fegen, schaute sie, auf dem Kanapee sitzen bleibend, ruhig zu. Nun hatte ich genug und kümmerte mich ferner nicht mehr um sie.

Aintab bot mir interessante Gelegenheit, das Familienleben der armenischen Christen kennen zu lernen, von dem Europäern sonst wenig bekannt wird, da Fremde schwer Eingang finden und die Frauen sich vor Männern nicht sehen lassen.

Die Armenier stehen mit den Türken so ziemlich auf gleicher Stufe der Bildung. Furchtsam und verschlossen, beugen sie sich äußerlich vor ihren Beherrschern, auf die sie im geheimen mit Geringschätzung herabsehen.

Vorzugsweise und mit Glück den Handel betreibend, erwerben sie oft große Reichthümer, verbergen dieselben aber sorgfältig;

die Reichsten bewahren geflissentlich den Anschein von Armuth, wozu sie unter der türkischen Gewalt= und Raubherrschaft allerdings hinlänglich Grund haben mögen. Das Aufhäufen von Schätzen, die sie weder verwenden noch genießen, und der Hang zum Geiz vererbt sich von Vater auf Sohn und bleibt ihnen eigen, wohin sie auch wandern mögen. Fast über den ganzen Orient sind sie als reiche Kaufherren verbreitet; überall aber ist ihr Charakter derselbe.

Die armenischen Frauen haben keine bessere Stellung als die Türkinnen; sie sind nur die Dienerinnen ihrer Männer. Ja, während der sinnliche Muselmann nicht selten Sklave seiner Sklavin wird, bleibt der kalte armenische Geschäftsmann immer ein gestrenger Herr seiner Frau. Ganz wie Mägde haben sie alle häuslichen Geschäfte zu verrichten; sie dürfen die Mahlzeit nicht mit ihrem Manne am gemeinschaftlichen Tische einnehmen, sondern müssen ihn als Herrn dabei bedienen. Im Hause sind sie unverschleiert, lassen sich aber vor keinem fremden Manne sehen. Bei Gastmählern halten sie sich in einem eigens dazu bestimmten Raume auf, einer in der großen Halle des Hauses fünf Fuß über dem Boden angebrachten und durch Holzgitterwerk abgeschlossenen Loge. Von hier aus können sie auf die unten schmausenden Männer herabsehen, ohne von ihnen gesehen zu werden. Diese Sitte ist um so mehr zu bedauern, als das neidische Gitter nicht selten eine Galerie vollendeter Schönheiten birgt. In Aintab fand ich wirklich die so vielgerühmten und bis dahin vergebens gesuchten orientalischen Schönheiten.

Die Verwandten und Freundinnen meiner Wirthin kamen, wie es die Sitte des Orients erfordert, mich zu begrüßen; ich war für sie nicht weniger ein Gegenstand der Neugierde als sie für mich. Da sie nur armenisch oder arabisch sprachen, war unsere Unterhaltung freilich eine beschränkte und konnte nur mit Hülfe des Herrn Comenus, der als Dolmetscher diente, geführt werden. Sie drückten ihr Erstaunen und Bedauern darüber aus, daß ich Mutter und Geschwister hätte verlassen müssen, und schüttelten den Kopf, als sie hörten, ich sei freiwillig meinem Manne gefolgt. „Ein Mann", sagten sie mit geringschätzigem Achselzucken, „ist nicht werth, daß man um seinetwillen sich so weit von den Seinen entferne." Meine Versicherung, daß ich meinem Manne gern folge, überall hin wohin er gehe, hörten sie ungläubig an, und von dem Vergnügen, die Welt zu sehen, konnten sie sich, sowie vom ehelichen Glücke, keine Vorstellung machen, da sie ihren Geburtsort kaum jemals verlassen. Durch älterliche Autorität schon als Kinder verlobt, bekommen die Bräute vor der Verbindung den zukünftigen Gatten fast gar nicht zu sehen, und in der Ehe ist dann das ausschließlich auf Erwerb gerichtete Streben des Mannes, verbunden mit seiner despotischen Stellung zur Frau, keineswegs geeignet, ihre Zuneigung für ihn zu erwecken. Aeltern= und Geschwisterliebe nimmt bei ihnen alle zarten Empfindungen des weiblichen Herzens in Anspruch, ja die Mutterliebe steigert sich nicht selten zur Leidenschaft.

Nachdem unsere Gäste Liqueur und Kaffee reichlich genossen und die Stube mit dem Dampf des Nargileh erfüllt hatten, verließen sie uns, andern Platz machend, mit denen dieselbe Unterhaltung sich wiederholte.

Ich war, wie gesagt, in hohem Grade überrascht, unter den zwanzig Frauen, die ich diesen Morgen sah, mindestens acht bis zehn classische Schönheiten zu finden. Das regelmäßige Oval des Gesichts, die edel geformte Nase, die weitgeschlitzten dunkeln Augen, umschattet von dichten langen Wimpern, der glänzende Teint dieser Südländerinnen bilden ein unvergleichliches Ganzes. Aber wie schade, daß so ausgezeichnete Erscheinungen des eblern Reizes entbehren, den Geistesbildung und Körperpflege der weiblichen Schönheit verleihen! Ihre Kleidung zeugt von vollständigem Mangel an gutem Geschmack und Sinn für Nettigkeit; gewöhnlich von schwerem Seidenstoff, zerrissen und schmuzig, vielleicht von der Mutter oder Großmutter ererbt, läßt sie überall die gröbste und unsauberste Wäsche durchblicken. Der Hals und die Arme, wenn nicht zufällig durch ein türkisches Bad gereinigt, erscheinen grau, da im Hause diese Theile nicht gewaschen werden. Die Hände sind gleich denen einer Magd von der Arbeit plump und grob geworden, die Innenseite und die Nägel rothgefärbt. Auf Schmuck legen sie großen Werth, besonders auf die Kopfbedeckung, ein hohes silbernes Casquet, dessen Deckel von zierlicher venetianischer à jour-Arbeit reich mit Goldmünzen behangen ist. Die Anzahl und Größe der goldenen Ketten und Spangen um Hals und Arme bekundet ihren Stand und Reichthum. Bei alledem sind sie nicht ohne natürliche Grazie und frei von jener Unbeholfenheit, die ihre Zuflucht zu linkischer Ziererei zu nehmen pflegt und so häufig bei Frauen gefunden wird, deren Bildung nur so weit geht, ihnen den Mangel derselben fühlbar zu machen.

Am andern Morgen stattete ich einigen dieser Frauen der wohlhabendern Kaufmannsklasse meinen Gegenbesuch ab; überall fand ich denselben Mangel an Comfort, denselben Anschein von Armuth. Durch die scheibenlosen Fenster, die des Nachts mit hölzernen Läden geschlossen werden, und durch die offenen Thüren bringt in die meist großen Stuben eine äußerst empfindliche Kälte ein, gegen welche das Kohlenbecken nur wenig Schutz gewährt. Es ist kaum zu begreifen, wie diese Menschen, durch große Sommerhitze verwöhnt, im Winter bei zwei Fuß hohem Schnee in so luftigen Häusern existiren können. Die Theorie, daß ein Vorrath eingesogener Wärme für eine geraume Zeit gegen Kälte schützt, scheint sich hier zu bestätigen. Nie würde man in unserm nordischen Klima solche Kälte in den Häusern ertragen.

Unter all den vielen Frauen fand ich nur eine, die durch geistige Regsamkeit und Gemüthsleben sich vor den übrigen auszeichnete: Tagu, die funfzehnjährige Tochter eines der reichsten armenischen Kaufleute. Sie war von mittlerer Größe, schlank und ohne die von den Asiaten so geschätzte Fülle der Körperformen. Aus dem dichtanliegenden Tarbusch quollen kastanienfarbene, reich mit Gazi (türkische Goldmünze) gezierte Flechten hervor; ihre sanften braunen Augen, eigenthümlich schön geschlitzt und von dichten dunkeln Wimpern umgeben, verriethen das gewechte Seelenleben, das ihren Landsmänninnen fehlte; ein sanftes Lächeln spielte um ihre feinen Lippen und gab ihr eine kindliche Naivetät, der die feingewölbte Nase eine Beimischung von Würde verlieh. Tagu war nicht nur schön, sie war unbeschreiblich lieblich. Ihre zuvorkommende Gefälligkeit, ihr Bestreben, sich angenehm zu machen, bestätigten jene liebenswürdige Gemüthsart, deren Ausdruck ihre Züge trugen. Sie horchte hoch auf, als Herr Comenus ihr meine Schilderungen von Europa, von dem Leben der dortigen Frauen verdolmetschte, und schmiegte sich liebkosend an mich an mit der bringenden Bitte, sie mitzunehmen: sie wolle mir dienen und folgen, treu und ergeben sein. Ich hatte Mühe, das liebliche Geschöpf zu beruhigen und ihr begreiflich zu machen, daß sie uns nicht begleiten könne, weil wir ja nicht nach Europa zurückgingen, sondern weiter nach fremden Ländern zögen.

Aufrichtig und tief war mein Bedauern, sie einem nur für Gelderwerb empfänglichen Vater, einer bigoten Mutter und einem unwürdigen Bräutigam überlassen zu müssen. Sie war schon in ihrem siebenten Jahre mit einem neunjährigen Knaben, einem zukünftigen Goldarbeiter, verlobt worden, dessen spätere Ausbildung höchst unglücklich ausfiel, indem er den Müßiggang zum Metier und den Liqueur zu seinem Genuß wählte; einem solchen Taugenichts sollte die arme Tagu hingegeben werden! Die Armenier betrachten das Verlöbniß als ein heiliges Bündniß, welches allein durch einen priesterlichen Machtspruch aufgelöst werden kann.

Nirgends wol ist der Einfluß der Priester so mächtig wie bei den hiesigen Armeniern. Ohne den Schutz und die ordnende Regel heilsamer Gesetze fürs öffentliche und Privatleben, der unbeschränktesten Willkür türkischer Machthaber preisgegeben, ohne Verfechter ihrer Rechte, lassen sie die Priester in allem schalten und walten. Priester entscheiden als Gesetzgeber und Richter die Streitigkeiten, und wenn sie dem irdischen Ungemach nicht Einhalt thun können, bringen sie Trost als Seelsorger, indem sie ihre Gläubigen aufs künftige Leben und eine einstige Vergeltung verweisen. Kurz, dem Einflusse der Priester sind hier keine Grenzen gesetzt. Ueberall aber, wo die Priester die Macht hatten, haben sie dieselbe misbraucht: wie sollte von diesen rohen, ganz unwissenden Geistlichen etwas anderes zu erwarten sein als der geistige Despotismus, welchen sie dem armen, politisch unterdrückten Volke auferlegen!

Zwei dieser Herren kamen uns ihre Aufmerksamkeit zu bezeigen. Der eine, ein ältlicher, wohlgenährter, zufrieden und selbstgefällig lächelnder Mann mit glattem Vollmondsgesicht und rother Nase, bedarf keiner weitern Beschreibung; zu wohl sind diese Leutchen bekannt, die, selbst keine Verehrer von Kasteiungen, sie auch andern nicht auferlegen, sondern leben und leben lassen. Geistige Getränke schienen seiner Corpulenz besonders zuzusagen; freundlich nickte er unserm Wirthe zu, als dieser ihm das volle Glas reichte und mit einem ironischen Lächeln sagte, der sehr ehrenwerthe Pater sei ja ein Freund vom Gläschen. „J nu", meinte dieser, „'s ist menschliche Schwäche", und schlürfte behaglich den edeln Schnaps hinunter, bis er zur Genüge hatte und von bannen schlenderte, um dieselbe Scene an einem andern Orte aufzuführen. Das heißt hierzulande einen Morgenimbiß nehmen.

Der andere, ein jüngerer hagerer Mann mit scharfgebogener Nase, scheinheilig zur Erde gesenkten Augen, flachen festgeschlossenen Lippen und einer Physiognomie, die einem Tartufe Ehre gemacht haben würde, saß anscheinend höchst bescheiden und ehrsam auf einem Kissen und ließ die sorgfältig in seinen Talar gewickelten Beine, die Stellung der ungläubigen Türken vermeidend, zur Erbauung aller Anwesenden höchst christlich in gerader Richtung herabhängen. Als ein heimlicher Verehrer der grünen

Flasche lächelte er nur verschämt, als ihm das Glas gereicht wurde; doch unser Wirth kannte ihn schon und füllte, scheinbar ihn zwingend, einen Humpen um den andern, deren Inhalt er stets mit weggewandtem Gesichte verstohlen hinunterstürzte. Dieser edle Pater mit den leisen, schleichenden Manieren ist wegen seiner erbaulichen Reden der Hauptseelenrath der armenischen Schönen.

Unser Wirth beabsichtigte, eine Anzahl der letztern zu Tische einzuladen und so ihnen und uns ein Fest nach europäischer Art zu geben. Aber dies, als ein außerordentlicher Fall, mußte erst mit dem Priester besprochen und dessen Zustimmung dafür eingeholt werden; sie wurde von ihm, versteht sich mit aller Güte und Milde, verweigert. Als Herr Comenus dann ein Mahl ohne Frauen anrichtete, schenkte uns der Herr Pater beim Essen seine Gegenwart und entwickelte einen wahrhaft erstaunlichen Appetit.

Tagu schien sich nicht von mir trennen zu wollen; sie kam oft wieder und brachte auch eine ältere Schwester mit. Diese, weniger schön als sie, doch mit angenehmen Gesichtszügen, in ärmlichem Anzuge, ohne Schmuck, die Haare nicht in üppigen herunterhängenden Flechten, sondern unter einem kleinen Tarbusch versteckt tragend, nahm den Platz hinter ihrer Schwester ein, auf die sie mit zärtlichem Wohlgefallen blickte, und war überhaupt nur bedacht, den Wünschen und Bedürfnissen anderer zuvorzukommen und jeden zu bedienen. Mir fiel der große Abstand zwischen den Schwestern natürlich sehr auf, und ich fragte die ältere, warum sie nicht auch Perlen und Gazi an ihrem Kopfe trüge, worauf sie erröthend erwiderte, sie würde nie heirathen. Ich konnte den Sinn ihrer Antwort nicht verstehen, bis ich nachher erfuhr, daß die Armenier zwar keine Klöster für Frauen haben, daß aber viele ihrer Töchter ein freiwilliges Gelübbe, nie zu heirathen, ablegen, und dann allem Schmucke entsagen, mit Strenge die religiösen Vorschriften ausüben, hauptsächlich aber es als ihre Pflicht betrachten, sich durch Dienstleistungen den Ihrigen nützlich zu machen. In Anbetracht der geschilderten Familienverhältnisse, nach welchen das eheliche Band viel loser als das geschwisterliche ist, kann das Cölibatgelübde den Mädchen wol eben kein sehr großes Opfer kosten.

Ein Herr Georg, Goldarbeiter, Schulmeister und Maler von Heiligenbildern, vor allem aber Neuigkeitskrämer, mit einem Worte das Factotum von Aintab im Punkte der schönen Künste und Wissenschaften, hatte von unserer Anwesenheit gehört und kam, uns zu sehen. Der Besuch europäischer Reisenden in diesem Theile der Welt ist immer ein Ereigniß von Wichtigkeit, zumal für einen wißbegierigen Schulmeister. Wahrscheinlich meinte er, schon das Anschauen von Europäern und das Einathmen derselben Luft mit ihnen werde ihn mit Wissen aller Art anfüllen; denn von eigentlichen Mittheilungen konnte keine Rede sein. Dessenungeachtet lud er uns zu einem Mittagsmahle zu sich ein. Um ihn, als den Gelehrten der Stadt, nicht zu kränken, und um Gelegenheit zu haben, seine Frau zu sehen, deren Schönheit mir als unvergleichlich geschildert worden war mit dem Zusatz, daß sie, außerordentlich zurückgezogen und schüchtern, nie sichtbar sei, nahmen wir die Einladung an, nachdem wir zur Bedingung gemacht, daß die Frau mit bei Tische speise.

Ganz durchfroren und mit nassen Füßen langten wir bei unserm höflichen Wirthe an. Ich sehnte mich nach Erwärmung und hatte gehofft, der gelehrte Herr würde auch einige Fortschritte in den Annehmlichkeiten des Lebens gemacht und für ein warmes Zimmer gesorgt haben. Hierin hatte ich mich aber getäuscht, nie werde ich die unleidliche Kälte vergessen, die ich dort ausgestanden habe. Wir wurden in der zu festlichen Gelegenheiten bestimmten großen Halle empfangen, deren zwei weit offene Thüren und desgleichen Fenster uns der Kälte und dem Zugwinde schutzlos preisgaben. So oft ich auch früher in der lieben Heimat bei Kirchweihfesten und Kindtaufen der Landbewohner die Ofenhitze mit Kopfschmerzen büßen mußte und im geheimen die alten vaterländischen Gewohnheiten verwünscht hatte, ich verlangte jetzt inbrünstig nach einem großväterlichen Kachelofen! Wir wickelten uns, so gut wir konnten, in unsere Shawls. Die Idee, ich sei in Syriens sonnverbrannten Steppen, wollte mir nicht in den Kopf. Welch irrige Vorstellungen haben wir doch von fernen Gegenden, wenn wir sie nur mit dem Finger auf der Landkarte bereisen!

Endlich kam das Mittagsmahl, auf unsern ausdrücklichen Wunsch ganz in landesüblicher Weise servirt. Eine Matte wurde vor uns ausgebreitet und in die Mitte derselben ein rundes Präsentirbret auf einem etwa zollhohen Fuß gestellt, das eine große zinnerne Schüssel voll Pilaw trug. Ein hölzerner Löffel zum Vorlegen bewies vorgeschrittene Civilisation. Außer diesem Gericht bildete eine Assiette mit Sauce und eine andere mit in Oel gebackenen Kuchen nebst einem Gläschen guten Liqueurs das ganze Diner. Wir lagerten uns auf Polstern im Kreise und langten mit von der Kälte geschärftem Appetit tüchtig zu. Vergebens hatte ich unsere schöne Wirthin erwartet; ihr Mann entschuldigte sie mit der Besorgung der Küche und präsentirte uns statt ihrer seine Mutter, ein freundliches altes Mütterchen. Ich war sowenig wie unsere Herren mit dem Tausche zufrieden und bestand, als die Küchengeschäfte beendigt waren, auf dem Erscheinen der Frau vom Hause. Es hielt schwer, unserm Armenier begreiflich zu machen, daß es gegen alle gebührende Rücksichten verstoße, seine Frau in der Küche arbeiten zu lassen, während wir beim Mahle säßen; nach seinen Vorstellungen war das ganz in der Ordnung. Als er aber sah, daß ich entschlossen war nicht zu essen, bevor sie uns Gesellschaft leiste, ging er hinaus sie zu holen. Seine lange Abwesenheit überzeugte mich, daß es nichts Leichtes sei, sie zum Eintritt zu bewegen; endlich erschien sie, mit sichtbarem Widerstreben von ihm geführt. Das Gesicht fast ganz verhüllt, ein Tuch dicht über das hohe Casquet geschlungen, näherte sie sich uns schüchtern und verschämt. Nach langem Weigern nahm sie neben mir Platz, meine forschenden Blicke soviel als möglich vermeidend. Doch zur Theilnahme an unserm Mahle war sie durchaus nicht zu überreden. Ich selbst vergaß beinahe das Essen, so war ich in ihrem Anschauen vertieft.

Unmöglich kann man sich lieblichere und graziösere Gesichts= züge denken, als mich hier bedeckt von einer blendenden fast krankhaft durchsichtigen Haut überraschten. Eine leichte Röthe überflog ihre Wangen, so oft unsere Blicke auf sie gerichtet waren, und ihre sanften blauen Augen, umschattet von langen schwarzen Wimpern, baten unwiderstehlich rührend, sie nicht mit unsern Blicken zu belästigen. Ihre Verschämtheit schien tief ver= letzt, daß sie ein Gegenstand allgemeiner Bewunderung sein sollte. Es war etwas Geistiges, ich möchte sagen Nonnenhaftes über sie ausgegossen, was an nichts weniger als an eine vielgeschäf= tige Schulmeistersfrau erinnerte.

Am liebsten hätte ich sie und Tagu nebst mancher andern Schönheit, die ich später zu bewundern Gelegenheit hatte, in meinen Naturaliensammlungen mitgenommen und sie in der Heimat in ein Raritätencabinet gestellt; sicherlich würden sie nicht wenig Bewunderer herbeigelockt haben.

Ich erfuhr später, daß ihr schwärmerischer, melancholischer Ausdruck durch den Kummer über ihre nach fünf Jahren noch kinderlose Ehe veranlaßt sei; Kinderlosigkeit gilt nach dortigen Begriffen für eine Schande und ist der größte Schmerz, der eine Frau treffen kann. Schon als Kinder im Alter von fünf und acht Jahren miteinander verlobt, hatten sie und ihr Bräuti= gam im geschwisterlichen Vereine gelebt, bis Hella das zwölfte Jahr erreicht und sie ehelich verbunden wurden. Eine bei weitem minder hübsche Schwester, welche in ehrfurchtsvoller Ent= fernung Platz nahm, unscheinbar und schmucklos gekleidet, beglei= tete sie. Man sagte mir, sie sei Witwe, und als solcher komme es ihr nicht zu, Putz oder Schmuck irgendwelcher Art zu tragen und sich unter die glücklichen Frauen, denen Gott ihre Männer erhalten hat, zu mischen. Welche Verschiedenheit zwischen der Stellung asiatischer und europäischer Frauen! dachte ich bei allem was ich sah und hörte.

Meine Mamlukenkleidung erlaubte mir die Straßen von Aintab zu durchwandern, was ich in Frauenkleidern nicht hätte wagen können, ohne mich Unannehmlichkeiten auszusetzen. Die Muselmänner waren hier noch nicht daran gewöhnt, unverschleierte Frauen, oder gar Männer und Frauen Arm in Arm gehen zu sehen: in ihren Augen die größte Schamlosigkeit und Erniedrigung eines Mannes.

Die starke Militärbesatzung machte die Stadt viel belebter, als sie sonst bei ihrer verhältnißmäßig geringen Bevölkerung gewesen wäre. Dennoch boten die Straßen, wie in allen türkischen Städten, ein ödes Ansehen wegen der hohen fensterlosen Hofmauern; nur der Bazar war mit Käufern und Verkäufern angefüllt und besonders lebendig durch die bunte Mischung des Volks und der Soldaten, die Einkäufe für ihre Mahlzeit machten oder sich in vielfältigen Gruppirungen um die dampfenden Eßbuden drängten, wo eine Art wohlschmeckender Cotelettes zubereitet wurde. Wir waren trotz Helfer's langem Barte und seinem Turban, und trotz unserer Bemühung, als Orientalen zu erscheinen, sogleich als Europäer erkannt worden und hörten nicht selten den Ausruf „Engliska Giaur!" denn seit die Euphrat-Expedition in der Nähe weilte, galt jeder Fremde für einen Engländer, und das beschimpfende Wort Giaur, bei civilisirten Türken schon fast ganz außer Gebrauch, war in dem fanatischen Aintab noch ein üblicher Ausdruck.

Bei unserer Wanderung begegnete uns der General Hamsa Bei, ein für seinen Rang noch sehr junger Mann. Es war Ibrahim Pascha's Politik, viele hohe Offiziersstellen in seiner Armee mit jungen georgischen Sklaven zu besetzen, deren Fähigkeiten, besonders ihre Schlauheit, sie zu diesen Posten tüchtig machten, und auf deren Ergebenheit er sicher rechnen konnte. In des Generals Begleitung befand sich der Gouverneur der Festung, ein einäugiger, dicker, behäbiger, nicht mehr junger Aegypter. Herr Comenus stellte uns ihnen als zwei reisende Brüder, seine Landsleute, vor, worauf der dicke Herr mit seinem einen Auge mich schärfer betrachtete und dann, Helfer auf die Schulter klopfend, sagte: „Ein hübscher Bruder das", und lächelnd weiter ging.

Wir wurden des andern Tags nicht wenig durch den unerwarteten Besuch der beiden Herren überrascht. Ihren Vorläufern auf dem Fuße folgend, traten sie ohne Ceremonie ein, zum Entsetzen unserer Wirthin, die sich sogleich den Blicken der fremden Männer durch die Flucht entzog. Auch Herr Comenus gerieth in Verlegenheit, denn nie zuvor hatten die hohen Herren sein Haus mit ihrem Besuche beehrt. Es war nicht zu verkennen, daß der Wunsch, über die ihnen verhaßte Expedition Näheres zu erfahren und sich zugleich mit europäischen Sitten vertraut zu zeigen, der Beweggrund ihres Besuches war. Ihre Neugierde wurde so weit befriedigt, als es uns gut dünkte; wir bemühten uns, das Unternehmen, an dessen Gelingen wir selber zu zweifeln anfingen, als unfehlbar der Vollendung entgegenschreitend darzustellen. Um die Unterhaltung zu beleben, zeigte ich ihnen Bilder aus meiner Zeichenmappe; dabei fiel der Blick des einäugigen Gouverneurs auf das Porträt einer sehr hübschen blonden Engländerin. Wie festgezaubert hing sein Auge an dieser ihm neuen Art von Schönheit; er hatte bisher nur die des Südens gekannt. Lange blieb sein Blick an dem Bilde haften. Dann stellte er leidenschaftlich das Verlangen an unsern Wirth, er solle die Dame für ihn kaufen — leibhaftig — es koste was es wolle! Wir starrten ihn an; es war sein völliger Ernst! Nachdem wir ihn mit vieler Mühe von der Unmöglichkeit seines Begehrens überzeugt, rief er misgestimmt aus: „Nun, dann will ich wenigstens das Bild!" Darin konnte ich ihm willfahren, ich machte es ihm zum Präsent.

Die Herren schieden mit einer an mich gerichteten Einladung, ihre Frauen zu besuchen; von einem Harem war nicht die Rede.

Wir bestiegen das Castell, dessen dicke Mauern dem Zahne der Zeit widerstanden haben, und das jetzt nur von Militär bewohnt war. Eine Wache nahm uns in Empfang, und ohne zu fragen oder abzuwarten, was unser Begehr sei, geleitete sie uns in eine große Halle. In der Mitte dieses Raumes war eine buntgemischte Menschenmenge, meist der niedern Klasse angehörig, zusammengedrängt; ihre Gesichtszüge verriethen die verschiedenartigsten Empfindungen und Leidenschaften, von innerm Groll, herrischer Rechthaberei, äußerstem Zorn bis zu demüthiger Unterwürfigkeit oder stumpfsinniger Resignation. Andere kauerten an den Wänden umher, in elender Kleidung, hoffnungslos vor sich hinstarrend; es war Landvolk, das über seine schlimme Lage trauern mochte. Keiner aber gab seinen Empfindungen durch Worte Ausdruck; es herrschte tiefe Stille unter den Gruppen.

Wir schienen der Wache Respect einzuflößen; mit Stößen und Püffen durch den dichten Haufen Bahn machend, brachte sie uns ans obere, durch eine Barrière abgetheilte Ende der Halle. Hier erblickten wir zu unserm Erstaunen den Gouverneur, wie er, behäbig auf weichen Postern sitzend, einem öffentlichen Gerichtstag präsidirte. Links und rechts von ihm saßen im Halbcirkel seine Offiziere, auch einige Schriftgelehrte, die sich durch das im Gürtel steckende Schreibzeug kenntlich machten; sie hatten Sr. Excellenz in kitzeligen Fällen mit Lesen und Schreiben zu Diensten zu sein. Am Boden stand ein großes Becken, das die dampfenden Wohlgerüche des berühmten lattakier Tabacks ausströmte; durch die in dem Rande desselben befindlichen Löcher steckte jeder der Umsitzenden sein langes Pfeifenrohr zum gemeinschaftlichen Rauchgenusse. Der Gouverneur zeigte eine sehr strenge Miene, als er aber unserer ansichtig wurde, glitt über sein Gesicht ein Anflug von Lächeln; freundlich winkte er uns näher zu kommen und neben ihm Platz zu nehmen. Lange vergoldete Pfeifen, gleich der, aus welcher der Gouverneur in gemessenen Zügen sich den Dampf um das Haupt wirbelte, wurden uns gereicht. Ich konnte nicht rauchen, um aber den Schein zu retten, blies ich mächtig in das Rohr, sobaß dichte Wolken aufstiegen; auch schlug ich meine Füße, wennschon nicht ohne Mühe, übereinander wie ein echter Türke, verhielt mich übrigens stumm, da die Stimme schon oft zum Verräther an mir geworden war. So war das äußere Decorum gewahrt, und keiner der anwesenden Muselmänner schien in dem kecken Mamluken eine christliche Frau zu entdecken, um so weniger, als sein Vorgesetzter mich an seiner Seite duldete. Wie hatten sich die Zeiten geändert, und wie werden sie sich noch ändern! Vielleicht war ich die erste Frau, die in öffentlicher Gerichtssitzung dem Richter zur Seite gesessen hat. Wir wollen hoffen, daß bald größere Umwandlungen im Orient vor sich gehen.

Die Procedur des Gerichts war so kurz als drastisch. Ein Kläger trat auf; hatte er bis dahin geschwiegen, so entquoll ihm jetzt eine Flut von Anschuldigungen gegen den armen Inculpaten, der hereingeführt oder -geschleppt wurde, und dessen kläglichem Gesichte und zitternden Gliedern man es ansah, er wisse sein Schicksal schon im voraus. Die Anklage wurde vorgebracht und dem Beschuldigten ein paar Worte zugerufen, worauf er mit jammernder Stimme seine Unschuld betheuerte. Dem allen schenkte der Gouverneur nur ein halbes Ohr; er schien einige Augenblicke nachzusinnen, that dann mit Stentorstimme einen Machtspruch, und fort ging es mit dem armen Sünder zur Bastonnade.

Uns widerte der Anblick an, und wir benutzten die erste Pause, uns zu erheben; den Gouverneur respectvoll grüßend, verließen wir, so schnell es türkischer Anstand erlaubte, die Versammlung, froh, vor den Thoren die reine Himmelsluft zu athmen, so winterlich kalt sie auch war.

Nun statteten wir dem General unsern Besuch ab. Er kam uns, als vollständig frankisirter Dandy, in dem mit Offizieren angefüllten innern Hofraum entgegen, bot mir, zum Entsetzen seiner Untergebenen, höchst galant den Arm und führte mich einige Stiegen hinauf in die innern Gemächer. Zwei junge, prächtig gekleidete Sklaven öffneten die Thür eines hellen geräumigen Zimmers. Der mit weichen Teppichen belegte Fußboden, ein großer Divan längs der Wand und mehrere europäische Möbel, verstreut umhergestellt, gaben dem Gemach einen Anstrich von halb asiatischem, halb europäischem Luxus. Gleich nach unserm Eintritt öffnete sich die Thür vis-à-vis, und es erschien eine schlanke weibliche Gestalt, nicht auffallend schön, aber höchst anmuthig, auf dem Kopfe das kleidsame Fes mit einem leichten goldgestickten Gazetuch umwunden. Ihr schlanker Wuchs wurde durch den enganliegenden türkischen Frauenanzug vortheilhaft hervorgehoben. Mein galanter Wirth ging ihr sogleich entgegen, reichte ihr die Hand (das erste und einzige mal, daß ich von einem Muselmann eine unmittelbare Berührung mit einer Frau sah, während sie sonst in Gegenwart anderer die strengste Zurückhaltung beobachten) und führte sie mir zu. Schüchtern und erröthend reichte sie mir ihre andere Hand, indem sie mich mit graziöser Verbeugung einlud, auf dem Divan neben ihr Platz zu nehmen, nicht nach türkischer, sondern europäischer Sitte. Ihr Gesicht war so ausdrucksvoll, ihre Augen blickten so sanft und züchtig. Ich hätte gern recht viel und lange mit ihr geplaudert, um ihr Seelenleben zu erforschen; leider aber war hier kein Dolmetscher zur Hand. Helfer war unten bei den Offizieren geblieben, und die wenigen Worte, die ich türkisch reden konnte, nebst einigen französischen Phrasen des Generals reichten dazu nicht aus. Wie üblich, wurde Kaffee und eine Menge süßer Früchte gereicht; ein Nargileh aber ward nicht angeboten. Ich schied mit dem aufrichtigen Bedauern, nicht eine längere und bessere Unterhaltung mit der interessanten Frau führen zu können.

Auch die Frau des Gouverneurs durfte nicht unbesucht bleiben; zu ihr geleitete mich Frau Comenus, sicher, dort keine

Männer zu finden. Meine Tracht verursachte mir Schwierigkeiten, von den Wächtern Einlaß zu erhalten; nur nach wiederholten Versicherungen meiner Begleiterin, daß ich wirklich eine verkleidete Frau sei, wurden wir in das innere Frauengemach eingelassen. Es glich zu meinem Erstaunen mehr einer Zigeunerhöhle als dem luxuriösen Aufenthalte einer türkischen Favorite. Obgleich mitten am Tage, war das niedrige gewölbte Zimmer nur kärglich von Lampenlicht erhellt, sodaß ich erst nach einiger Zeit die Gegenstände erkennen konnte. Uebereinandergehäufte Kleidungsstücke, von abgetragenen Lumpen bis zur goldgestickten Tunica, Küchen- und Eßgeschirr, Trommeln und Cymbeln, alles gleich schmuzig, lag und hing in größter Unordnung auf der Erde und an den Wänden herum. Eine große Anzahl schwarzer Weiber und Mädchen füllten das Zimmer, als dienende Sklaven oder belästigende Gesellschafterinnen, und kauerten an der Erde im Halbkreise um ihre Gebieterin, die einen höchst auffallenden Contrast zu ihnen bildete. Unter einem mit Goldstickerei verzierten Baldachin lag sie auf weichen Kissen vom prächtigsten Stoffe, in durchsichtige Schleier eingehüllt und anscheinend schlummernd. Das Geräusch, welches unser Eintreten veranlaßte, und das Aufspringen der Dienerinnen bei unserm unerwarteten Anblick erweckte die schlummernde Schöne. Langsam erhob sie sich und schlug mit nachlässiger Bewegung den Schleier von ihrem Gesicht zurück, ließ ihn aber augenblicklich wieder fallen, sobald sie mich erblickte, und wies, einen der rundesten und weißesten Arme ausstreckend, die ich je gesehen, voll Unwillen nach der Thür, zum Zeichen, daß ich mich schleunig entfernen solle. Nun erklärte ihr Madame Comenus, die sehr gut mit ihr befreundet war, wer ich sei, weshalb ich Männertracht angelegt, und daß ich dringend vom Herrn Gouverneur eingeladen worden, sie zu besuchen. Darauf enthüllte der von neuem zurückgeschlagene Schleier eine so blendende Schönheit, wie sie die Wirklichkeit gewiß höchst selten hervorbringt und sie uns nur in den Schilderungen orientalischer Märchen zum öftern begegnet. So verschieden die Erscheinung von europäischer Schönheit war, ebenso sehr wich sie von dem gewöhnlichen Typus asiatischer Formen ab. Welches mochte das Land ihrer Geburt sein? Es war, als ob gütige Feen die charakteristischen Schönheitsmerkmale aller Nationen in ihrer Person vereinigt hätten. Eine alabasterweiße und makellose Klarheit der Haut, die dem hohen Norden entnommen zu sein schien, gab ihr etwas Aetherisch-geistiges; doch die üppige Fülle der Formen zog sie wieder zum Irdischen herab. Das Feuer ihrer dunkeln Augen und das eigenthümlich glänzendschwarze Haar kündigten sie als eine Tochter der Tropen an, während wieder eine fast kindliche Physiognomie, die an unsere Mignon-Gesichter erinnerte, europäisches Blut verrieth. In der That, sie vereinigte in sich die Eigenthümlichkeiten mehrerer Welttheile. Von ihrer Herkunft konnte ich indeß nichts weiter erfahren, als daß sie eine ägyptische Sklavin und in Nubien von Sklaven geboren sei. Wenn man bedenkt, wie auf dem Sklavenmarkt von Kairo alle Völkertypen vertreten sind, so erscheint eine derartige Mischung nicht unmöglich.

Ich stand lange staunend, bevor ich unfern von ihr meinen Sitz einnahm, der wegen seiner stationären Insassen keineswegs einladend war. Unsere Unterhaltung blieb auf wenige Worte beschränkt, die nur gegenseitige Begrüßungen ausdrückten. Ich war aber völlig in den Anblick so vollkommener Schönheit versunken.

Negerbuben und Mädchen, aufs phantastischste herausgeputzt, ordneten sich inzwischen tumultuarisch zum Tanze; einige alte Weiber ergriffen die Cymbeln und Trommeln, andere schickten sich zum Gesang an, während eine hübsche Negerin Kaffee herumreichte. Die Scene trug unleugbare Merkmale ägyptischer Abkunft, und lebhaft wurde ich an unsere Zigeunerbanden und an Weber's „Preciosa" erinnert; gewiß, meine Nachbarin wäre die schönste Preciosa gewesen, die man je auf der Bühne erblickt. Doch sie selber nahm keinen Theil an der herrschenden Munterkeit; gleichgültig schaute sie der oft wiederholten Mummerei zu. Sie war leidend; die fliegende Röthe, die ihr blasses Gesicht zuweilen übergoß, verrieth, wie groß die Schmerzen waren, die sie zu unterdrücken sich bemühte. Sie war seit sechs Wochen entbunden und litt an einer schlimmen Brust. Comenus, ihr Arzt, wenn ich ihn so nennen darf, hatte es niemals dahin bringen können, sie ohne Schleier zu sehen; eine Untersuchung des leidenden Theils ließen ihre tief eingewurzelten Vorurtheile vollends nicht zu. Er war in nicht geringer Verlegenheit, da der zärtlich besorgte Gouverneur ihn täglich drängte, seine schöne Frau herzustellen, und hatte mich gebeten, ihm eine genaue Schilderung des Zustandes der Kranken zu geben. Allein auch ich konnte sie nicht bewegen, ihre Brust vor mir zu entblößen; unwillig richtete sie bei dieser Zumuthung die dunkeln schmerzvollen Augen auf mich, und mistrauischer als zuvor betrachtete sie meine Kleidung und meine den asiatischen Frauen auffallend lang erscheinende Gestalt. So mußte ich sie zu meinem innigen Bedauern ihren Schmerzen und Leiden ohne Hülfe überlassen.

Nachdem Aintab mein Verlangen, morgenländische Schönheiten zu sehen, über Erwarten befriedigt hatte, bot es sonst nichts Interessantes mehr. Bei milder gewordener Witterung verließen wir es nach einem mehrwöchentlichen Aufenthalt, um, der Einladung unsers braven Freundes und Landsmanns Pocher folgend, den Rest der unangenehmen Winterzeit bis zur Abfahrt der Dampfschiffe in seinem Hause in Aleppo zuzubringen.

Von unsern Freunden aufs herzlichste empfangen, überließ ich mich dem Genusse der lange entbehrten Behaglichkeit eines wohleingerichteten Hauswesens und des Umgangs mit gebildeten Menschen.

Auch Herr Klinger hatte uns schon sehnlich erwartet, er konnte nun seine musikalischen Productionen wieder vervollstänbigen; alle Kräfte vereinten sich mit erneutem Eifer und erheiterten unsere Abende durch manch wohlgelungenes Concert.

Zeitig und warm folgt hier das Frühjahr dem kurzen strengen Winter; schon zu Ende Februar war die Luft mild und die Natur in vollem Erwachen. Da litt es Helfern nicht mehr zwischen den Stadtmauern, er sehnte sich ins Freie, um seine Forschungen wieder aufzunehmen und zum Besten der Expedition geeignetes Material zu sammeln.

Ich lasse hier die wörtlichen Aufzeichnungen aus Helfer's Tagebuch folgen, das nebst andern spärlichen Resten seiner Papiere vom Untergang gerettet wurde.

6.

Ausflug nach dem Salzsee El-Malek.

Aus Helfer's Tagebuch.

Am 24. Februar rüsteten wir uns, meine Frau und ich, mit den Herren Klinger und Franz Hübner, die aus landsmännischer Anhänglichkeit unsere Begleiter sein wollten, den noch wenig bekannten See El-Malek, der einen großen Theil Syriens mit Salz versorgt, und die Kette des Basaltgebirges, welches die Mitte der Ebene durchzieht, zu besuchen und dabei für die Expedition Naturalien aus dem Bereiche der Ornithologie, Entomologie und Botanik zu sammeln.

Nachdem wir die Oliven- und Feigengärten, die sich von Aleppo eine Stunde weit in südlicher Richtung ausdehnen, verlassen hatten, hörte nach und nach der Baumwuchs auf, selbst das niedrige Buschwerk verschwand. Wir kamen durch eine allmählich sich erhebende felsige Landschaft und stiegen dann hinab in die Ebene, welche sich endlos bis zum fernen Horizont ausdehnte. Die außerordentliche Einförmigkeit wurde nur durch drei oder vier abgestumpfte kegelförmige Hügel unterbrochen, wie solche nur in Syrien in dieser Art und Menge vorkommen. Den niebrigsten Punkt dieser Ebene, beiläufig sechs Stunden von Aleppo entfernt, bildet der Salzsee El-Malek.

Wir fanden in dem Dorfe Sfri bei einer alten Frau, deren Sohn Jäger war, eine überraschend gute Aufnahme. Ihre

6. Ausflug nach dem Salzsee El-Malek.

Wohnung war reinlich, die Lager, die sie uns auf Matten bereitete, sauber, und ein Schöpsenpilaw wohlschmeckend. Die Dorfbewohner, ackerbautreibende Araber, hatten einen bemerkenswerthen Fortschritt in der Civilisation gemacht. Ihre Wohnungen sind von Erde gestampft und einem Bienenkorbe ähnlich; die Thür, an der dem herrschenden Winde entgegengesetzten Seite angebracht, gibt Licht und Luft. Diese spitzen, runden Häuser sind sehr eng; bei Vergrößerung der Familie werden sie nicht erweitert, sondern man errichtet nach dem Bedürfniß neue, daher öfter vier bis fünf solcher Häuser, dicht aneinandergereiht, Einer Familie gehören. Die Frauen gingen ganz unverschleiert umher, auch ließ die Hauseinrichtung und Lebensweise, soweit ich sie beobachten konnte, mehr auf monogamisches Familienleben als auf Polygamie schließen. Die Männer bearbeiteten den Boden fleißig, und selbst Anfänge von Maulbeerpflanzungen waren bemerkbar. Sie äußerten sich dahin, daß sie bereitwillig den vom Gouvernement in Aleppo geforderten Tribut zahlten, wenn sie nur vor den Plünderungen der umherstreifenden wilden Stämme geschützt würden, die bis zu den Thoren Aleppos vordrangen, ehe Ibrahim Pascha's strenges Regiment sie zügelte. Dieses Araberdorf lieferte einen höchst erfreulichen Beweis, wie bald Cultur und Gesittung sich hier wieder einbürgern würden, sobald sie Schutz und Aneiferung fänden.

Der Sohn unserer alten Wirthin und noch ein kräftiger Araber wurden gewonnen, uns zu begleiten. Am andern Morgen vor Sonnenaufgang brachen wir auf zum Salzsee, der ungefähr eine Stunde südlich vom Dorfe entfernt liegt und in dieser Jahreszeit bedeutend größer als im Sommer war. Ein Fluß entspringt nördlich von Sfri und fließt in den See. Bei seinem geringen Fall bildet er mehrere Sümpfe, welche durch die heftigen Winterwogen angewachsen waren und große Strecken in sumpfiges Marschland verwandelt hatten. Die sich daraus erhebenden Oasen waren mit Juncaceae angefüllt, aber gänzlich von hohem Grase entblößt, ebenso auch das Ufer des Sees selbst, welches einen äußerst einförmigen Anblick gewährte. Mehrere Zuflüsse waren in der Entfernung einer halben Stunde wahrzunehmen; die nähere Erforschung des Sees wurde uns durch den unzugänglichen Morast und den Mangel an Booten unmöglich gemacht.

Eine große Menge Wasservögel der verschiedensten Gattungen bevölkern den See und seine Ufer, aber nirgends habe ich sie so scheu gefunden wie hier; schon in großer Entfernung flogen bei unserer Annäherung Tausende wilder Enten, Gänse und anderer Wasservögel in Schwärmen auf, einen Lärm wie entfernter Donner erzeugend, und flüchteten sich in die Mitte des Sees, wo sie schwarze bewegliche Inseln bildeten. Trotz der Schwierigkeit verfolgten wir in hitziger Jagdlust das fliehende Wild und wurden durch ziemlich reiche Beute belohnt, die wir größtentheils unserm arabischen Jäger verdankten, der sich nicht scheute, bis an den Hals ins Wasser zu gehen, und ein Paar vortreffliche Hunde zum Apportiren aneiferte.

Ich kann den Umfang des Sees nicht bestimmen, da er jetzt seine natürlichen Ufer um mehr als die Hälfte überschreitet; nach Mittheilung unserer Begleiter soll zu dieser Jahreszeit seine Umgehung anderthalb Tage erfordern. Das Wasser ist bitterlich und enthält gegenwärtig nur unbeträchtliche Salztheile. Die Methode, durch welche hier das Salz gewonnen wird, ist sehr einfach. Das Wasser verdunstet während der Sommerhitze, zieht sich zurück und hinterläßt an den tiefern Stellen die reinen Salzkrystalle, die nun gesammelt und auf den Rücken von Kamelen nach vielen Gegenden Syriens gebracht werden. Meiner Ansicht nach war ein großer Theil der ungeheuern Fläche, welche man gewöhnlich, aber fälschlich, die Arabische Wüste nennt, einst mit Seewasser bedeckt; nach dem Fall des Wassers blieben die niedrigen, trocken gelegten Flächen Jahrhunderte hindurch mit Salztheilen gesättigt. Dies ist der Fall mit dem See El-Malek, dem See Geboul und andern weniger bekannten Seen.

Die Wasserflut, welche sich im Winter ansammelt, löst einen Theil des im Erdreich befindlichen Salzes und verdunstet dann wieder. Dies scheint mir wenigstens die einfachste und natürlichste Erklärung dieser Art Salzgewinnung.

Wir kehrten am Abend spät zu unserer Wirthin zurück, um früh des andern Morgens eine Excursion in südöstlicher Richtung nach dem fünf Stunden entfernten Basaltgebirge zu unternehmen. Eine schöne fruchtbare Ebene dehnt sich in der Richtung dieses Gebirges aus; doch nicht weit von Sfri hört die Cultur schon auf, und zahlreiche Ruinen zerstörter Dörfer geben Zeugniß, um wie viel besser der Zustand des Landes vor noch nicht langer Zeit gewesen ist. Die Vegetation hatte eben begonnen; zahlreiche Bulbus, Gewächse, deren Dasein man wenig Wochen zuvor nicht ahnt, erhoben ihre Häupter; aber nicht eine einzige Art aus der Klasse der Phanerogamen war bisjetzt in Blüte.

Ein ganzes System von Basaltfelsen ist hier ohne Zweifel durch eine vulkanische Eruption, wie sie so häufig von der ersten geschichtlichen Periode bis auf neuere Zeiten herab in Syrien stattgefunden haben, gebildet worden. Gleich allen Basaltgebirgen ruht es auf Kalk und bildet schmale senkrechte Thäler, mit Rissen auf allen Seiten. Steinblöcke von allen Größen lagen nach jeder Richtung zerstreut umher. Der gänzliche Mangel an Wasser erzeugte eine Oede, wie ich sie noch nirgends gefunden habe; kein Strauch, kein Grashalm war zu sehen, und selbst das schwarze Gestein erschien selten mit Lecanoza oder Pariataria bedeckt.

Auf der Höhe des Gebirges breitet sich eine an manchen Stellen drei Stunden breite Fläche aus; die einzigen Bewohner dieses todten Landstrichs sind die gelben Hyänen, deren wir eine erlegten, und zahlreiche Wildschweine. Das Vorkommen dieser Thiere, welche vorzugsweise Waldungen und Moräste lieben, mag auf den ersten Blick sonderbar erscheinen, aber sie finden eine reichliche und ihnen zusagende Nahrung in den Bulbus,

Pflanzen, welche nirgends so häufig zu finden sind als hier. Das Erdreich ist an vielen Stellen buchstäblich von den nach Nahrung suchenden Thieren umgepflügt; doch sahen wir nur wenige derselben.

Es stellte sich ein ziemlich heftiger Frühlingsregen ein, der wohlthätig für die Natur war, für uns aber sehr unangenehm und nachtheilig hätte werden müssen, da wir mit keinerlei Schutz gegen die Nässe versehen waren, hätte unser Jäger uns nicht zu einer Höhle geführt, die uns alle gastlich aufnahm. Ich war außerordentlich überrascht, in dieser Höhle, ungefähr 30 Fuß tief unter der Erdoberfläche, eine sehr geräumige, nett eingerichtete Wohnung zu finden. An einer Seite derselben war ein erhöhter Sitzplatz; an einer andern ein Feuerherd mit einer Oeffnung für den Rauch; an der dritten eine Abtheilung zu Schlafstellen und ein anderer großer Raum, der augenscheinlich zum Aufenthalt der Thiere bestimmt war. Wir fanden dort alle bequem Platz, und es konnte für mich und meine Frau ein abgesondertes Lager eingerichtet werden. Auch unsere Pferde wurden darin untergebracht, wobei nur die Schwierigkeit obwaltete, sie den steilen, stufenlosen Eingang herabzuführen. Doch es gelang, weil die hier gebräuchlichen Lastthiere mit solchen schwierigen Passagen vertraut sind.

Beim Prasseln des angezündeten Feuers und dem Sieden eines Kessels mit Reis erzählte unser Jäger manche Anekdote seiner vielseitigen Jagdabenteuer, die Herr Klinger, der arabischen Sprache völlig mächtig, uns verdolmetschte. Unter den mancherlei Merkwürdigkeiten der Umgegend berichtete er uns auch von einer großen Stadt in Ruinen, die, obgleich nicht sehr weit entfernt, noch nie von Frengis besucht worden sei, und die er selbst, der wilden Aniza=Araber wegen, die dort ihre Zelte aufschlügen, nie zu betreten gewagt habe. Vergangenen Sommer aber wäre er und noch einer seines Stammes doch dort gewesen, um wilde Erdäpfel (Lycoperdon?) aufzusuchen, und hätte die Anizas nicht mehr angetroffen. Diese Erzählung erregte meine Aufmerksamkeit in hohem Grade, und wir beschlossen, den Ort jedenfalls aufzusuchen. Es hielt zwar schwer, den Mann zu bewegen, unser Führer dahin zu sein; allein der Zusicherung eines angemessenen Bakschisch widersteht kein Araber, und so willigte er ein. Bevor wir des andern Tages aufbrachen, untersuchte ich die Gegend genauer und fand zu meinem Erstaunen, daß viele solche Höhlen wie die, in welcher wir die Nacht zugebracht, existirten und ein Troglobytendorf von über funfzig ganz gleichen Wohnungen bildeten, die, dicht nebeneinandergelegen, geräumig genug waren, über tausend Menschen zu beherbergen. Wir untersuchten viele derselben aufs genaueste, konnten aber nichts entdecken, was auf den Zeitpunkt ihrer Entstehung hätte schließen lassen; wahrscheinlich stammen sie aus den ältesten Zeiten und haben den Völkerschaften, die wechselnd hier herrschten und einander verdrängten, durch Generationen zum Wohnsitz gedient.

Unser Weg führte über das von dem Basaltgebirge gebildete Hochplateau. Es war interessant, in dieser verödeten Gegend die Spuren früherer hoher Cultur zu finden. Wir konnten deutlich Terrassen bemerken, welche in die Berge eingehauen waren; Plätze, kaum 20 Fuß breit, waren von Steinen geleert, und lange Mauern mit Thürmen, Pfeilern und Spitzsäulen von den aufgesammelten Steinen errichtet worden; und die Anzahl dieser Monumente wuchs, je weiter wir vorwärts drangen. Es war nicht zu verkennen, daß diese Gebirgskette einst eine bedeutende Grenzbefestigung gewesen sein mußte.

Nachdem wir das Hochplateau in einem Zeitraum von zwei Stunden überschritten hatten, stiegen wir wieder in eine Ebene hinab, welche von einem Theile des Gebirges in Form eines Hufeisens umgeben war. An der offenen Seite desselben zeigte mir der Führer einen kleinen Hügel, unter welchem die Stadt liege, die nach seiner Beschreibung eine größere Ausdehnung als

Aleppo haben sollte, und alles, was ich im Näherkommen sah, überzeugte mich in der That von der einstigen Bedeutung dieses Platzes.

Auf dem Basaltgebirge bemerkte ich vereinzelte Spuren eines alten Heerweges, der in der Ebene zu einer guterhaltenen, deutlich sichtbar werdenden Straße sich gestaltete, welche in gerader Linie in einer Ausdehnung von ungefähr zwei englischen Meilen vom Gebirge nach der Stadt führte; ihr zur Seite zog sich das Bett eines tiefen, jetzt wasserlosen Kanals hin. Von wo das Wasser einst zuströmte, ist schwer zu bestimmen; aber in Syrien sind alte wasserlose Kanäle häufig zu finden.

Bei Annäherung an den bezeichneten Ort sah ich etwas Ruinenähnliches, und bald befand ich mich in der Mitte einer ehemaligen großen Stadt, die, von unserm Araber Belet=Chan=Asra genannt, nach seiner Aussage von Europäern noch nicht besucht worden war. Sie lag vollkommen in Ruinen; wahrscheinlich in einem frühen Zeitalter völlig geschleift, war sie später unberührt geblieben und hatte nicht zur Errichtung von römischen Tempeln und Moscheen gedient, wie Hierapolis, aus dem die Mohammedaner ihr Memby erbaut haben, welches die Spuren aller Zeitalter in sich vereint; das ist hier nicht der Fall, der Plan der ganzen Stadt, ja jedes Hauses, ist noch erkennbar. Die Gebäude sind aus keilförmigen Basaltsteinen eigenthümlich zusammengesetzt und mit der breiten Seite nach außen gewandt; das Innere ist mit kleinen Steinen gefüllt.

Die ganze Stadt war mit einem Wall umgeben; doch lagen auch mehrere Gebäude und Tempel außerhalb desselben. Deutlich erkennbar sind die Spuren ehemaliger viereckiger Thürme, in einer Entfernung von 50 Fuß voneinander und mit nach außen scharf hervorspringender Kante. Ich bemerkte nur zwei Eingangsthore in die Stadt, die durch eine gerade, mehr als zwei Meilen lange Straße verbunden waren. Eins der Thore steht theilweise noch aufrecht; es ist aus ungeheuern Blöcken zusammengesetzt, und die Angeln sind noch zu erkennen. Das

6. Ausflug nach dem Salzsee El-Malef.

entgegengesetzte Thor ist eingefallen, auf der einen Seite fand ich folgende griechische Inschrift:

```
... ABIHENOCIF ........
... TOΔETOTI :: OCANHΓEIPEN .....
```

und auf der andern Seite:

```
........ TONEYCEBEC ..
EYEPΓETHNKAINIKHΓF ..
BACIΛEΔKYPIECDYΔΔB
```

Nur zwei Gebäude sind erhalten, sie haben aber eine so besondere Form, daß ich mir nicht erklären kann, zu welchem Gebrauch sie gedient haben mögen. Das eine ist eine große gewölbte Halle, mit einem Bogeneingang und gegenüber befindlichen Fenstern; Spuren von andern daranstoßenden Gemächern sind nicht bemerkbar. Das andere war vielleicht ein Bad und scheint in mehrere kleinere Gemächer getheilt gewesen zu sein. Eine Inschrift, die ich von dort copirte, kann vielleicht einige Aufklärung geben; sie ist in einer viereckigen Platte in der Wand angebracht, aber leider nur theilweise leserlich:

```
+ΔШBΔΠΔ        TPIKΔIOIOY
KΔIΔΓΠΥΤ          E
VOIKΔINTN        KΔ
                  Δ
```

Neben der Wand mit dieser Inschrift findet sich auch ein guterhaltener Sarkophag.

Beide Gebäude liegen an dem Südende der Stadt, nahe an dem einen Thore. Nicht weit davon steht ein ziemlich gut erhaltener, einige hundert Fuß langer Porticus, der aber so sehr mit Sand angefüllt ist, daß ich in ihm nur wenige Schritte vorwärts kommen konnte. Am äußersten Südwestende der Stadt, innerhalb der Mauern, erhebt sich einer jener Hügel, die Syrien eigenthümlich sind; er trug wahrscheinlich einst ein Castell oder einen Tempel. Die Wälle waren sehr stark und nahmen einen bedeutenden Raum ein; die nach der Stadt gewendete Front steht nur theilweise noch; in derselben hebt sich ein großes viereckiges Thor hervor, mit einem gewaltigen Basaltblock geschlossen, und mit einer Inschrift, von der ich folgende Bruchstücke copiren konnte:

ΦΡ
ΑΙΑΔ
ΥΟΡΓΕΤ
ΗΙΚΟΥΟΔΕΟ
ΥΠΑΙΧΟΥΟΠΡΑΙ
ΛΥ ∶∶ ΗΟΕΠΙΟΚΟΠΟΙ
ΟΡΤΙΕΝΤΟΥΟѠΕΙΟΙ

Bei meinen weitern Wanderungen durch die ausgedehnte Trümmerstadt entdeckte ich noch nachstehende Inschriften.

Auf einem Basrelief, das zu einem Tempel gehört haben mag:

ΔΤΟΟΟΟ
ΤΔΥΙ
ΗΤΟΟΗΝѠ

Ueber dem Thore eines Privathauses:

. . . . ΟΙΚΕΗΔΠΙΟΔΜ( )ΗΚΑ
· ΙΡΟΗΘΟΟΚΔΦΟ( )ΒΗΘ

Ich enthalte mich jeder Conjectur über das Zeitalter dieser ohne Zweifel einst sehr bedeutenden Stadt; bemerken will ich nur noch, daß ich an zwei Stellen das Malteserkreuz fand, wodurch eine zeitweilige Ansiedelung von Christen in derselben sichergestellt erscheint. Unter mehrern Ruinen, die wir auf unserm in anderer Richtung unternommenen Rückwege sahen, waren auch die einer großen Villa, im Mittelpunkte einer traurigen Einsamkeit gelegen, doch umgeben von malerisch geformten Bergen, welche eine prachtvolle Aussicht auf die ungeheuere Ebene darboten. Außerdem fand ich die Grundmauern von zwei großen Gebäuden, die Tempel gewesen zu sein schienen.

Auf mein Befragen, ob es nicht noch andere Ruinen in der Nachbarschaft gebe, erfuhr ich, daß in der Entfernung von einer halben Tagereise, in der Richtung von Palmyra, welches in nur 24 Stunden von Belet=Chan=Asra zu erreichen sein sollte, mehr und größere Ruinen als diese hier existirten. So verlockend auch ein Besuch derselben für uns war, so mußten wir doch darauf verzichten. Unsere Lebensmittel waren gänzlich erschöpft und unser kleiner Trupp nicht in der Verfassung, allein weiter vorwärts zu bringen; auch versagte unser Führer entschieden jede weitere Begleitung. Er verließ uns sogar schon hier, als wir auf einem andern kürzern Wege als über Efri, seinem Wohnorte, zurückzukehren beschlossen.

Wir hatten hier übernachtet und noch einen großen Theil des andern Morgens mit der Untersuchung dieses interessanten Platzes verbracht, hofften jedoch, Aleppo vor Einbruch der Dunkelheit auf geradem Wege zu erreichen. Mit der Lage nach der Himmelsgegend vertraut, konnte ich mich auf die Führung meines Compasses verlassen. Wir traten den Rückweg wohlgemuth allein an und beschleunigten die Schritte unserer Pferde soviel als thunlich. Doch die von Hause aus schwächlichen, abgetriebenen Thiere hatten während der letzten Tage höchst kärgliche Nahrung erhalten und verfielen in ein immer langsamer werdendes Tempo. Selbst Sporn und Peitsche richteten nichts aus, und so machten wir nur geringe Fortschritte. Der Abend brach herein, und von den ausgedehnten Umgebungen Aleppos war noch keine Spur sichtbar; da erblickten wir uns zur Seite eine lange, dunkle Linie, die sich in derselben Richtung wie wir vorwärts bewegte. Wir machten halt, die auffallende Erscheinung näher zu betrachten und womöglich Nutzen davon zu ziehen, da wir die Hoffnung, die Stadt zu erreichen, schon aufgegeben hatten.

Bei unserer Annäherung erkannten wir einen wandernden Araberstamm, der mit Weib, Kind, Hausrath und Vieh den bisher innegehabten Ort verlassen hatte, um sich einen frischen Weideplatz zu suchen. Es war ein höchst merkwürdiger und malerischer Anblick. Die Vorhut bildete ein Trupp berittener und wohlbewaffneter Männer; ihm folgte eine Anzahl Kamele, gravitätisch und bedächtig vorwärts schreitend, die Köpfe mit dem geduldigen Ausdruck und den sanften Augen hoch erhoben, als wären sie sich bewußt, ihrer Herren größten Schatz zu tragen, denn hoch auf ihren Rücken thronten Frauen mit Säuglingen im Arme und nackten Kindern zur Seite. Dann kam ein bunt durcheinandergewirrtes Knäuel schwerbeladener Esel, Männer, Frauen und Kinder, jedes mit einem Theil der Habe belastet. Endlich folgten Heerden von Schafen, Rindern, jungen Kamelen und Pferden; die Menge und Güte des Viehstandes gibt bekanntlich den Maßstab für den Reichthum des Stammes. Bewaffnete Männer zu Fuß und zu Pferde schlossen den Zug.

Bei unserm ohne Zweifel für sie frembartigen Anblick hielten die Vordersten an, und zwei aus ihrer Mitte sprengten herbei, um uns nach dem Wer? und Wohin? zu befragen. Herr Klinger gab ihnen genügende Auskunft, er verfehlte nicht, mich als einen Offizier der mächtigen Engleska am Euphrat vorzustellen, der unter dem Schutze Ibrahim Pascha's die Gegend bereise und heute noch nach Aleppo zurückkehren wolle. Dann stellten die beiden ihrerseits sich als zum Stamme der Gekim-Araber gehörig vor, dessen mächtiger Scheikh Omar heiße. Als sie wieder bei den Ihren angelangt und über das Erkundete Bericht erstattet hatten, kam der Scheikh selbst mit größerm Gefolge auf uns zu. Nach den üblichen ceremoniösen Begrüßungen und Freundschaftsversicherungen sagte er, es sei unmöglich,

6. Ausflug nach dem Salzsee El-Malek.

Aleppo noch heute zu erreichen, er lade uns deshalb gastlich ein, in seinem Zelte zu übernachten, das er ganz in der Nähe aufschlagen würde. Wir nahmen seine Einladung, da wir ohne sie die Nacht im Freien hätten campiren müssen, dankend und ohne Zögern an. Nicht fern von dem Orte, wo wir uns befanden, hinter einer niedrigen Hügelreihe lag der Platz, den sich die Araber zu ihrer neuen Wohnstätte auserkoren hatten; er bot Schutz und frische Nahrung für ihre sehr zahlreichen Heerden.

Es war mir höchst interessant, die Behendigkeit und das Geschick zu beobachten, womit diese Leute abpackten, ihre Zelte aufschlugen und sie sogleich mit allen Bequemlichkeiten ausstatteten, während die Frauen sich mit Zurichtung der Mahlzeit beschäftigten. Der Scheikh, ein schöner großer Mann von dunkler Farbe und im besten Alter, hieß uns neben sich Platz nehmen; Kaffee und Pfeifen wurden gereicht; als meine Frau letztere ablehnte, blickte der Scheikh ob dieser Unhöflichkeit sie befremdet an; seine Blicke hafteten mit immer gespannter werdender Aufmerksamkeit auf ihr und gingen zuletzt in ebenso viel Bewunderung als Erstaunen über. Endlich rief er aus: „Eine Frau!" worauf ich mit Betonung erwiderte: „Meine Frau"; allein er achtete meiner Worte nicht, sondern sagte, ganz in ihren Anblick versunken: „Wie schade! sie hat keine blauen Lippen; aber das kann noch geschehen." Die arabischen Frauen färben bekanntlich ihre Unterlippe mit unaustilgbarer blauer, ätzender Farbe, von der die Lippen anschwellen und häßlich entstellt werden.

Nun fing er an zu unterhandeln; er fragte mich, welche Summe ich für meine Frau begehre, und beauftragte zugleich Herrn Klinger, ihr selbst zu sagen, sie solle seine erste Frau sein, ein Zelt für sich allein und seine andern Frauen zu ihrer Bedienung haben. Ich nahm die Sache als einen Scherz auf, lachte darüber und erklärte ihm, daß Frauen zu verkaufen bei uns nicht Sitte sei. Er aber schien das nicht zu begreifen, er wurde immer dringender, hob hervor, wie reich er sei, und steigerte dabei zusehends seine leidenschaftliche Begehrlichkeit. Mir wurde unheimlich; ich gab Herrn Franz einen Wink, hinauszugehen und die Pferde in Bereitschaft zu bringen. Als dann der Scheikh schließlich einen Beutel voll Gold hervorzog, ihn mir als Kaufpreis für meine Frau darreichend, stellte ich mich, als sei ich halb gewonnen, bedeutete ihn jedoch durch Herrn Klinger, eine so ungewöhnliche, bei uns streng verbotene Handlung wie der Verkauf einer Frau müsse reiflich erwogen werden; damit ich nun sowol mit ihr selbst wie mit meinen Gefährten überlegen könne, wie die Sache zu bewerkstelligen sei, ohne mich der gesetzlichen Strafe auszusetzen, möge er uns eine Zeit ungestörter Besprechung gewähren. Er nickte mir arglos zu; war er doch überzeugt, ich würde einem Beutel Gold ebenso wenig wie ein Araber widerstehen können. Wir entfernten uns insgesammt aus dem Zelte und dem Bereiche des Lagers, suchten den Ort auf, wohin Herr Franz die Pferde geführt hatte, bestiegen diese schnell und ritten, jedes Geräusch vermeidend, anfänglich im Schritt, dann aber im gestreckten Galop davon. Eine unbeschreibliche Angst hatte mich ergriffen; es war mir zu Muthe, als würden wir von dem ganzen wilden Haufen verfolgt, bis wir nach zweistündiger Flucht, Menschen wie Pferde bis zum Tode erschöpft, die ersten Gärten von Aleppo erreichten und uns nun in Sicherheit fühlten; denn bis vor die Thore der Stadt wagen die Araber in räuberischer Absicht sich jetzt nicht. Hatten sie uns wirklich verfolgt, oder war ihre Verfolgung nur ein Werk meiner erhitzten Einbildung gewesen? Ich weiß es nicht. Wahrscheinlich ist's, daß dem Scheikh ein gewaltsamer Raub vor den Thoren Aleppos, wo Ibrahim Pascha strenges Gericht über alle Missethäter hielt, doch zu bedenklich erschien, und daß dieses Bedenken seine Begier herabgestimmt hat. Denn hätte er uns mit seinen flinken Rossen ernstlich verfolgen wollen, so würde der kleine Vorsprung, den wir hatten, uns nicht seinen Händen

6. Ausflug nach dem Salzsee El-Malek.

entzogen haben. Wir dankten Gott für die überstandene Gefahr, und nach unerquicklicher Nachtruhe in einer Gärtnerhütte erreichten wir Aleppo in der Frühe des andern Tages.

Inzwischen war hier die Nachricht eingetroffen, daß die Vollendung der Dampfboote und die Abfahrt der Expedition von Birjick binnen kurzem bevorstehe; sie bestimmte uns zur sofortigen Abreise dahin.

Zu meiner höchsten Freude erhielten wir gleichzeitig vom englischen Residenten in Bagdad, Obersten Taylor, die Anzeige, die Herren Hunter und Braun, unsere Afghanen, seien auf dem Wege nach Bagdad.

Gott sei Dank, sie leben! Zweifel an ihrer Zuverlässigkeit hege ich nicht im geringsten.

7.

Mit der englischen Euphrat-Expedition unter Colonel Chesney.

1. Aus Helfer's Tagebuch.

Den 14. März 1836. Als wir nach einer zweitägigen angenehmen Reise am Euphrat anlangten, fanden wir in Port William alles in geschäftiger Unordnung. Das große Dampfschiff Euphrat war fertig bis auf das Bollwerk, an dem fleißig gearbeitet wurde, während inzwischen ein provisorisches Geländer als Ersatz diente. Uebrigens ward bei Zusammensetzung der einzelnen Theile des Schiffes nicht sehr auf Eleganz gesehen; jeder Gegenstand trug noch seine natürliche Farbe. Das zweite, kleinere Boot, Tigris mit Namen, war unter Deck noch gar nicht in Angriff genommen, seine Maschinerie erst halb fertig; dessenungeachtet war es über und über mit hunderterlei Gegenständen bepackt, es sollte ohne Anwendung von Dampfkraft, blos der Strömung folgend, den Fluß hinuntergehen. Ein von eingeborenen Arbeitern roh gezimmertes flaches Boot war bestimmt, mit Kohlen, Eisenwerk u. dgl. beladen an das große Dampfboot angehängt zu werden; freilich ein höchst elendes, bereits leckes Transportfahrzeug. Zwei Boote für die Taucherglocken sollten noch unter dem Commando Herrn Hektor's gebaut und später nachgeschickt werden. Ueberall sah man Türken und Christen die verschiedenartigsten Geräthschaften mit einer Eile herbeitragen, als ob die Magazine in Feuer ständen und es schleunige Rettung gälte. Amboße, Blasbälge, Eisenstangen, Schrauben, Kanonen und Mörser, Laffetten und Wagenräder, blecherne Leuchtcylinder, Säcke mit Baumwolle, Büchsen, Koffer und Kisten, astronomische Instrumente und Zeltstangen, eine Unmasse von Breterwerk, alles lag zerstreut umher, als ob die Anasy-Araber mitten in einer ihrer Plünderungen, auf die sie sich so meisterlich verstehen, begriffen wären. Für uns indeß ein angenehmer Anblick, denn er gibt uns die Gewißheit der baldigen Abfahrt von diesem traurigen Platze, wo wir nun schon fast fünf Monate verweilen!

Meine Frau leistet hülfreiche Hand, die Schiffsbibliothek in die dazu bestimmten Räume einzuordnen; die Durchsicht der vorhandenen auserlesenen Werke — besonders der englischen Classiker, die ihr noch fremd sind — macht sie sehr glücklich. Es ist bewundernswerth, wie die Engländer nicht nur für die sachwissenschaftliche Literatur, sondern auch für Lektüre jeder Art gesorgt haben. Kein namhafter Schriftsteller ihrer reichen Nationalliteratur fehlt hier. Für Pauline schließt sich darin, wie sie sagt, eine neue Welt auf; sie hat sich sogleich eine Auswahl von Büchern erbeten, darunter Addison, Johnson, Shakspeare, Gibbon und einige Humoristen, die sie auf ihrem Tische im Drawing-Room liegen hat, um sie zu jeder Zeit zur Hand zu haben. Sie schwelgt in dem Gedanken, so mit geistiger Nahrung ausgerüstet, sicher und bequem den herrlichen Fluß hinunterzugleiten und die classischen Ufer mit den ehrwürdigen Denkmälern vergangener Jahrhunderte an sich vorüberziehen zu lassen. Dieser Hochgenuß allein ist hinreichend, sie für alle gehabten Beschwerden zu entschädigen. Mich freut es sehr, sie so glücklich zu sehen. Möge es immer so bleiben.

15. März. Zum letzten male hoffentlich habe ich das düstere, amphitheatralisch sich aufbauende Birjick heute besucht. Die Schwierigkeiten, die Sultan Mahmud, sein kleinliches Organ

Reschid Pascha sowie der gegenwärtige Muzelim von Birjick der Expedition bereitet haben, die öde, augenbeleidigende, unmalerische Form und weiße Farbe der mesopotamischen Hügel, die unglaubliche Einförmigkeit der Gegend ringsumher, die mir nichts Neues mehr bot, da ich bereits jeden Fuß breit Landes hier kannte, verleideten mir diesen Platz aufs äußerste.

Lieutenant Murphey ging, um Punkte zur Flußaufnahme zu bestimmen; ich begleitete ihn, um zu botanisiren.

Es ist merkwürdig, daß die Vegetation auf der mesopotamischen Seite viel weiter vorgeschritten ist als auf der syrischen, um mehr als acht Tage.

Die merkwürdige Flußfahrt auf den abrahamitischen Booten war heute wirklich gefährlich; das plumpe Fahrzeug war so mit Eseln, Ziegen, Schafen und Menschen vollgepfropft, daß, da es hinten, einem römischen Triumphwagen ähnlich, offen ist, das Wasser hineinschlug.

Die Türken begannen ihr Aia-alla-hillulla zu beten. Der heftige Strom trieb uns weit über die Stadt hinaus; das war uns zwar ganz recht, aber unbequem für die armen Leute und Thiere, die eine halbe Miglie zurückzugehen hatten.

16. März. Heute war alles um das Lager in großer Bewegung; denn nach fast einjähriger Arbeit sollte das Schiff zum ersten male auf dem Euphrat schwimmen: für die umgebende Welt ein vollkommen neues Schauspiel.

Nach dem Frühstück wurde die Mannschaft durch die Schiffsglocke auf das Verdeck zum Gottesdienst zusammenberufen. Zu Ende desselben wurde der Ferman von König William IV. von England vorgelesen, kraft welches, um eine Communication zwischen den asiatischen Besitzungen von Großbritannien und dem Mutterlande herzustellen, Se. Majestät mit Ihrem lieben und mächtigen Alliirten, der Hohen Pforte, einen Tractat abgeschlossen haben, Dampfboote im Bereiche der asiatischen Staaten letztgenannten Reiches u. s. w. bauen zu dürfen. Dies und eine ganze Liste von Versprechungen und üblichen Erwartungen wurde verlesen, zuletzt ein besonderes Reglement für das Verhalten der Mitglieder des Unternehmens.

1. Mit Tagesanbruch soll das Lager verlassen und gefrühstückt werden, und ein jeder sodann an die ihm zugewiesene Arbeit gehen, die, hauptsächlich wissenschaftlicher Art, in Aufnahme des Flußbettes bis Bassora besteht.

2. Um 5½ Uhr wird zu Mittag gespeist, und bald darauf folgt der Thee, damit man nachher noch die Beobachtungen und Ergebnisse des Tages aufzeichnen und zeitig zur Ruhe gehen könne.

3. Niemand soll anders als wohlbewaffnet ans Ufer gehen (frommer Wunsch!), allein nur im größten Nothfalle Gebrauch von den Waffen machen.

4. Nach 9½ Uhr müssen in allen Privatcabinen die Lichter ausgelöscht sein.

5. Unter Deck ist (zu meinem Bedauern) das Rauchen nicht erlaubt.

Der Muzelim und der oberste Richter von Birjid waren zu dem feierlichen Beginn der Fahrt eingeladen. Sie kamen mit ihrem zahlreichen Gefolge viel zu früh und belästigten uns, die wir noch mit dem Einpacken emsig beschäftigt waren. Ich unternahm es, sie zu unterhalten, indem ich ihnen die Prachtausgabe von Parry's „Nordpolexpedition" vorlegte, deren Abbildungen ihnen auch wirklich Interesse abgewannen. Als sie die Eskimos sahen, lachte der Muzelim und meinte, es seien Araber im Winteranzuge.

Auch entferntere Fremde, bis von Aintab und Aleppo, waren eingetroffen, das ganze Ufer war mit Menschen besäet, die, als sie den Rauch aus dem Schlot aufsteigen sahen und das Getöse hörten, herbeigeströmt kamen. Endlich um die Mittagszeit waren die Vorbereitungen zur Abfahrt beendet. Allgemeine Begeisterung erfaßte die Mitglieder der Expedition, als die

Brücke vom Lande nach dem Boote zurückgezogen und die Stricke gelöst wurden; selbst das starre Gesicht des Obersten verrieth durch ein leichtes Zucken der Muskeln die innere Bewegung, als das unvermeidliche „Hip, hip, Hurrah!" der Matrosen ertönte und das Schiff die erste Bewegung machte. Damit war aber noch nicht das letzte Hinderniß gehoben.

Es war beschlossen, den Fluß aufwärts an Birjick vorüberzufahren. Der Hauptstrom bildet aber beim Dorfe Kafrin, etwa einen Büchsenschuß von Port William entfernt, eine Art Katarakt über felsigem Grunde; diesen glaubte man vermeiden und durch einen zweiten schmälern Arm, der etwa 1000 Fuß breit in den Hauptarm einmündet, hinaufsteuern zu können. Die Strömung an seinem Ausflusse war höchst bedeutend, wir konnten ihr nicht widerstehen und mußten, um nicht fortgerissen zu werden, Anker werfen. Aber weder Anker noch Dampfmaschine genügten; der Anker brach, und wir fuhren auf eine Sandbank auf. „Masch Alla!" schrien die am Bord befindlichen Türken, „was wird aus uns werden!"

Mühsam machten wir uns los und suchten die Gewalt der Strömung zu überwinden; aber trotz Anspannung aller Kräfte war doch kaum auch nur spannenweise ein Fortschritt stromaufwärts zu bemerken. Da wurde mir gemeldet, die Hauptcabine stehe voll Wasser und meine Pflanzen unterm Tische seien ganz durchnäßt; die Maschinenräder wühlten das Wasser mit solcher Gewalt auf, daß es, die Kajütenfenster durchbrechend, hereinströme.

Während ich in aller Schnelligkeit die Pflanzen in trockenes Löschpapier legte, hörte ich, wie das Boot an den Kieselsteinen des Strombettes sich rieb; dann fühlte ich, wie es einen Augenblick stillstand, um plötzlich zu wenden und mit Pfeilesschnelle zurückzutreiben. Bevor ich wieder hinaufkam, waren wir schon im Hauptstrome. Eben war ein Unglück geschehen. Der Mann am Steuerruder war mit seiner rechten Hand heftig an das Bollwerk geworfen und ihm der Daumen abgequetscht worden.

Das Boot konnte trotz Anwendung der vollen Kraft seiner Maschine der Strömung nicht widerstehen und war genöthigt, etwa 20 Minuten unterhalb Port William Anker zu werfen.

Das war ein trauriges Ereigniß, welches die eben gehegten frohen Erwartungen dämpfte. Nur die Türken waren froh, mit dem Schreck davongekommen zu sein, denn sie hatten sich in dem eisernen Ungeheuer, wie sie es nannten, keinen Augenblick sichergefühlt, und triumphirten innerlich über das Mislingen des Unternehmens. Für den Obersten wie für alle übrigen war es ein harter Schlag. Die Tiefe ihrer Mißstimmung konnte ich an meiner eigenen Niedergeschlagenheit ermessen. Schweigend stiegen wir ans Land und gingen zu Fuß nach Port William, den dort Zurückgebliebenen die Botschaft verkündend: „Das Schiff kann die Strömung nicht überwinden!"

Gegen Abend kehrten wir nach dem Ankerplatze zum Boote zurück, um mismuthig uns zur Ruhe zu begeben.

17. März. Wer aber die Beharrlichkeit des Chefs der Expedition kannte, der wußte auch, daß er es bei diesem ersten misglückten Versuche, stromaufwärts zu fahren, nicht würde bewenden lassen. In der That gab er sogleich Befehl, durch Beseitigung aller nicht unumgänglich nothwendigen Gegenstände das Schiff zu erleichtern, die Schaufelräderbedeckung zu entfernen, weil das davon zurückprallende Wasser an die Räder schlug und ihre Kraft hemmte, und noch einige Abänderungen an der Maschine zu treffen.

Früh wurde geheizt, das Boot stromaufwärts gerichtet und mit gespannter Erwartung seine Bewegung beobachtet. Siehe, es ging: kräftig arbeiteten die Räder der Strömung entgegen, daß der weiße Schaum emporspritzte; fest glitt es, dem Steuerruder gehorchend, in der gegebenen Richtung vorwärts und langte unter dem Zujauchzen der versammelten Menge in wenig

Minuten bei Port William an. Allein mit diesem Erfolge war der Commandeur nicht zufrieden; das gestrige Fiasco mußte völlig gesühnt, der Glaube an die Unüberwindlichkeit des Schiffes wiederhergestellt werden. Man untersuchte nochmals das Wasser oberhalb Port William, setzte das Boot von neuem in Bewegung und war in wenig Minuten an der gefährlichen Stelle.

Das Wasser rollte in gewaltigen Wogen über die versteckten Felsblöcke. Es zeigte sich aber hart am rechten Ufer eine freie Passage, auf die mit ganzer Kraft der Maschine losgesteuert wurde; das Schiff, ohne nur einen Augenblick zurückzuweichen, glitt majestätisch über das wirbelnde Wasser. Ein lauter Schrei des Beifalls von der versammelten Menge und ein „passed over" der Engländer verkündete den Sieg. Ohne Hinderniß bewegte sich das schöne Schiff nun aufwärts, die Stadt zu begrüßen. Der weiße Halbmond mit den Sternen im rothen Felde wurde neben der britischen Flagge entfaltet, und zu Ehren des Groß= herrn eine Salve von 24 Kanonenschüssen gelöst, die an den mesopotamischen Felsenufern widerhallten und sicher nicht ver= fehlten, den Türken eine hohe Meinung von der Wehrkraft unsers Schiffes beizubringen. Das ganze Ufer, die Dächer der amphitheatralisch gebauten Stadt, ja die Minarets waren mit Menschen besäet, und auch für die Frauen hatte man einen be= sondern Raum reservirt, von wo sie das unglaublich Scheinende mit anschauten, daß Eisen schwimmen und sogar stromaufwärts sich bewegen könne! Als sie das Werk dennoch vor ihren Augen vollbracht sahen, wurden sie mit Entsetzen erfüllt, sie glaubten es einer übernatürlichen Zauberkraft zuschreiben zu müssen, und die schwarzen Wolken, die dem Rauchfang entquollen, bestärkten sie noch mehr in dem Wahn, daß die Engländer mit dem Teufel im Bunde seien. Und als ein Kind von einem Minaret her= unterstürzte und auf ein anderes fiel, ohne daß eins von beiden beschädigt ward, erblickten sie auch darin Teufelsspuk. Nichts=

destoweniger kam die Mutter, in dichte Tücher gehüllt, einen Bakschisch zu begehren, da ihr Kind der Engländer wegen vom Minaret gefallen sei! Die Liebe zum Bakschisch war also doch größer als die Furcht vor dem Teufel! Die einzige Kanone, die auf dem durch das Erdbeben im Jahre 1822 zerstörten Castell vorhanden ist, wurde zur Erwiderung unserer Salutschüsse abgefeuert. Hätte die von einer Compagnie irregulärer Soldaten schlecht ausgeführte Salve dem Gouverneur, der aus einem Pavillon des Castells herauslehnte und seinen Beifall zuwinkte, zu vergleichenden Betrachtungen Anlaß gegeben, er würde genöthigt worden sein, in die Sicherheit, in der er sich bisjetzt gewiegt, ein weniger festes Vertrauen zu setzen. Wirklich hatten mehrere von den Türken schon geäußert: „Nun haben wir sie einmal hier (die Engländer); nun können wir sehen, wie wir sie wieder los werden!"

Das Schiff wandte oberhalb des Castells seinen Lauf und befand sich in sieben Minuten vor Port William, zur Seite seines Schwesterschiffes, des Tigris; dieses wohlgelungene Manöver erfüllte uns alle mit freudiger Zuversicht.

18. März. Nachdem noch mehrere Gegenstände, darunter Lieutenant Murphey's astronomisch=magnetische und Pendel=Instrumente, welche die möglichste Sorgfalt erheischten, an Bord gebracht waren, begann heute die Abfahrt von neuem. Mit einem nochmaligen Hip, hip, Hurrah! riefen wir Port William das letzte Lebewohl zu und waren in einigen Minuten an unserm gestrigen Ankerplatze. Hier hatte man nach dem ersten verunglückten Versuche eine Menge Gegenstände ausgeschifft, die nun wieder eingeladen werden mußten, was uns verhinderte heute noch die Fahrt fortzusetzen.

Ein kleines hübsches Zeltlager wurde am Ufer aufgeschlagen, wozu Herr William Escourt, Bruder unsers Kapitäns Escourt, die Reiserequisiten hergab, die er auf seiner Tour durch Aegypten und Syrien bei sich führte; er war gekommen, um seinem Bruder einen Besuch abzustatten und ihn bis Beles zu begleiten.

Wie gewöhnlich versammelten sich die Uferbewohner in großer Anzahl, Männer, Frauen und Kinder, und starrten stundenlang unbeweglich dasitzend „das Ungethüm" an.

Ich machte noch eine Excursion zu dem weißen Kalkfelsen, die Höhle genannt, weil er eine nicht unbedeutende Grotte barg. Die anmuthige Frühlingsluft und das schimmernde Colorit des jungfräulichen Grüns ließen mich im voraus das Vergnügen genießen, welches acht Tage später einen Grad südlicher unserer wartete.

Von dem Expeditionscorps waren dem Euphratboote zugetheilt: der Oberst als Commandeur, Kapitän Escourt als Truppenbefehlshaber, Lieutenant Cleveland als Schiffscommandant, Mr. Charlewood und Fitzjames als Seeoffiziere, Lieutenant Murphey als Astronom, Mr. W. Ainsworth als Chirurg und Geolog, Mr. Rassam und Seyd Ali als Dolmetscher, Mr. Thomas Hurst als Ingenieur, 25 Matrosen englische Mannschaft verschiedener Kategorien, 3 Eingeborene, endlich meine Frau und ich als Passagiere.

Für das noch nicht vollendete Tigrisboot blieben in Port William zurück: Lieutenant H. B. Linch als zweiter Commandeur, Mr. Eden als Schiffscommandant, Lieutenant B. Cockburn als Artillerieoffizier, die Brüder Staunton als Doctor und Chirurg, Mr. Thomson, Mr. Elliot und Sader als Dolmetscher, Mr. Clegg als Ingenieur, 18 englische Matrosen, die Equipage und 4 Eingeborene. Lieutenant B. Linch, Bruder des Befehlshabers des Tigris, von der indischen Armee, begleitete seinen Bruder als Passagier, um auf diesem Wege nach Indien zurückzukehren.

18. März. Auch heute blieben wir noch hier. Ich machte eine Excursion zur südlichen Spitze, d. h. dem äußersten Punkte der Kalksteinkette, wo der Fluß eine Wendung nach Westen macht, jenseit welcher eine Ebene auf der rechten Seite sich

7. Mit der englischen Euphrat-Expedition unter Colonel Chesney.

ausdehnt, durch die der Kersin fließt, bevor er in den Euphrat einmündet. Jenseit dieser Spitze sieht man Birjick nicht mehr, und das war es, wonach ich mich schon lange gesehnt!

Botanisirend und entomologisirend ging ich hügelauf und hügelab, während Lieutenant Cleveland und Mr. Charlewood, um inzwischen das Flußbett zu sondiren, in zwei Booten voraus stromabwärts fuhren. Selbst diese Boote waren für die Eingeborenen ein bewunderungswürdiger Anblick. Späterhin begegnete ich mehrern schmuzigen Araberfrauen, die auch flußabwärts gingen, um einige Guisquilien, welche der Fluß absetzte, als Feuerungsmaterial aufzusammeln. Sie riefen mich lachend an, zeigten auf die fernen Boote und riefen: Fock! Fock! weit, weit! womit sie sagen wollten, ich würde diese nicht mehr erreichen können.

An der äußersten Spitze stand noch eine Flagge von Murphey's trigonometrischer Vermessung. Sie war unangetastet. Die Leute betragen sich überhaupt sehr gut; sie haben noch keinen der Pflöcke gestohlen: bei der Holzarmuth gewiß eine sehr anerkennenswerthe Thatsache, und haben überhaupt Respect vor allem, was den Engländern gehört. Die Idee, daß diese einmal Herren werden könnten, und die Furcht, es mit ihnen zu verderben, mag wol viel dazu beitragen.

Die Hitze des heutigen Tages war so stark wie bei uns im Juni, wo nicht stärker. Die Kürze der hiesigen Frühlingszeit ist höchst bemerkenswerth; an einigen Stellen beginnt das zarte Gras bereits zu vertrocknen.

Bei meiner Rückkehr begegnete ich einem mit einer Muskete bewaffneten Mann. Ich nahm keine Notiz von ihm; als ich jedoch weiter ging, machte er einige feindliche Zeichen, wie Drohungen mit dem Stocke, und wies nach Süden, was zusammen bedeuten sollte: wenn Ihr heruntergeht, werdet Ihr geschlagen werden. Er selbst hätte mich sehr leicht angreifen können, da ich unbewaffnet war. Die vollkommene Sicherheit, die wir bisher im ganzen Lande genossen, hatte mich durchaus sorglos gemacht, es war dies auch die einzige feindselige Demonstration, die ich in den sechs Monaten erfahren hatte.

19. März. Nach noch einigen vorbereitenden Arbeiten am Morgen wurde heute der Curs weiter nach Süden verfolgt. Wie wohl mir und meiner Frau zu Muthe war, als wir, auf dem Verdeck stehend, das Boot vom Ufer stoßen sahen und nun pfeilschnell den Fluß hinunterglitten, kann ich nicht sagen. Die Bewegung war so rasch, daß einige Herren, die uns zu Lande begleiten wollten, im vollen Galop nicht zu folgen vermochten.

Eine Viertelstunde ging es so in freudiger Erregtheit vorwärts, als wir plötzlich mit donnerähnlichem Geräusch auf eine Sandbank auffuhren und sofort völlig stillstanden. Alle Bemühungen, mit der vollen Kraft der Maschine vorwärts oder rückwärts zu kommen, waren vergeblich. Das Boot rührte sich nicht mehr. Wir saßen fest!

Es ist Abend geworden, und zu meiner großen Betrübniß muß ich niederschreiben, daß wir noch auf derselben Sandbank unbeweglich festsitzen. Alle Anstrengungen, uns flott zu machen, sind fehlgeschlagen. Unter Beihülfe des inzwischen eingetroffenen Kohlenbootes wurde ein Anker am Ufer eingegraben, das Wasser aus dem Kessel geschöpft und das Schiff dadurch um vier Zoll gehoben. Vergebens, es war und blieb unbeweglich! Unaufhörlich rollen die Kieselsteine an die eisernen Schiffswände und verursachen eine eigenthümliche, meinen Ohren wenig zusagende Musik. Sollen wir warten, bis das Wasser steigt? Heute sinkt es! Obgleich nach dem gestrigen heißen Tage das Thermometer um 35 Grad Fahrenheit gefallen ist und heftige Regengüsse herabströmten, wird der Fluß schwerlich steigen, denn im Taurus und den armenischen Gebirgen liegt der Schnee noch fest.

Lieutenant Murphey und ich ließen uns ans Land setzen, und da es in meinen naturhistorischen Fächern nichts zu thun gab, half ich ihm beim Winkelaufnehmen. Die Araber kamen wie gewöhnlich und sahen mit gespannter, aber bescheidener Aufmerksamkeit unsern Manipulationen zu. Nichts erregt ihre Verwunderung so sehr wie ein Teleskop, das auf einen ihnen bekannten Gegenstand gerichtet ist, oder eine Magnetnadel, die den Bewegungen eines eisernen Instrumentes folgt. Fast täglich hören wir den Ausruf: Frengi Kibir (die Franken sind groß)!

Träfen wir überall dieselbe Stimmung an wie hier, so könnte man sich kein freundschaftlicheres Volk denken. Mir ist in der untern Volksklasse nirgends religiöse Intoleranz vorgekommen, höchstens Stolz auf den Vorzug, Anhänger des großen Propheten zu sein, und Mitleiden mit uns Ungläubigen.

22. März. Nach drei Tagen vergeblichen Harrens hatte der Regen endlich den Schnee im Gebirge geschmolzen und den Fluß so angeschwellt, daß unser Schiff sich zu heben anfing. Schon gestern Abend wurde das sonst klare helle Wasser gelb und trübe, und einige leise Bewegungen des Bootes verriethen sein Steigen. Es war aber zu spät, die Heizung zu beginnen, und so mußten wir noch die Nacht zwischen Hoffnung und Furcht schwebend auf der Stelle verbleiben.

Früh um 5 Uhr dampfte der Rauchfang. Nachdem noch einige Lebensmittel an Bord gebracht waren, wurden die Stricke gelöst, und die Maschine begann zu arbeiten, anfangs nur mit halber Kraft. Die Senkbleikarte in der Hand, konnte Lieutenant Cleveland nunmehr das Schiff mit ziemlicher Sicherheit dirigiren. Unsere heutige Fahrt war eine glückliche, das Boot glitt zwar wieder über eine Sandbank hin, doch blieben wir nicht sitzen, sondern machten ungefähr 17 Meilen in 1½ Stunden.

Die Landschaft hier ist pittoresk, sie wäre bei mehr Cultur und Baumwuchs reizend zu nennen. Die Formen der Berge sind weniger großartig als höchst anmuthig. An den Ufern des Flusses sahen wir viele Ruinen alter Gebäude, freilich durch Jahrhunderte des Verfalls so zernagt, daß ihre ursprüngliche Gestalt nicht mehr erkennbar ist.

Die Gegend erinnert mich an den Rhein. Oberst Chesney mag recht haben, wenn er den obern Theil des Euphrats mit dem Rhein, den mittlern mit der Donau, den untern mit dem Nil vergleicht!

Wir landeten bei dem turkomanischen Zeltdorfe Gurtuk, wo Kapitän Escourt, der mit der Aufnahme des Flusses beschäftigt vorausgegangen war, uns erwartete. Auch hier betrug sich das Volk sehr willig und bescheiden: die Männer kamen ohne Furcht an Bord, das nie gesehene Ungeheuer zu betrachten; „nur Gott", sagten sie, „kann solchen Verstand besitzen". Der Scheikh brachte als Freundschaftszeichen ein Lamm zum Geschenk.

Hier bricht sich der Fluß mit Macht seine Bahn durch enge Felsen und bildet, wo er in starkem Fall über fast perpendikuläre Felsen stürzt, den Gourla-Wirbel. Wir hatten dieser gefährlichen Stelle mit Besorgniß entgegengesehen; doch die bei einer frühern Untersuchung des Ortes durch Mr. Charlewood gewonnene Einsicht und die Direction des Kapitäns Escourt, der am Ufer stand, führten uns unter den Beifallsrufen der Menge glücklich hinüber. Die Sage meldet, Mohammed der Prophet habe hier 40 Schweine in den Fluß getrieben, und als Belohnung dafür gestattete Gott den Gläubigen, sicher über die Stromschnelle zu fahren. Daß aber Ungläubigen dies gelang, betrachtete man als ein außerordentliches Wunder.

Der Regen hatte eine naßkalte Temperatur erzeugt, wie sie bei uns der März nach Regen- und Windschauern mit sich bringt. Dennoch ging ich sobald als möglich ans Ufer und nahm allein meinen Weg nach Süden zu, wo in der Entfernung von zwei Stunden die Ruinen einer alten Stadt sich befinden sollten. Ich war zum ersten mal mit Dolch und Pistolen bewaffnet, die mich bei dem oftmaligen Bücken, zu welchem den Naturforscher seine Zwecke nöthigen, sehr genirten, deren Mitnahme aber bei allein unternommenen entferntern Excursionen durch die Vorsicht geboten war.

Die Eingeborenen kamen zutraulich in meine Nähe. Als sie mich namentlich Pflanzen ausgraben sahen (Leontodon tuberosum), und ich ihnen auf Befragen erklärte, es sei Medicin, lachten sie, hoben ebenfalls dergleichen aus, aßen davon und sagten: „Das ist keine Medicin, die macht weder Erbrechen noch Abweichen." Meine Waffen betrachteten sie mit Neugierde, mich fragend, ob es wahr sei, daß die Pistolen ohne Czamak (Feuerschloß) fünf Menschen auf einmal tödteten; und da ich ihnen die Versicherung gab, es könnten noch bei weitem mehr damit getödtet werden, zogen sie sich scheu zurück.

Später wurde ich von den beiden Escourts eingeholt; auch die Herren vom Sondirungsboote, Mr. Eden, Charlewood, Fitzjames, Seid Ali, kamen nach, zuletzt der Oberst selbst in Begleitung des Geologen Ainsworth, sodaß ein großer Theil der Offiziere bei den Ruinen von Jerabul Kala, wie sie die Eingeborenen nennen, versammelt war.

Die Ruinen waren der Anstrengung eines so weiten Marsches nicht unwerth. Ohne Zweifel sind sie die Ueberbleibsel einer stark befestigt gewesenen Burg von mittlerer Ausdehnung.

Ein langgestreckter Berg, in der Höhe von beiläufig 150 Fuß, erhebt sich an der Flußseite; auf der hinter ihm abfallenden Fläche bemerkten wir Reste von Erdwällen und Schutzmauern. Der Berg ist künstlich in zwei Theile zerschnitten; ringsherum lagen Ueberbleibsel massiver Mauern, die, an einigen Stellen noch gerieft, wahrscheinlich Basreliefs getragen haben.

Das Sondirungsboot ging weiter voraus; ihm folgte Kapitän Escourt zu Pferde. Wir übrigen kehrten zum Schiffe zurück, das wir mit sinkender Nacht erreichten.

Ueber die eben besuchten Ruinen von Jerabul waren keine weitern Aufschlüsse in der doch so reich ausgestatteten Schiffsbibliothek zu finden, wie denn überhaupt über den obern Euphratlauf die alten Geschichtsquellen spärlicher sind als über den mittlern.

23. März. Der heutige Tag war ein so uninteressanter und unangenehmer, wie wir hoffentlich auf unserer Fahrt nicht viele erleben werden. Ein starker Ostwind erzeugte schneidende Kälte. Heftige Platzregen, Sturm und Gewitterschauer jagten den ganzen Tag durch die Luft und hinderten uns am Weiterkommen. Die Sondirungsexpedition kehrte erst spät ganz durchnäßt und halb erstarrt zurück, nachdem sie bis zur Mündung des Sabschur vorgedrungen war; sie hatte die ganze Strecke abwärts gutes Fahrwasser gefunden, also kann es morgen weiter gehen.

24. März. Wenn es so fortgeht, brauchen wir wenigstens sechs Wochen, ehe wir Babylon erreichen! Es war beschlossen, früh des andern Morgens aufzubrechen, aber ein Transport Kohlen, die uns durch Pferde am gestrigen Tage zugeführt werden sollten, war nicht angelangt, und so mußten wir den heutigen Vormittag auf dessen Ankunft warten. Das Flachboot, das impedimentum ex malitia des Obersten, das einen Vorsprung hatte, sollte unter Fitzjames' Leitung vorausgehen; als aber die Stricke, welche es hielten, gelöst wurden, zeigte sich, daß das Wasser gefallen war, und das ungelenke schwerbeladene Boot festsaß.

Ich machte während der Zeit noch einen kleinen Erforschungsausflug, denn das Wetter begann heiterer und wärmer zu werden, die Kette des schneebedeckten Taurus war in einer Entfernung von etwa 10 deutschen Meilen deutlich sichtbar. Unser Dolmetsch, ein Chaldäer aus Mossul Namens Antoni Rassam, begleitete mich. Als Zögling der Bibelgesellschaft in Malta hatte er dort mehrere Jahre in strenger, beinahe klösterlicher Abgeschiedenheit von der Welt zugebracht, bis er der Expedition als Dolmetsch beigegeben ward. Seine Erscheinung war höchst merkwürdig; die auffallend lange Gestalt, die dunkle Färbung der Haut und der kindliche, gemüthliche Ausdruck seiner Gesichtszüge bildeten ein seltsames Ganzes. Er war in der That ein Kind an Unbefangenheit und liebenswürdiger Weltunkenntniß.

7. Mit der englischen Euphrat-Expedition unter Colonel Chesney.

Mit der Naivetät eines Kindes legte er seine Freude, von dem strengen Regiment der frommen Herren in Malta befreit zu sein, an den Tag, ohne doch die erlangte Freiheit je zu misbrauchen. Er war ein vorzüglicher Schachspieler, wie kein zweiter an Bord des Schiffes. Es sei überhaupt bei dieser Gelegenheit bemerkt, wie allgemein das Schachspiel im Orient verbreitet ist, und welche Meister darin man selbst unter den wilden Arabern antrifft.

Endlich um 2 Uhr kam der erwartete Kohlentransport, und das Schiff fuhr ab. Aber als wir eben das Flachboot erreicht hatten und anhalten wollten, konnte unser Anker der starken Strömung nicht widerstehen, und wir waren genöthigt, an dem mesopotamischen Ufer anzulegen. Wieder ein großer Zeitverlust, denn nun war an Weiterfahren für heute nicht mehr zu denken.

Wir haben so viele kleine Unglücksfälle — wenn nur zuletzt nicht größere nachfolgen!

Meine Ungebuld ist aber wol kaum gerechtfertigt. Bei den mannichfachen Schwierigkeiten, welche der Beschiffung dieses Flusses in der gänzlichen Unbekanntschaft mit seinem Stromlaufe, in dem plötzlichen Steigen und Sinken des Wassers, den unzähligen von der Flut verdeckten Untiefen und in dem Mangel an genügendem Brennmaterial sich entgegenstellten, kann eine schnelle Fahrt füglich nicht erwartet werden.

Ausgerüstet mit meinen naturforscherlichen Geräthen, wollte ich eine längs des Ufers hinlaufende Bergkette besteigen, sah mich aber unerwartet auf einer Insel. Zwei künstliche, etwa 15 Fuß breite und vielleicht ebenso tiefe Kanäle schieben das angeschwemmte Land von dem Fuße des Gebirges. Wann und von wem mögen diese Kanäle angelegt worden sein, deren Zweck unstreitig die Entwässerung des ungemein fruchtbaren Bodens gewesen ist? Schwerlich sind sie das Werk einer muselmännischen Regierung.

Zum ersten mal sah ich hier die Eingeborenen mit Steinschleudern bewaffnet, die sie theils als Vertheidigungsmittel, theils zur Tödtung der Vögel gebrauchen; von letztern hatten sich große Scharen versammelt, um den vor kurzem gesäeten Durra (Mais) zu verzehren.

Während ich mit meiner Frau an dem einen Kanal hinwandelte, sahen wir wie die ganze Bevölkerung eines malerisch auf der Anhöhe gelegenen Zeltdorfes unserm Schiffe zueilte, beim Kanal angelangt ohne Bedenken die Kleider auszog, sie auf den Kopf nahm, und bis an die Brust im Wasser hindurchwatete. Die Leute sahen friedfertig aus, betrachteten uns mit ehrerbietiger Neugierde und versprachen, morgen früh Eier und Milch zu bringen. Bei dem Schiffe legten sie bereitwillig mit Hand an, das Flachboot ans Land zu ziehen. Aber mit uns zu gehen, um die durch den Abgang einiger Arbeiter entstandenen Lücken auszufüllen, dazu war keiner zu bewegen: ihre Furcht vor dem dampfenden Ungeheuer ist zu groß. Auch prophezeien sie, seine ganze Mannschaft werde von den weiter unten hausenden grausamen Arabern gefressen werden. Nun wir wollen sehen.

25. März. Auch heute hatten wir wieder eine schwierige Fahrt. Um 8 Uhr wurde aufgebrochen, und alles ging gut, bis wir uns den Ruinen von Jerabul gegenüberbefanden; dort aber fuhren wir wieder auf den Grund, alle Anstrengungen der Maschine waren vergebens und mußten eingestellt werden. Ich fürchtete schon, das Schicksal vom vorigen Samstag würde sich wiederholen, jedoch eine starke Strömung machte das Schiff wieder flott, um es später noch zweimal, glücklicherweise nur kurze Zeit, auf Untiefen zu treiben.

Das Land breitet sich hier von beiden Seiten zu fruchtbaren Ebenen aus; die Berge treten weiter zurück; nur einzelne runde Hügel, die so häufig in Syrien, sind sichtbar, zu Triangulirungspunkten wie geschaffen. Die Gegend hat allerdings Aehnlichkeit mit dem mittlern Nilthale. Der Fluß hat sich in der Ebene nicht nur ein breites Bett gebildet, sondern auch eine Menge

Arme in den Alluvialboden eingeschnitten. Dadurch ist das Fahrwasser sehr seicht geworden und infolge dessen saßen wir denn auch bald in einem engen, unpassirbar scheinenden Kanale fest, weder vor- noch rückwärts könnend; durch ein geschickt ausgeführtes Manöver des Lieutenants Cleveland wurden wir jedoch wieder frei und gelangten nun glücklich an unsern Bestimmungsort, eine Viertelstunde oberhalb der Mündung des Sabschur.

Nicht nur die Menschen wurden durch die fremdartige Erscheinung unsers Dampfbootes in Staunen gesetzt, sogar Pferde verließen ihre Weideplätze und kamen im Galop herbeigesprengt, sich das nie gesehene Ungeheuer in der Nähe zu beschauen; ja selbst ein Schakal blieb ganz verwirrt eine Weile mit gespitzten Ohren am Ufer stehen. Die Eingeborenen bedienen sich hier, in Ermangelung anderer Mittel, zur Ueberschreitung des Stromes aufgeblasener Schafs- oder Schweinshäute, die sie sich unter den Leib legen. Ihre geringen Kleidungsstücke in einem Bündel auf dem Kopfe tragend und mit den Füßen das Wasser zurückstoßend, schwimmen so Männer, Weiber und Kinder ohne Furcht über den reißenden Strom!

Kaum am Lande, unternahm ich sogleich eine Excursion. Ich überstieg die Kalksteinkette, welche den Fluß beherrscht, um die dahinterbefindlichen merkwürdigen Ruinen aufzusuchen. Ueberall traten Spuren uralter Civilisation, großer Menschenwerke entgegen. An manchen Orten sind die Felsen durchschnitten; auf dem erhabensten Punkte stand vermuthlich ein Fort, das durch eine breite, auf dem Bergrücken sich hinziehende Straße mit der jetzigen Trümmerstätte verbunden war; jenseit der letztern gewahrt man noch galerieartige Ausgrabungen und Höhlen im Felsen. Die Ruinen selbst liegen eine kleine Stunde von der Mündung des Sabschur bei dem Nomadendorfe Seraset. Das Ganze scheint ein stark befestigter Platz gewesen zu sein, allein außer einigen Fundamenten und ringsumher zerstreuten fast verwitterten Steinen findet sich nur noch ein durch den Felsen gebrochener Eingangsweg und eine runde Cisterne, in welche ein Bächlein sein klares, sehr wohlschmeckendes Wasser ergießt. In einer Höhle unterhalb dieser Cisterne hat eine Araberfamilie, die eben Hanf auf einem kleinen Stück Feld aussäete, ihre Wohnung aufgeschlagen. Einige unserer Alterthumsforscher erblicken in diesen Ruinen das alte Europus, mir scheint es eher Ciciliano zu sein.

In der Nähe unsers Landungsplatzes an der Mündung des Sabschur bemerkte ich hoch oben in den Kalksteinfelsen gehauen eine wahrscheinlich aus moderner Zeit stammende, theilweise schon verfallene Einsiedlergrotte. Ein Kreuz darauf läßt mich vermuthen, daß hier einst ein christlicher Anachoret gehaust habe, obgleich andererseits das Fragment einer rohen arabischen Inschrift, die ich nicht zu entziffern vermochte, wol auf einen Muselmann hindeutet.

Lieutenant Cleveland und Charlewood sind nachmittags mit dem Boote vorausgegangen, um den Fluß zu sondiren. Major Escourt und dessen Bruder haben die Zeichnung des Flusses vollendet; sie erwarteten uns bereits hier.

26. März. Oberst Chesney machte heute mit seinen sämmtlichen Offizieren eine Excursion nach dem vier Stunden entfernten ehemaligen Hierapolis, dem jetzigen Membidsch; ich schloß mich der Partie nicht an, da ich die Stätte schon vor fünf Monaten auf meiner Tour von Aleppo nach Port William in Gesellschaft von Kapitän Linch genügend besichtigt hatte. Sie bietet doch nichts anderes, als was man in Syrien überall erblickt: gesunkene Größe, Verwüstung und Veröbung, wo sonst hohe Cultur und Civilisation bestand!

Die Herren vom Sondirungsboote sind heute zurückgekehrt mit dem Bericht, daß sie längs der ganzen Strecke von Sabschur bis Kala nahe dem Ufer eine breite gepflasterte Straße gefunden haben.

Ich unternahm von hier zwei Ausflüge: den einen an die Stelle, wo der Sabschur, in zwei Arme getheilt, kaum bemerkbar in den Euphrat einmündet; den andern auf die entgegengesetzte Seite zwischen den durcheinandergewürfelten Kreidefelsen hindurch. Beide gewährten mir wenig Ausbeute.

28. März. Der rauchende Schornstein verkündete am heutigen Morgen die sichere Weiterfahrt. Fragen und Antworten, alle Vorausbestimmungen geben keine Gewißheit, da sich die Umstände jeden Augenblick ändern können; ist aber erst der Kessel geheizt, dann steht die Abfahrt wirklich fest. Meine Frau und ich benutzten die Zwischenzeit, noch einmal die nahen Berge zu besteigen. Wir fanden ganz in der Nähe bedeutende Ruinen eines ehemaligen Fort, zu dem einst eine gepflasterte und cementirte Straße hinaufführte. Ihm gegenüber stand wahrscheinlich eine andere Festung, von einem Arme des Euphrat umflossen; jetzt wird in dessen ausgetrocknetem Bette Getreide gebaut.

Bei unserer Abfahrt standen die Eingeborenen ängstlich harrend am Ufer; die schwarzen Rauchwolken versetzten sie in Besorgniß, und als der Dampf mit voller Kraft und gellendem Pfiff der Röhre entwich, flohen die Weiber und Kinder, und die Männer riefen: „Gott, befreie uns von dieser Gefahr!"

Unsere heutige Fahrt in sehr seichtem Wasser hätte leicht gefährlich werden können; doch war sie eine sehr angenehme, und wir legten in 33 Minuten eine Stunde Wegs bis zum Castell Kalaat-en-Nedschm zurück. Wir stießen zwar viermal auf den Grund, blieben aber nicht sitzen, dank dem unausgesetzten Sondiren zu beiden Seiten des Schiffes.

Eine Stunde lang breitet sich der Fluß noch aus, voll grüner Inseln und Sandbänke bis zur Einmündung des Sabschur; dann wird er durch eine Gebirgskette eingeengt und hat stellenweise eine Tiefe bis zu sieben Faden. Die Landschaft hier ist in ihrer vielfachen Abwechselung sehr schön. Der herrliche Strom, bald von hohen Felsen begrenzt, bald in weiter Fläche sich ausdehnend, die grünen Inseln darin und die bläulich dämmernden Berge in der Ferne bieten die anmuthigsten Bilder. Weiterhin beginnt das Land wilder und wüster zu werden. Zu beiden Seiten des Stromes erheben sich gleich hohe Gebirgsketten von Kalksteinformation, deren Schichten gebogen und gewunden übereinanderliegen. Die Regelmäßigkeit der Lagen läßt sie wie künstliches Menschenwerk erscheinen, während ihre Großartigkeit von einer andern als menschlichen Kraft Zeugniß gibt.

Ein paar elende Nomadenzelte und die langohrigen schwarzen Ziegen, die hin und wieder zerstreut weideten, waren die einzigen Spuren von lebenden Geschöpfen, und das in einer Gegend, die bei jedem Schritt auf ehemalige hohe Blüte und Cultur schließen läßt.

29. März. Wir landeten unterhalb des Schlosses Kalaat-en-Nedschm, das auf einem einzelnen, den Fluß beherrschenden etwa 160 Fuß hohen Felsen steht. Obgleich der Ort sehr bemerkenswerth ist, fanden wir ihn auf den Karten nicht verzeichnet und nur sparsame Notizen über die Geschichte desselben. Wahrscheinlich ist es, daß die Araber in ihrer Blütezeit auf griechischen oder römischen Fundamenten dies prachtvolle Gebäude aufgeführt haben, das lange Zeit wohlerhalten blieb, bis vor etwa funfzehn Jahren ein Araberstamm, der türkischen Regierung den Tribut verweigernd und von des Paschas Soldaten verfolgt, Zuflucht in der festen Burg suchte, hier aber belagert und endlich besiegt wurde, wobei die eine Seite des Walls eine weite Bresche erhielt. Zur Römerzeit soll hier eine Brücke über den Fluß und unter demselben ein Tunnel vom Schlosse aus auf die mesopotamische Seite hinübergeführt haben.

Unsere ganze Gesellschaft verfügte sich auf das merkwürdige Schloß, jeder seinem Berufe und seinen eigenen Gedanken und Empfindungen folgend: Lieutenant Murphey, um Breite und Länge des Ortes astronomisch zu bestimmen; Mr. Ainsworth, um das Alter des Baues zu erforschen; meine Frau und ich, um Pflanzen und Insekten zu sammeln; der Oberst und Mr. Charlewood, um mit Lichtern und Stricken versehen und von einem Araber als Führer begleitet den Tunnel aufzusuchen. Auch ich gesellte mich ihnen bei; wir stiegen 200 steinerne Stufen, die von abschüssigen Flächen unterbrochen waren, hinab und öffneten durch Beseitigung loser Steine einen weiten unterirdischen Gang, mußten aber wegen des gefährlichen Zustandes der Decksteine ein weiteres Vordringen aufgeben. Vermuthlich haben diese Räumlichkeiten zu Gefängnissen oder vielleicht als Ausfallspforten gedient.

Eine unglaubliche Menge großer Fledermäuse (Rhinolophus) bewohnt diese Gewölbe. Sie löschten alle Augenblicke das Licht aus, umschwirrten unsere Köpfe und versetzten uns ins Gesicht fahrend recht derbe Ohrfeigen. Von ihrer ungeheuern Anzahl geben ihre Excremente einen Begriff, die stellenweise fünf Schuh hoch liegen, und trocken bis zum Zerstieben einen entsetzlich penetranten Geruch verbreiten, der ein längeres Verweilen unmöglich machte. Welch ein Schatz werthvoller Insekten liegt hier metamorphosirt, und ich kann ihn nicht heben!

Das Schloß ist eins der großartigsten Gebäude der Art, welche ich gesehen habe, und jedenfalls zur Blütezeit der Sarazenenherrschaft erbaut. Alle Theile, die bei der erwähnten Erstürmung von den Kugeln verschont blieben, stehen noch aufrecht und sind vollkommen erhalten. Deutlich erkennbar sind die großen Hallen, die Eingangsstiegen, mehrere Corridore und kleinere Gemächer, sowie eine kleine Kapelle mit einer Art Kanzel ganz nach europäischer Weise. Wilde Tauben, rothe Rebhühner, Fledermäuse und Eidechsen bevölkern in großer Menge die verlassenen Mauern. Auch die ganze Gegend umher ist mit Trümmern bedeckt, darunter mehrere Reste von Moscheen. Ein trauriges verödetes Panorama, das nur der schöne majestätische Fluß belebt.

Es scheint, unsere Fahrt wird jetzt systematisch eingerichtet: wir verbleiben einen Tag an jeder Station, während die Boote vorausfahrend sondiren; dann folgen wir ihnen etwa acht

Stunden weiter. Lieutenant Cleveland kam heute Mittag von der Exploration zurück. Zum ersten mal hatte er bei den Eingeborenen Widerstand und Raublust gefunden. Ein Engländer, zur Beaufsichtigung der Pferde allein am Ufer geblieben, war von sechs Arabern, die vom andern Ufer herübergeschwommen kamen, attakirt und ausgeraubt worden. Ich fürchte, das wird uns weiter unten auch begegnen, wenn wir wie bisher so vereinzelt das Land durchstreichen.

Wir setzten heute an das mesopotamische Ufer hinüber, um zu erforschen, ob die alte römische Straße von Hierapolis nach Carrhae (Harran) hier über den Fluß geführt habe. Die Meinungen darüber sind verschieden. Major Rennel behauptet, sie müsse an der Einmündung des Sabschur gewesen sein, was jedoch der dortigen Breite des Flusses halber sehr unwahrscheinlich ist. Hier hingegen hat der Fluß ein schmales Bett, und die Ueberbleibsel eines Quais, der, von großen Quadersteinen gebaut, etwa eine Viertelstunde lang ist und durch kleine Forts gegenüber denen an der syrischen Seite vertheidigt wird, zeugen deutlich von der einst hier bewerkstelligten Communication der beiden Ufer. Daß an dieser Stelle auch bedeutende Bauten gestanden, beweisen die ausgedehnten Latomien, die denen von Syrakus ähneln. Das Wichtigste für uns war jedoch die Auffindung der theilweise sehr wohl erhaltenen Römerstraße nach Harran.

Unsere heutige Station war sehr belebt und interessant. Nicht nur die Bewohner des syrischen, sondern auch hier des andern Ufers kamen in Scharen uns anzustaunen; sie schwammen ohne Anstrengung durch den Fluß und brachten Ziegen, Milch und Eier auf dem Kopfe mit herüber. Wir beobachteten unter andern elf Beduinen, die in voller Rüstung zu Pferde ankamen, eine Zeit lang am Flußufer verweilten, sich dann völlig entkleideten, ihre Kleider, Waffen und sonstige Bagage auf aneinandergeheftete Schafhäute befestigten und diese von zwei seitwärts schwimmenden Männern vor sich herstoßen ließen. Ihre Pferde trieben sie ins

Wasser und hielten sich an deren Schweifen fest, in lauten Fistel=
tönen die Thiere ermunternd. So kam alles wohlbehalten ans
andere Ufer. Wie wenig brauchen diese Naturmenschen zur Be=
friedigung ihrer Bedürfnisse!

30. März. Ich bin heute recht unwohl und auf unsere
Cabine angewiesen. Den Kopf nur mit der weißen Unterkappe
und dem Tarbusch ohne Turban bedeckt, war ich ausgegangen
trotz der schon ziemlich heißen Strahlen der Sonne, und so zog
ich mir einen Sonnenstich zu. Mein Kopf brennt sehr, doch
verliere ich heute wenig, denn nach kurzer Fahrt saßen wir schon
wieder auf dem Grunde fest; es half nichts, daß man das Wasser
aus dem Kessel pumpte, um das Boot zu erleichtern; wir konnten
nicht weiter kommen, und ich habe Muße genug, mir eine bessere
Zukunft zu träumen.

Die Eingeborenen sind hier schon viel wilder. Die Bewoh=
ner der beiden Ufer führen einen gegenseitigen Vertilgungskrieg.
Ein Syrier äußerte, sein größter Wunsch sei, das Blut seiner
Nachbarfeinde zu trinken. Lieutenant Murphey wurde heute bei
seinen astronomischen Aufnahmen von 40 Arabern attakirt, die
mit Büchsen, Schwertern, Bogen, Pfeilen und Knitteln bewaffnet
waren; allein so groß ist bei ihnen die Furcht vor der Zauber=
kraft der Feringis, daß sie nicht wagten, die drei Engländer
anzugreifen. Hört aber einmal dieses Prestige auf, dann wird
es auch mit der Sicherheit zu Ende sein.

31. März. Schon wieder ein Sitzenbleiben zu verzeichnen —
es scheint dies tägliches Hauptereigniß werden zu sollen! Zeitig
brachen wir auf; der Fluß war prachtvoll, das Fahrwasser tief,
die Ufer anziehend, stellenweise wildromantisch, doch außer auf
einigen Eilanden baumlos. An die blendende Farbe der Kalk=
felsen ist mein Auge bereits gewöhnt.

Schon hatten wir die Enge vor Augen, durch welche der
Fluß sich sein Bett bricht, und mit gespannter Aufmerksamkeit
sah ich der jenseit derselben zu erwartenden veränderten Formation

des Landes und seiner Producte entgegen. Nur noch sechs Miglien von den Ruinen von Kara Bamböbsch, unserm designirten Halteplatze, entfernt, machte das Schiff eine unglückliche Wendung, und fest saßen wir, um nicht wieder loszukommen!

1. April. Wir sind ohne Hoffnung, bald befreit zu werden. Der reißende Strom drängt das Boot immer höher auf die Sandbank hinauf. Auch fehlen uns die Anker, Stricke und Provisionen, die von Alexandretta täglich erwartet werden.

Um die Zeit zu nützen, wurden Mr. Charlewood, Hektor und Rassam entsendet, den Fluß bis Balis zu sondiren. Obgleich noch von Kopfschmerz stark geplagt, unternahm ich mit meiner Frau in Begleitung des Obersten, des Lieutenants Murphey und des Mr. Ainsworth eine Excursion. Alle waren stark bewaffnet, wie immer, seit Mr. Hektor (früher bei der Niger-Expedition betheiligt) ein glücklicherweise mehr komisches als ernstes Rencontre gehabt, das sich aber leicht in ein tragisches hätte umwandeln können. Ein überdreister Araber hatte sich nämlich mit der höflichsten Miene von der Welt angeschickt, ihm sein seidenes Halstuch vom Nacken loszuknüpfen. Als er den frechen Burschen verächtlich von sich stieß, entfaltete dieser seinen Mantel und zeigte auf seine Bewaffnung mit Schwert und Flinte. Hektor jedoch zeigte nicht die mindeste Furcht, sondern hielt ihm kaltblütig die Mündung seiner Doppelpistole vor den Kopf, worauf jener, eine tiefe Verbeugung machend, sich wie zufällig entfernte.

Wir gingen nach dem Zeltdorfe Bamböbsch, dessen Scheikh, ein aufgeklärter Mann unter den Seinen, als Herrscher über den ganzen District betrachtet wird. Er war von Ibrahim Pascha zu den letzten Festivitäten nach Aleppo geladen worden und hatte von dort als ein ihm enthülltes Staatsgeheimniß mitgebracht: die Engländer ständen insgeheim in Diensten des Pascha, und die Boote seien zum Transport ägyptischer Soldaten für die bevorstehende Einnahme von Bagdad bestimmt.

Es ist hier sehr lästig, als Arzt erkannt zu werden. Schon jahrelang an unheilbaren Schäden Leidende suchen und hoffen Hülfe von ihm, wo solche zu leisten unmöglich ist! Mein Pflanzensuchen verrieth mich sogleich als den Hakim baschi, ein Charakter, dem ich freilich auch manches Gute zu danken habe.

Die Hitze des Tages war groß; im Dorfe angelangt, begehrten wir Milch, erhielten aber keine; mein Kopf brannte und erhöhte den quälenden Durst. Noch einmal rief ich nach Halik (Milch), da faßte mich eine blaulippige Hekate geheimnißvoll beim Arme, führte mich in ein anderes Zelt und zeigte mir dort ein volles Gefäß mit Schafmilch, gab mir aber nicht eher zu trinken, als bis ich einem jungen Manne, der an einer Kopfwunde schwer baniederlag, den Puls gefühlt und die Wunde sanft berührt hatte. Nun war sie beruhigt und der Genesung ihres Kranken gewiß. So groß ist der Glaube dieser Orientalen an europäische Kraft und Wissenschaft. Ich labte mit dem Trunk meine brennenden Lippen.

Die Vegetation ist hier ungemein vorgeschritten. Reichlich mit Schätzen beladen, kehrten wir zurück.

2. April. In den Tagen des Festsitzens beschäftigen wir uns mit Lektüre, für welche die classische Schiffsbibliothek eine reiche Auswahl bietet. Wir haben mit Nutzen Gibbon, theilweise auch Herodot und Ammianus Marcellus gelesen. Die alte Geschichte gewinnt hier um so mehr an Interesse, wo jeder Moment die großartigsten Erinnerungen erweckt.

Gegen Abend wurden wir angenehm überrascht durch den lange vermißten Anblick des Flachbootes. Das unförmliche Fahrzeug ist schwer zu lenken, und sicher hätte der mächtige Strom es an uns vorübergerissen, wäre es nicht unweit von dem Schiffe auf eine Sandbank festgefahren.

Der brave Fitzjames kam sogleich an Bord und gab uns eine humoristisch-pittoreske Beschreibung seiner ohne Steuerruder vollbrachten Argonautenfahrt.

Sechs Tage war das Boot auf einer, zwei auf einer andern Sandbank und jeden Tag wenigstens einmal sitzen geblieben; es stieß gegen Felsen, bekam klaffende Löcher, die mit Erde und Baumwolle verstopft werden mußten, und wurde zweimal von Arabern mitten im Flusse angefallen, die jedoch nicht den Muth hatten, den englischen Kugeln standzuhalten. Hunger, Hitze, Kälte und Nässe hatte die Mannschaft ertragen, und nun endlich hier angelangt muß sie mit uns stecken bleiben!

3. April. Obgleich heute Ostermontag ist, hatten Mannschaft und Offiziere einen mühseligen Werktag. Mit aller Anstrengung wurde an der Flottmachung unsers Schiffes gearbeitet, aber als es sich zu bewegen anfing, riß plötzlich das Ankertau mitten entzwei, und das Fahrzeug wurde fester als zuvor auf die unheilvolle Bank geworfen. O heilige Geduld, wie hart wirst du geprüft! Ich muß mich jedoch dieses Ausrufes schämen, blicke ich auf unsere Umgebung, die neben der angestrengtesten Thätigkeit eine beispiellose Zähigkeit im Erdulden aller nicht zu beseitigenden Widerwärtigkeiten und Schwierigkeiten entwickelt, ohne zu murren, mit immer frischem Muth! Ihrem Beispiel will ich folgen und künftig nicht mehr vom Steckenbleiben schreiben, höchstens drei Kreuze machen.

Eine Karavane von vierzehn Kamelen brachte heute aus Alexandretta die uns fehlenden Materialien und die schon lange entbehrten Mundvorräthe. Sie wurden jedoch im Dorfe Bamböbsch abgeladen, sobaß wir sie uns nicht sogleich zu Nutze machen, sondern nur in der Erwartung genießen konnten. Wieder eine harte Geduldsprobe, nachdem wir schon seit einem Monat auf Euphratwasser beschränkt sind, besonders hart für unsere englische Mannschaft, die den gewohnten Rum schwer entbehrt.

Ein Vorfall ernster Art ereignete sich heute infolge der bestehenden Blutrache zwischen zwei Araberstämmen. Der Scheikh Haffan, vom Stamme der Beni Seid, konnte es nicht erwarten, das Wunder (Merkeb Inglis) zu sehen, bis unser Dampfboot hinunter zu seinem Dorfe kommen würde. Er setzte daher auf einer aufgeblasenen Schafshaut über den Fluß und wurde sehr gastfreundschaftlich am Bord unsers Schiffes aufgenommen. Nachdem er sich dasselbe in allen Theilen mit ernster Gravität besehen, sagte er als Compliment: „Die Engländer sind Menschen höherer Abkunft als die Araber." Er ist eine plattnasige, braune, untersetzte, dünnbärtige, ältliche Persönlichkeit; indessen ein Mann von Gewicht in diesem Winkel der Erde. Seine Horde liebt ihn und hat schon manch blutigen Strauß für ihn ausgefochten. Es besteht Blutfehde zwischen ihm und seinen Nachbarn und Blutsverwandten, den Jachals, einem mächtigen wilden Stamme auf der mesopotamischen Seite, von dem bereits drei seiner Kinder getödtet wurden; dadurch ist die Feindschaft zwischen ihnen zu so hohem Grade gestiegen, daß sie voll Rachgier gegenseitig ihr Blut trinken. Der Ursprung dieser Fehde war eine Usurpation. Als der Vater des Scheikh Hassan starb, der großes Ansehen bei seinem Volke genossen hatte, ward bis zur Minderjährigkeit seiner Söhne sein Bruder Scheikh, er maßte sich aber diese Würde auch nach der Großjährigkeit seiner Neffen an. Entrüstet zog der älteste derselben, Hassan, mit seinen Brüdern und einem großen Theile des Stammes fort und bildete einen besondern Stamm — ob mit oder ohne Gewaltthätigkeiten und Blutvergießen vermögen wir nicht zu ermitteln, da wir die Gegenpartei nicht hören können. Jedenfalls muß später der Zwist heftig entbrannt sein, da ihm schon drei Söhne Hassan's zum Opfer gefallen sind. Dieser erzählte mit der größten Gleichgültigkeit von seinen mörderischen Thaten und seinen blutigen Planen für die Zukunft; er würde, scheint mir, uns ebenso bereitwillig ausplündern, wenn sich das thun ließe, als er jetzt unser Freund zu sein versichert. Seine Leute rühmen, er sei ein vorzüglicher Rossestehler. Obgleich sein Stamm schwächer als derjenige der Jachals ist, hält seine Verschmitztheit diesen doch das Gleichgewicht.

7. Mit der englischen Euphrat-Expedition unter Colonel Chesney.

Wir wollten mit unserm kleinen Boote an das syrische Ufer fahren, um dort jeder seinen Geschäften nachzugehen und den Scheikh dahin zurückzubringen. Da wir aber inmitten des Flusses festsaßen und auf der syrischen Seite eine Insel vor dem Festlande lag, war es angezeigt, zuerst nach dem mesopotamischen Ufer zu steuern, an demselben das Boot stromaufwärts zu ziehen und es dann durch den Strom nach der geeigneten Landungsstelle hinübertreiben zu lassen.

Der Scheikh äußerte zwar sogleich große Besorgniß, das Ufer, wo seine Todfeinde hausten, betreten zu sollen, wurde jedoch durch die Versicherung beruhigt, er sei bei Engländern in völliger Sicherheit und man werde ohne Aufenthalt auf das andere Ufer übersetzen.

Der Oberst und Lieutenant Murphey beabsichtigten, eine Station mit dem Meßtisch aufzunehmen, und Corporal Greenhill, Murphey's Assistent, trug die Instrumente dazu. Mr. Hektor stand im Begriffe nach Port William zurückzukehren, um den inzwischen zur Abfahrt bereit gemachten Tigris durch die Kanäle zu führen. Diese vier, Rassam, der im Dorfe Schafe, Eier u. s. w. kaufen wollte, und ich bildeten nebst den Bootsleuten die Gesellschaft; alle waren zufällig unbewaffnet. Nachdem wir gelandet, entfernten sich der Oberst und Lieutenant Murphey, während wir andern, ich mit Botanisiren beschäftigt, in der Nähe des Bootes verweilten.

Am Ufer standen fünf Männer, die, sobald sie den Scheikh erkannten, Zeichen der Feindseligkeit machten, indem sie ihre Füße in die Höhe hoben und auf die Sohlen schlugen. Er ersah daraus, daß er eilig fliehen müsse, und bat auf das bringendste, man möge ihn augenblicklich übersetzen, lud auch zugleich in größter Hast ein Gewehr, das er eben erst vom Obersten als Geschenk erhalten hatte. Ich schaute mich nach der Gefahr um, die den Mann so sichtlich ängstigte, und sah aus dem nächsten Zeltdorfe an hundert Araber in raschem Laufe sich uns nähern. Doch Hektor, im Vertrauen auf den mächtigen englischen Einfluß, machte noch immer keine Anstalten, den Mann übersetzen zu lassen. Mir schien nun ein ernster Kampf unvermeidlich, und ich eilte, den Obersten und Mr. Murphey zum Succurs zu holen; allein zu spät, denn ehe wir herankommen konnten, hatten die feindlichen Araber bereits das Ufer erreicht und sogleich auf den Scheikh im Boote zu feuern begonnen. Zwei der Kühnsten sprangen ins Wasser; in demselben Augenblick aber feuerte der Scheikh sein Gewehr ab und zerschmetterte dem einen den Arm; dann kauerte er sich in das Boot nieder, dessen Seitenwände ihn gegen die Säbelhiebe schützten, die jetzt auf ihn niederfielen. Da ertönte der furchtbare Knall eines stark geladenen Neunpfünders von dem Schiffe herüber, und die erschreckte Horde stob wie Spreu auseinander. Unsere Freunde auf dem Schiffe hatten den Vorgang am Ufer wahrgenommen und rechtzeitig Hülfe geleistet. Das alles war das Werk einiger Minuten. Schnell wurde der Scheikh wieder an Bord des Schiffes gebracht. Daß ihn keine der vielen durch das Boot gedrungenen Kugeln getroffen hat, ist ein Wunder.

Wir andern schritten in Einer Linie dem Ufer zu und, ohne Furcht zu zeigen, dem sich wieder sammelnden Araberhaufen entgegen. Sie hatten aber keine Lust uns anzugreifen, sondern zogen sich nach ihrem Dorfe zurück. Von da kehrte nun auch Rassam wieder; er erzählte, daß er während der feindlichen Action in Lebensgefahr geschwebt und daß nur sein Vorgeben, er sei ein Offizier Ibrahim Pascha's, beauftragt, Frieden zwischen den feindlichen Stämmen zu vermitteln, ihn gerettet und das Volk sogar bewogen habe, das dem Scheikh entrissene Gewehr, das als Siegestrophäe im Dorfe umhergetragen wurde, ihm herauszugeben.

Wie sind diese Menschen so roh, so blutdürstig und doch wieder so kindlich naiv! Was könnte bei ihren guten natürlichen Anlagen aus ihnen gemacht werden, wenn man es auf rechte Weise anfinge!

3. April. Trotz aller Anstrengungen noch drei Kreuze zu verzeichnen!

Lieutenant Murphey, sein Assistent Greenhill, Seid Ali als Dolmetsch und ich unternahmen eine Excursion auf der mesopotamischen Seite, wo sich in einer Entfernung von fünf englischen Meilen das höchste Kalksteingebirge, das wir von Fort William abwärts gesehen, etwa 1000 Fuß über das Niveau des Flusses erhebt. Dort wollte Lieutenant Murphey eine Vermessung vornehmen, und ich versprach mir reiche Ausbeute an Pflanzen und Käfern. Wir erreichten ohne Anstand die höchste Spitze des Gebirges, die von den Trümmern eines uralten Wachtthurms gekrönt ist. Ein großer Strich Landes lag vor unsern Augen ausgebreitet, nach Süden sich verflachend und zu einem freundlichen Bilde sich rundend. Nach Norden freilich glichen die zerhackten Bergreihen gigantischen Trümmerhaufen von kolossaler Dimension — ein öder wüster Anblick, nur der weithin sichtbare Fluß brachte mit seinen hellschimmernden Fluten Leben in die starre Natur.

Kein cultivirtes Land, außer auf einigen Inseln kleine Flecke mit Weizen. Und wie geschieht da die Bearbeitung des Bodens? Der Sand und Schlamm wird mit einer Zweighacke ein wenig umgerührt und dann die Saat hineingeworfen.

Während wir noch mit unsern Arbeiten beschäftigt waren, versammelte sich um uns ein Haufe bewaffneter Araber. Beine und Arme entblößt, aber den mit Tulpenbüschen garnirten Tartusche auf dem Kopfe, waren sie Indianern sehr ähnlich. Wir zogen uns, unsere Gewehre in Bereitschaft haltend, in die Trümmer des Thurmes zurück. Seid Ali gab vor, kein Arabisch zu verstehen, theils um sich ihrer Zudringlichkeit zu erwehren, theils um ihre Unterredung, ohne daß sie es wußten, belauschen zu können, und so vernahm er denn unter anderm: „Seht, da sind vier von den fremden Hunden, die wir so gern rupfen möchten! Hätten sie nur nicht den Teufel im Leibe, der seinen Sitz im Feuerschiff hat!" Sie setzten sich zu uns nieder und verfolgten jede unserer Bewegungen mit gespannter Aufmerksamkeit.

Wagte aber einer von unsern Sachen, die ihnen sehr zu gefallen schienen, etwas anzurühren, so ertheilten wir ihm einen strengen Verweis. Man darf hier keinen Augenblick außer Acht lassen, das Ansehen des Herrn geltend zu machen.

Noch einige andere Araber kamen inzwischen herauf. Sie trugen ein erlegtes Wildschwein und entschuldigten ihr Vergehen, das unreine Thier angefaßt zu haben, damit, daß Rassam sie dazu commandirt habe!

Wir verließen den Ort; Murphey machte weitere Aufnahmen, ich sammelte mit Erfolg und kehrte erst spät abends zurück.

6. April. Nichts als Kreuze zu verzeichnen! Das Wasser fällt fortwährend; wir sitzen auf trockenem Grunde. Der Oberst ist sehr angegriffen, er hat wiederholt Fieberanfälle gehabt.

15. April. Immer noch auf dem Trockenen! Freilich, es kann nicht anders sein. Wie konnte ich auch bei der Explorirung des Flusses an ein sanftes Hinuntergleiten denken! Wir müssen uns noch glücklich schätzen, daß wenigstens das britische Mutterland seine in die Welt hinausgesandten Kinder nebst den nöthigen Lebensbedürfnissen auch mit Geistesnahrung und Nachrichten aus der Heimat versorgt und sie so in beständigem Verbande mit sich erhält. Es ist unglaublich, welche Masse politischer Tagesblätter mit jedem Packetboote über Malta und Alexandretta oder mit dem Tataren von Konstantinopel ankommt, und unmöglich, sie alle zu bewältigen. Daneben erhalten wir alle hervorragenden periodischen Blätter, wie die „Transactions of the Royal Geographical, Mineralogical, Geological and Astronomical Societies", „Quarterly Review", „Atheneum", „Literary Gazette", „Dublin's Penny Encyclopedia", „Edinburgh Review", „Sporting Magazine", „Asiatic Journal", „United Service", „Blackwood's Nautical Magazine".

So sind wir immer von den Begebenheiten in Europa unterrichtet; auch lerne ich die neueste deutsche Literatur im Auszuge durch englische Uebersetzungen kennen, wobei das Urtheil der Engländer über unsere Productionen mich sehr interessirt.

Auf diese Weise reichlich mit anregender Lektüre versehen, können wir den langen Verzug schon ertragen.

Mit den hier hausenden Arabern stehen wir jetzt auf sehr freundschaftlichem Fuße. Sie bringen täglich Leben (sauere Milch mit Senf), Trüffeln, wilden Knoblauch, eine der Cichorie ähnliche Wurzel, zuweilen Eier, sogar Wildschweine, und die nie fehlenden Schafe, die leider unsere hauptsächlichste Nahrung ausmachen.

Sie kennen wie alle Halbwilde den Werth des Geldes nicht, liefern und thun daher nichts für baare Zahlung. Der Tauschhandel wird dagegen um so eifriger und seitens unserer Leute, die allerlei Manufactur- und Kurzwaaren mitgenommen haben, mit reichem Gewinn betrieben. Besonders beliebt sind braungelbe Baumwolltücher; seit acht Tagen sieht man die Eingeborenen mit Stiefeln an den Füßen bekleidet und den Kopf mit einem braungelben Turban bedeckt.

Diese freundschaftlichen Beziehungen erlauben mir, leicht d. h. nur mit Dolch und Pistole bewaffnet, meine Wanderungen zu unternehmen, eine große Wohlthat bei der wachsenden Hitze und den verschiedenen naturhistorischen Apparaten, die ich mit mir führen muß.

Es wurden heute zwei Pferdediebe eingefangen, ein Araber und ein Mohr, als sie im Begriff waren, von unsern am Ufer weidenden Transportthieren einige zu entführen. Sie wurden gebunden an Bord gebracht und in den dunkeln Kohlenbehälter eingesperrt. Der Oberst war anfänglich geneigt, zum warnenden Beispiel sie nach Aleppo an Ismail Bei auszuliefern, wo sie unzweifelhaft als bekannte Räuber geköpft worden wären. Ihre Freunde kümmerten sich durchaus nicht um sie, sondern lachten sie ihrer Ungeschicklichkeit halber aus, weil sie sich hätten fangen lassen; und die Delinquenten selbst, in der Meinung, die Franken würden sie verspeisen, baten, nur bald geschlachtet zu werden, ehe der große böse Geist unten im finstern Schiffe sie erwürge. Die armen Teufel kamen schließlich mit dem Schrecken davon; sie wurden nach einer leichten Züchtigung entlassen.

18. April. Gott sei Dank, nach neunzehntägigem Sitzen auf Einem Fleck sind wir endlich flott! Seit gestern früh begann das Wasser zu unserer unaussprechlichen Freude stündlich um einen Zoll zu steigen. Wir saßen den ganzen Tag auf dem Verdeck, den von uns selbst fabricirten Euphratometer beobachtend, und riefen es einer dem andern zu, wenn wieder ein Zoll auf der Scala im Wasser verschwand. Gegen 7 Uhr abends hörten wir das erste leise, uns jetzt höchst melodisch klingende Rasseln der Kiesel unter dem Schiffe. In demselben Moment rissen aber die starken doppelten Ankertaue. Das Schiff wendete sich mit Blitzesschnelle und trieb, da es ohne Dampf nicht gelenkt werden konnte, in einen engen Kanal eine halbe Miglie weit hinein, wo es wieder regungslos zwischen Sandbänken sitzen blieb! Zu unserm Glück stieg das Wasser die ganze Nacht ungewöhnlich hoch, und um 6 Uhr des Morgens konnten wir, mit voller Dampfkraft stromaufwärts fahrend, in den rechten Kanal gelangen, wobei das Schiff jeder leisen Bewegung des Steuers gehorchte und sich als sehr tüchtig bewährte.

Wir legten nahe am Ufer an, um die ausgeschifften Kohlen, schweren Ketten und Taue einzuladen. Herbeigeeilte Araber waren unter entsetzlichem Geschrei dabei behülflich; sie zogen die schweren Ketten, sprangen ins Wasser und arbeiteten auch später noch, nackt wie sie waren, über eine Stunde lang am Lande fort. In dem Moment der Abfahrt kam unser braver Fitzjames mit seiner Mannschaft zu Fuße an; er brachte die schlimme Botschaft, daß unser Flachboot gestrandet und gänzlich gesunken sei. Das unlenksame Fahrzeug hatte der heftigen Strömung unweit Kara Bambödsch nicht zu widerstehen vermocht. Der Fluß bildet dort zwischen den letzten hohen Kalkfelsen in jäher, scharfer Wendung einen merkwürdigen Paß, der für die physische Geographie von Wichtigkeit ist; weiter unten wird das Land flacher, und die Hügel gehören einer andern Gebirgsformation an; die Strömung bricht sich an dem felsigen Ufer und stürzt mit Macht an das jenseitige hinüber. Alle Bemühungen, das Fahrzeug in dieser gefährlichen Passage zu lenken, waren fruchtlos; mit gewaltiger Vehemenz und lautem Krachen zerschellte es an den Felsen, sodaß der Mannschaft kaum Zeit blieb, sich auf Säcken voll Baumwolle und dann in ein Boot zu retten. Durch dies unglückliche Ereigniß erwächst der Expedition ein großer Schaden. Funfzehn Tonnen Kohlen, der Lebensnerv für unsern Dampfer, Mehlfässer, Provisionen und allerlei Waffen, Kleidungsstücke u. s. w. verschwanden in der sieben Faden tiefen Flut, und nichts davon wird, selbst nicht mit Hülfe unserer schweren Taucherglocke, aus dem reißenden Flusse gerettet werden können. Aus dem eigenen Verlust machen sich die Herren viel weniger; Major Escourt, der einen bedeutenden Theil seiner Bagage einbüßte, äußerte lakonisch, man müsse auf derartige Vorkommnisse im voraus gefaßt sein.

Zu unserer Erheiterung meldeten bald darauf schwarze Rauchwolken die Ankunft des längsterwarteten Tigris, der mit außerordentlicher Schnelligkeit den Fluß herunterkam und in unserer Nähe Anker warf. Wir alle eilten an Bord, die Ankömmlinge zu begrüßen. Sie hatten unser Schicksal getheilt und ebenfalls 13 Tage auf einer Bank festgesessen.

Der Tigris wurde sogleich beordert, nach der Stelle, wo das Flachboot scheiterte, zu fahren und zu retten, was zu retten sei. Wir freuten uns des majestätischen Anblicks, als er, die Strömung besiegend und leicht wie eine Nymphe über dem Wasser schwebend, an uns vorbei stromaufwärts glitt. Ich begreife die Ehrfurcht und Scheu, mit welcher die Araber dieses Wunder betrachten. Haben wir doch vor 40 Jahren ein Gleiches gethan und freuen uns jetzt, daß es dem menschlichen Genius gelungen, die feindlichen Elemente zu bändigen und ihre Kraft sich dienstbar zu machen.

Ein heftiger Sturm, gleich dem Tornados der Tropen, versetzte uns gegen Abend in Gefahr losgerissen und wieder auf die Bank getrieben zu werden, die vor unsern Augen lag. Die Wellen bäumten sich empor und schlugen mit furchtbarer Gewalt gegen die Planken unsers Schiffes, daß es krachend erzitterte; doch ging die Gefahr glücklich vorüber, und wir begaben uns in beruhigter Stimmung zu Bett.

19. April. Um 6 Uhr waren wir zur Abfahrt bereit. Das Wasser, über acht Fuß gestiegen, breitete sich zu einer imposanten Fläche aus. Die Menge des Schaums und die schmuzigrothe Farbe waren Anzeichen noch weitern Steigens. Die Lenkung des Schiffes war wegen der vielen mit Wasser bedeckten Bänke schwieriger als sonst. Als einziges Merkzeichen, um bei dem erhöhten Wasserstande Untiefen zu vermeiden, dienten uns die Spitzen der spärlich in dem Uferkies wurzelnden Tamariskensträucher. Von dem „forêt immense", den Geoffray auf seiner Karte vom Paschalik Aleppo vor und hinter Balis in einer Ausdehnung von 80 Lieues angibt, sahen wir bisjetzt noch keine Spur.

Auf dem linken Flußufer befand sich eine große Niederlassung des Fackal-Araberstammes; an 1000 schwarze Zelte waren in der Ebene aufgepflanzt. Große Heerden Kamele, Hornvieh, Pferde und Schafe weideten inmitten des Lagers, während die ganze Bevölkerung, am Ufer versammelt, unser Dampfschiff anstaunte. Sie luden uns ein, bei ihnen anzuhalten, und als wir pfeilschnell vorüberflogen, versuchten einige der Männer, uns auf ihren leichtfüßigen Pferden zu verfolgen; aber vergebens, denn wir machten 11½ Knoten in der Stunde.

Nach anderthalb Stunden hatten wir Balis erreicht. Wir ankerten in der Nähe einer mit kniehohem Gras bewachsenen Wiese, an einem malerisch-schönen Punkte, der ausgedehnte Fernsichten bot, unter anderm auf etwa drei Miglien entfernte, wie es schien bedeutende Ruinen. Der Lage nach kann hier der alte Hafen von Aleppo gewesen sein, da der Fluß an dieser Stelle der Stadt am nächsten ist und die Beschaffenheit des Bodens für die Communication sehr günstig war.

Erst 100 englische Meilen haben wir bis hierher in 34 Tagen zurückgelegt — freilich ein geringes, aber in Berücksichtigung der Schwierigkeiten und Mühen einer solchen Probefahrt immer noch zufriedenstellendes Ergebniß. Wie viel Zeit werden die noch übrigen 1400 Meilen erfordern?

Sobald wir gefrühstückt, beeilte sich jeder, das Land zu betreten und auf seine Weise den Aufenthalt zu nützen. Unser Ritter Tardif war diesmal der erste; er wollte noch vor Mittag die Länge und Breite von Barbalissus aufnehmen. Escourt beabsichtigte, eine Zeichnung der schönen Gegend zu skizziren; Ainsworth, unser Antiquar, den Thierpark der Könige von Syrien aufzusuchen, und ich, als Herr des Thier= und Pflanzenreichs, meine Unterthanen hierzulande zu erforschen und zu begrüßen. Cleveland und Charlewood sollen ein Magazin am Ufer errichten und das Schiff gründlich reinigen und übermalen lassen, da wir mehrere Tage hier zu verweilen vorhaben, um Provisionen aus Aleppo — ich hoffe, die letzten von da — zu erwarten.

Müde und von der Hitze erschöpft, es war eine Temperatur von 86° Fahrenheit im Schatten, kehrten wir bei Sonnenuntergang zurück und theilten uns beim Mahle die gemachten Bemerkungen gegenseitig mit. Leider ist unser Koch, ein Negro=Amerikaner, in seiner Kunst schlecht bewandert, sonst wäre die Conversation wol noch belebter gewesen.

20. April. Der Schlamm, der mit den Quisquilien herangeschwommen kam und sich zwischen dem Schiffe und dem Ufer festsetzte, führte eine große Menge Insekten mit sich. Er wimmelte buchstäblich davon, und als ich die Masse genauer untersuchte, fand ich mehrere der interessantesten Exemplare, nach

deren Besitz ich schon jahrelang vergebens gestrebt, z. B. Scaritio, Polyphemus mit Cincidelen und Tanymecus vereint und andere mir noch neue Arten. Die Krone von allen aber war Megacephale Euphratica Oliv., auf die ich mich seit meiner Ankunft am Euphrat gefreut hatte. — Den ganzen Tag mit Entomologie zugebracht.

21. April. Wie gestern so auch heute suchte und verwahrte ich neue Schätze. Meine Pauline und ich waren gleich rührig, mit der Lupe die kleinsten, dem bloßen Auge kaum bemerkbaren Thiere aufzufinden. Niemand im Schiffe kann unser Treiben begreifen, man belächelt die Wichtigkeit, die wir diesen unscheinbaren Dingen beilegen. So verschieden sind die Passionen!

Die Zersetzung der Stoffe erfolgt in diesem Klima so rasch, und unsere durch wiederholte Erkrankungen geschwächten Leute sind so empfänglich für die miasmatischen Einflüsse, daß die Ausdünstung des am Schiffe zusammengeschwemmten Wurzel- und Staudenwerks in kaum 24 Stunden fünf Anfälle von bösartigem Wechselfieber erzeugte. Der arme Oberst leidet am stärksten davon. Ich fürchte, er wird, wenn er sich nicht mehr schont, die Durchführung seines Unternehmens nicht erleben.

Außer dem gescheiterten großen Flachboote sind noch vier andere Pontonflöße gebaut worden. Zum Transport verschiedener Utensilien, besonders der drei Tonnen schweren Taucherglocke bestimmt, bilden sie eine ganz ansehnliche Flotte. Wir erhielten heute die Nachricht, daß eins derselben, unter Sarder's Commando und nur mit Arabern bemannt, von Beduinen angefallen und ausgeraubt worden sei. Sofort wurde der Tigris an den Ort gesendet, um volle Genugthuung an den Uebelthätern zu nehmen. Kaum hatte derselbe sich in Bewegung gesetzt, als wir Sarder auf der Taucherglocke wie auf einem Throne sitzend heranschwimmen sahen. Das Verlangen, sich den Engländern dienstwillig zu zeigen, vielleicht auch einen Bakschisch zu erhalten, hatte einen Trupp Araber veranlaßt, die arabische Bemannung auf dem Boote anzugreifen und zu vertreiben. Sarber bemühte sich die Ruhe herzustellen; doch vergebens. Die Kugeln pfiffen ihm von allen Seiten um den Kopf, und er sah sich genöthigt, um diesen in Sicherheit zu bringen, ins Wasser zu springen und ans Ufer zu schwimmen. Von dort aus drohte er der Bande, er werde sogleich das feuerspeiende Schiff holen, das sie alle vernichten würde. Dies wirkte wie elektrisirend auf die Wilden; sie kamen herbei, küßten seine Schultern und fielen ihm zu Füßen, bis er ihnen verzieh und nun ungestört die Fahrt fortsetzen konnte.

22. April. Heute machte ich mit meiner Pauline eine Wanderung nach den fernen Ruinen, nur von Rassam, unserm gelehrten Chaldäer und nationalisirten Engländer, begleitet. Je mehr wir uns den Anaze-Arabern nähern, desto vorsichtiger sollten wir sein, was wir aber im Gefühl unserer Ueberlegenheit unterlassen, bis irgendetwas Unangenehmes geschehen sein wird. Vielleicht zahle ich auf meinen einsamen Wanderungen das erste Lösegeld.

Während meine Frau auf einer Anhöhe am Grabmal eines Scheikhs eine Skizze der interessanten Gegend aufnahm, hatte ich Zeit, die Ruinen sorgfältig zu durchforschen; es sind die ersten aus gebrannten Ziegeln, die ich hierzulande sah. Sie bestehen aus flachen, viereckigen Backsteinen, die durch einen dicken Cement, ein vortreffliches Bindemittel, verbunden sind.

Die ganze Umgegend, ein weitausgebreitetes, wellenförmiges Hügelland in reicher Vegetation prangend, ist mit Schutt, Ziegeltrümmern, Scherben und andern Fragmenten, die auf eine ehemalige Stadt hindeuten, besäet. Die Bauziegel bekunden den assyrischen Ursprung der Stadt. Auf den Trümmern haben dann Römer und Sarazenen weiter gebaut, wie sich aus zahlreichen Fundamenten erkennen läßt, obwol nur wenige Ruinen, die deutlich ihre frühere Bestimmung verrathen, noch aufrecht stehen. Zu diesen gehört ein römisches Castell, angeblich das

Schloß des Barbalissus, ein großer plumper, viereckiger Thurm mit kleinen Fenstern. Die meisten Gebäude stammen aus der Sarazenenzeit, so mehrere ziemlich rohe Moscheen, in deren einer sich zwei Sarkophage befinden. Eine wahre Zierde der Gegend ist ein noch wohlerhaltenes Minaret von 82 Fuß Höhe; 112 Stufen einer Wendeltreppe führen zu seiner Spitze empor, von wo man eines unbegrenzten Blicks nach allen Himmelsrichtungen genießt; arabische Inschriften und Sentenzen aus dem Koran schmücken den zierlichen Bau. Leider wird er nicht lange mehr sein Haupt in die Lüfte erheben, denn auch seine Fundamente sind, wie es scheint absichtlich, bereits stark untergraben.

Schakale, Füchse und Hyänen bewohnen diese unterirdischen Gewölbe. Auch der Löwe soll schon hier in dem buschigen Marschlande des Flusses hausen; ich selbst habe noch keinen gesehen, auch kein Krokodil, Mr. Ainsworth aber und mehrere von der Mannschaft behaupten ein solches gesehen zu haben. Mir ist das Vorkommen von Krokodilen in dieser Höhe unwahrscheinlich; auch dürften die Araber wol sonst nicht so sorglos den Fluß durchschwimmen. Dagegen kann ich die Anwesenheit des Bibers im Euphrat constatiren, da es uns glückte, ein Exemplar zu fangen; wir haben es für das Zoologische Cabinet in London bestimmt.

23. April. Heute gab es ein kleines Scharmützel. Corporal Greenhill war, kaum 600 Schritte von dem Tigris entfernt, mit Einschlagen von Pflöcken behufs Vermessung der Ebene beschäftigt, als plötzlich mehrere Araber auf ihn losstürzten, ihm ihre langen, spitzen Lanzen an die Kehle setzten und durch Zeichen bedeuteten, er solle seinen Rock ausziehen. Er war, weil so nahe am Schiffe, ohne Waffen, konnte also keinen Widerstand leisten. Die Diebe entrissen ihm seinen schwarzblauen Frack und schnitten gierig mit ihren Säbeln die gelben Metallknöpfe ab, welche sie ohne Zweifel für echtes Gold hielten. Darauf nickten sie dem Beraubten höflich zu, überreichten ihm höhnisch lächelnd

seinen verstümmelten Schwalbenschwanz und machten sich so rasch wie sie gekommen waren wieder davon. Dieser Schimpf war zu viel für den Stolz eines Briten; athemlos und bebend vor Zorn und innerer Aufregung kam Greenhill zum Schiffe zurück, und auf seinen statt mit gelben Knöpfen gezierten nun durch ebenso viele Löcher verunstalteten Frack zeigend, forderte er Genugthuung für die beleidigte Ehre Englands. Um ihn zu rächen, mehr noch um den dreister werdenden Arabern den gehörigen Respect beizubringen, wurde schnell eine Abtheilung wohlbewaffneter Männer unter Major Escourt's Commando abgesendet, die den Räubern nachsetzen und sie womöglich einfangen sollte. Unterdessen stieg Lieutenant Cleveland auf den nächsten Hügel, um die Richtung, welche die Uebelthäter eingeschlagen, zu erspähen; da sah er in der Entfernung von etwa 80 Schritten einen Trupp Araber herankommen. Ohne sich zu besinnen feuerte er seine Pistole auf sie ab. Die Araber stutzten und blieben stehen. Als aber Cleveland, der kurzsichtig ist, sein sehr langes Perspectiv, das er immer bei sich führt, hervorzog, um sich von der Wirkung des Schusses zu überzeugen, machten sie schleunigst kehrt, vermuthlich das Fernrohr für ein mächtiges Feuerrohr haltend. Mehrere der Unsern, darunter auch ich, eilten zu Cleveland's Unterstützung. Wir versammelten uns wie um die grüne Fahne des Propheten um seinen fürchterlichen Tubus, den Sergeant Quin im Triumphe unserer Schar vorantrug. So stießen wir zu Major Escourt. Dieser hatte zwar alle Berge voll Späher und in der Ferne zahlreiche Araberhaufen (wahrscheinlich Anaze) gesehen, keiner aber wagte sich näher heran. Da weitere Verfolgung nicht in seiner Absicht liegen konnte, ließ er die Mannschaft, nachdem wir eine Stunde im heftigsten Regen (ein Phänomen in dieser Jahreszeit) den Hügel besetzt gehalten, ohne einen Feind zu erblicken, in militärischer Ordnung zu zwei Colonnen formirt den Rückmarsch antreten. Corporal Greenhill war natürlich äußerst verstimmt.

Trotz dieses friedlichen Ausgangs der militärischen Action hatten wir doch einen Schwerverwundeten zu beklagen. Der brave Fitzjames war auf dem schlüpfrigen Abhange ausgeglitten und hatte ein Bein oberhalb des Knöchels gebrochen. Er wurde bewußtlos ins Schiff getragen. Zum Glück ist sein Temperament so heiter und leichtblütig, daß er, kaum zu sich gekommen und mit seinem Zustande bekannt gemacht, noch während des schmerzhaften Verbandes seine Toilette zu ordnen begann, um, wie er sagte, die Krankenbesuche geziemend zu empfangen.

28. April. Meine täglichen, oft weiten Excursionen geben mir Gelegenheit, das Land hier gründlich zu erforschen und mich immer mehr von der großen Fruchtbarkeit desselben zu überzeugen. Die Behauptung, das Innere Syriens sei wegen der Wasserarmuth und hohen Temperatur unfruchtbar, trifft nur auf vereinzelten Flecken zu, und selbst da könnten Oliven, Feigen und Wein mit gutem Erfolge angebaut werden. War doch einst der ganze Weg von Birea bis Babylon mit Bäumen bepflanzt! Und was wäre bei der außerordentlichen Ertragsfähigkeit, die der Alluvialboden des Euphratthales besitzt, mit einiger Cultur alles aus ihm zu erzeugen!

Hier bei Balis wächst das Getreide, eine Art Hordeum, wild in den Bergen, und an vielen Stellen ist der Boden so dicht mit Gras bewachsen, daß man es nicht durchschreiten kann. Ein Fußweg, der vor einigen Jahren gebahnt wurde, ist zu beiden Seiten von einer Art Antonatum wieder undurchdringlich bedeckt worden. Jede Pflanze wählt sich sonderbarerweise einen Fleck von 20—200 und mehr Quadratfuß, den sie ausschließlich einnimmt. Avena, Bromus, Centaurie, Kamille, Viola, Artemisia, Aconit und andere Arten wechseln, jede ein besonderes Feld beherrschend, miteinander ab, und so entsteht ein buntes Mosaikgemälde in großartigem Maßstabe.

Wir sind heute mit Packen und Schreiben sehr beschäftigt. Berichte und Sammlungen sollen in einigen Tagen dem Mutterlande zugesandt werden, um zu zeigen, daß seine Söhne Zeit und Geld nicht zwecklos verwenden. Ich trenne mich ungern von meinen mühsam gesammelten Schätzen, ehe es mir noch vergönnt ist, sie zu bearbeiten; worin doch der wahre Lohn und Reiz des Forschers in fernen Weltgegenden besteht. Andererseits bin ich auch wieder froh, den Nutzen meiner Begleitung der Expedition beweisen zu können.

Unser kühner Eliot war als Friedensbote, zu Fuß und in einem Anzuge von Kamelhaaren, wie die Derwische ihn tragen, in das ferne Lager der Amaze-Araber, der Geisel und Hauptplünderer des Landes, die sich stolz Söhne Ismael's und der Prinzen der Wüste nennen, abgesandt worden.

Als wir heute in der klaren, dünnen Luft des schimmernden Abendlichts in weiter Entfernung am Horizont eine dunkle Masse sich bewegen sahen, hofften wir, daß die von Aleppo erwarteten, uns höchst nothwendigen Provisionen endlich ankämen, die leicht auf dem Wege von herumstreifenden Beduinen geraubt werden konnten. Mit gespannter Aufmerksamkeit verfolgten unsere Blicke den dahinziehenden Streif; denn in einer Einsamkeit wie die hiesige, wo man nichts Lebendes zu sehen bekommt als bisweilen ein Wildschwein, Eule oder Krähe, wo man nichts hört als seine eigene Stimme und das Geheul hungeriger Schakale und Wölfe — in einer solchen Oede ist jede neue Erscheinung von hohem Interesse. Langsam, viel zu langsam für unsere Ungeduld näherte sich die Masse. Nun erkannten wir an den langen, mit Straußfedern geschmückten Lanzen, daß ein Zug von Arabern herankomme. Abgemessenen, gravitätischen Schrittes trugen die Dromedare ihre Reiter, den einen vor, den andern hinter ihrem Höcker; die Häuptlinge aber saßen auf prächtigen Pferden und ließen ihnen, als sie unserer ansichtig wurden, die Zügel schießen, um ihre Behendigkeit zu zeigen.

In der Entfernung von etwa 200 Schritten stiegen die Männer ab, steckten ihre bewimpelten Lanzen in die Erde und setzten sich im Halbkreise nieder. Bald kam unser Derwisch Elliot auf einem kleinen muntern Pferde mit der geflügelten Botschaft zu uns herangesprengt, die Prinzen der Wüste seien angekommen, worauf man sofort die nöthigen Anordnungen traf, ein tüchtiges Mahl nach dem langen Marsche für sie zu besorgen. Es wurde ihnen eine Anzahl Schafe nebst der entsprechenden Quantität Reis geschickt; die für uns bereiteten Speisen würden ihrem gesteigerten Appetit schwerlich genügt haben.

Das Lager aufschlagen, die Schafe schlachten, abziehen, in Stücke zerreißen und ein tüchtiges Pilaw bereiten, das alles war das Werk weniger Augenblicke. Wir schauten dem von fern zu, da die Etikette verbot, uns ihnen dabei zu nähern. Nachdem sie des Leibes Nothdurft sattsam gestillt und die Häuptlinge ihre würdevolle Haltung wieder angenommen hatten, kamen drei der angesehensten, von Elliot und Rassam geführt, zum Schiffe. Ihre Physiognomien waren sehr verschieden von denen, die wir bisjetzt gesehen, zwei von ihnen konnte man außerordentlich schön nennen. Obgleich von tiefbraunem Teint, erschienen sie mir mit den gekräuselt herunterwallenden Locken, den langen, schmalen, etwas leidenden Gesichtern und den funkelnden, aber sanften Augen, wie man sich die Ritter der Kreuzzüge vorstellt. Mit möglichst feierlichem Ceremoniell empfing sie unser Oberst, umgeben von den anwesenden Offizieren, in dem großen Salon, und nachdem die üblichen Freundschaftsversicherungen gewechselt worden und die Friedenspfeife geraucht war, wurden sie in das ihnen zur Nachtruhe errichtete Zelt geleitet. Am Ufer wartete ihrer das Schauspiel von steigenden Congreve'schen Raketen, ein Anblick, der sie in das höchste Erstaunen versetzte. Sie fragten, ob die leuchtenden Sterne über den Mond hinausgingen und da oben hängen blieben.

29. April. Gravitätisch wie gestern kamen unsere Gäste heute früh wieder an Bord des Schiffes. Obgleich voll Ver-

langen, die Wunderdinge näher zu betrachten, verriethen sie doch ihre Neugier mit keiner Miene.

Sie sollten die Gewalt der Schiffswaffen kennen lernen. Zuerst wurden ihnen Gewehre mit Bajonnet gezeigt, das Abfeuern derselben durch Zündhütchen kam ihnen wie Zauberei vor. Kanonen hatten sie noch nie gesehen, daher die Wirkung, welche das Losbrennen unserer mit Kartätschen geladenen und aufs Wasser gerichteten zwei Neunpfünder auf sie übte, eine ungeheuere war. Sie schraken entsetzt zusammen und sprachen: „Wer kann euch widerstehen! Ihr töbtet tausend Menschen mit Einem Schuß!" Darauf wurden sie in die Waffenkammer geführt, bei deren Anblick sie ausriefen: „Wozu so viele Waffen? Ein Schuß aus dem großen Gewehr (der Kanone) vertreibt ja alle Araber!" Ihr höchstes Erstaunen erregte aber die Maschinerie, die mächtigen Hebebalken, die Pistille und die Cylinder. „Wie könnt ihr", fragten sie, „das Eisen so handhaben? es ist ja fein wie Käse geschnitten!"

Im Vorübergehen sahen sie Fitzjames auf seinem Lager ausgestreckt; sie drückten ihr höfliches Bedauern über den ihm zugestoßenen Unfall aus und empfahlen als das beste Mittel, ein gebrochenes Bein zu heilen, den Genuß von Lammfleisch.

Auch die Bibliothek im Salon fiel ihnen besonders auf. „Seht", sagte einer, „daraus schöpfen sie ihre Weisheit! Wie kostbar müssen diese Bücher sein, die schon von außen Gold sind!" Dabei wies er auf die vergoldeten Lettern, Stempel und Vignetten der Einbände.

Pauline zeichnete währenddessen den einen in ihr Skizzenbuch; er bemerkte es, nahm ihr das Buch aus der Hand, und als er darin blätternd das Bild einer Türkin zu Pferde erblickte, rief er aus: „Wie können das die Feringis nur machen! Auf einem so kleinen Raume, die Frau, das Pferd und, wahrhaftig, Sattel, Zügel und Gebiß, alles wie es sein soll!" —

Unsere Gäste waren heut bei uns zu Mittag geladen, doch

stillten sie zuvor ihren Appetit im Lager an einem tüchtigen Pilaw. Sie hatten nie an einem Tische und auf einem Stuhle gesessen, nahmen aber recht geschickt die ihnen angewiesenen Plätze ein. Da sie nie Löffel, Gabel und Messer gehandhabt hatten, beobachteten sie, um ihre Unkenntniß nicht zu verrathen, den Nachbar und ahmten ihn dann mit solcher Treue nach, daß man hätte glauben sollen, sie wären schon oft Gäste an europäischer Tafel gewesen. Ungenirt theilten sie sich lachend, aber mit Würde ihre Bemerkungen mit. Sie fragten uns: „Wozu braucht ihr diese Werkzeuge?" und auf die Gabel deutend: „hat euch Gott nicht die Finger gegeben?" Als Schweinefleisch, das für uns zur Abwechselung mit dem ewigen Schaffleisch eine Delicatesse war, auf den Tisch kam, rührten sie es nicht an, sondern machten die verständige Bemerkung: „Ein jeder thut nach seinem Gebot." Desgleichen nahmen sie keinen Wein, fanden es aber natürlich, daß wir tranken, was ihnen verboten ist. Die Durchsichtigkeit des Glases war ihnen neu; sie wollten sich Wasser einschenken, konnten aber nicht unterscheiden, ob die Flasche gefüllt oder leer sei.

Am Nachmittage erschienen sie in feierlicher Deputation, um mit unserm großen Scheikh einen Friedenstractat für die Ewigkeit abzuschließen und einen geschriebenen Ferman darüber zu erhalten. Dies war es, was Oberst Chesney gewünscht hatte. Rassam wurde mit Anfertigung der Friedensartikel in arabischer Sprache beauftragt, die auch ohne weitere diplomatische Winkelzüge beiderseitig angenommen und besiegelt wurden. „Wir sind", sprach hierauf der Oberst, „als Freunde gekommen; wir werden euch all die Waaren bringen, die euch fehlen und deren ihr bedürftig seid, und werden dafür von euch Wolle eintauschen." „Taib, Taib! (Schön!)," riefen sie mit Emphase. „Allein", fuhr der Oberst fort, „wir wollen nicht nur mit euch, wir wollen mit allen Stämmen in Frieden und Freundschaft leben. Ihr lebt mit den Schamos in ewiger Feindschaft; macht

Frieden mit ihnen! Uneinigkeit zersplittert und schwächt euch; Einigkeit wird euch mächtig machen." Ruhig hörten sie ihn an, dann erwiderte der Aelteste: „Wohl ist Frieden gut, aber der Krieg muß auch sein, ohne ihn gibt's keine Männer. Unsere Väter und Vorväter haben mit den Schamos Krieg geführt, und so müssen und wollen auch wir es thun, so gebietet es unser Gesetz!" Dagegen ließ sich nicht mehr argumentiren.

1. Mai. Die zur Sondirung des Flusses bis Dschaber vorausgesandten Offiziere und Mannschaften kehrten heute erschöpft und zum Tod ermüdet von ihrer Untersuchung zurück, nachdem sie in der brennenden Hitze 30 englische Meilen durch Dornen und Gestrüpp zu Fuße zurückgelegt hatten.

Unser liebenswürdiger Escourt ist wieder vom Fieber heftig befallen und muß sich aus Rücksicht für die englischen Doctoren englisch behandeln lassen, das heißt Kalomel und Kalomel und abermals Kalomel nehmen. Nur eine englische Natur kann eine derartige Behandlung überstehen.

2. Mai. Der Tigris geht bis Dschaber voraus, um von dort das Sondirboot nach Racca abzusenden. Wir müssen leider noch auf eine Karavane mit Proviant von Aleppo warten.

Die Heuschrecken haben sich in der dortigen Gegend in ungeheuerer Menge gezeigt, sind aber, obgleich nur 16 Stunden entfernt, noch nicht bis hierher gedrungen, und Ibrahim Pascha hat so wirksame Maßregeln gegen sie ergriffen, daß weitere Verheerungen nicht zu befürchten sind. Er ließ die ganze 12000 Mann starke Garnison zum Heuschreckensammeln ausrücken und zahlt überdies an Private vier Piaster für einen Scheffel Heuschrecken. Dies schien den Leuten ein bequemer Erwerb; sie schlossen ihre Bazars, und so ist es jetzt schwierig, nur ein Paar Stiefeln, einen Tarbusch, ja selbst Lebensmittel zu erlangen.

3. Mai. Für Jagdliebhaber ist hier ein reiches Feld; es wimmelt gleichsam von Wildschweinen, die indeß so wenig wild sind, daß man sie mit Stöcken schlagen kann. Unsere An-

tiquare wollten in ihnen die Nachkommenschaft der Bewohner des einst so berühmten Thiergartens der syrischen Satrapen erkennen und suchten den ehemaligen Park Belisar's aufzufinden: eine schwierige Aufgabe, da sich nicht die Spur eines Baumes mehr vorfand. Nur am Abhang des Ufers streckte, vom Wasser ausgespült, die mächtige Wurzel eines Süßholzbaumes ihre Knorren ans Tageslicht; dennoch glaubten die Herren, die Stätte des ehemaligen Waldes dort entdeckt zu haben. Mir scheint dagegen die Vermehrung der Wildschweine, auch ohne die Hypothese eines frühern Thiergartens, ganz naturgemäß in einer Gegend, welche ihnen so reichliche Nahrung bietet wie die hiesige, und in der sie, durch religiöse Vorurtheile geschützt, Jahrhunderte hindurch ungestört sich fortpflanzen konnten. Mr. Charlewood und ich waren so glücklich, einen Eber von 2½ Centner zu erlegen. Auf einer unserm Schiffe nahe gelegenen Insel sahen wir eine ganze Wildschweinfamilie, die uns neugierig betrachtete; drei davon wurden erbeutet. Der Oberst trieb mehr als elf Stück an einer einzigen Stelle auf. Sie gehören einer andern Varietät als die unserigen an; die Frischlinge sind gestreift wie ein Zebra; die Alten rothbraun und von ungeheuerer Größe. Die Araber haben keinen so großen Abscheu vor diesen unreinen Thieren wie die Türken; einige unserer Begleiter erboten sich sogar, mit uns von dem Fleische zu essen. Mit so unbedeutenden Kleinigkeiten beginnt oft die Civilisation.

6. Mai. Insch allah! die erwartete Ladung ist angekommen. Morgen verlassen wir den Ort, der als erste englische Niederlassung und als Hafenplatz von Aleppo bereinst große Bedeutung zu erlangen verspricht. Mir bietet das Land in seiner Monotonie, sowol der Anblick als die Producte desselben, kein Interesse mehr. Die durchgehends weiße Farbe des Kalksteingebirges ermüdet das Auge; das daraufliegende Conglomerat, hier mit Feuerstein gemengt, hat nur eine etwas röthlichere Färbung; die schmalen Streifen des Frühlingsgrüns fangen an zu

bleichen; der Sommer beginnt zwar, er trägt aber hier das Gepräge des Winters. Ich bin Europa und seinen Producten noch viel zu nahe: Auge und Herz sehnen sich nach der Tropenwelt!

7. Mai. Die in Balis verlorene Zeit sollte wieder eingebracht werden und das Schiff in einer Tour bis Racca gehen, eine Entfernung von fast 70 englischen Meilen. Unsere heutige Fahrt war viel angenehmer und unterhaltender als alle frühern. Das Ufer, anfangs mit Buschwerk von Tamarisken bedeckt, zeigte bald mehr hochgewachsene Bäume, die zusammen mit dem Unterholze ein undurchbringliches Dickicht bildeten. Tausende von mir theilweise noch unbekannten Vögeln sangen und zwitscherten dort in sicherm Asyl; namentlich viele Nachtigallen schmetterten und flöteten ihr Liebeslied, um dem brütenden Weibchen die Zeit zu verkürzen. Nie habe ich so lebhaften Vogelgesang gehört, und es wird dies wol auch für lange Zeit der letzte derartige Genuß sein, denn die Vögel des Südens haben zwar farbenprächtiges Gefieder, aber keinen Gesang.

Menschen werden jetzt diese Inseln schwerlich besuchen, auf denen auch schon der Löwe vereinzelt vorkommen soll.

Eine Stunde unterhalb Balis theilt sich der Fluß in mehrere Arme, welche bei hohem Wasserstande zu einem ungeheuern See vereinigt sind. Vor 14 Tagen war hier große Ueberschwemmung; das Wasser reichte an manchen Stellen bis an die Wipfel der Tamarisken. Jetzt sind nur noch kleinere oder größere Wasserlachen davon zurückgeblieben. Die Ufer sehen wie abgewaschen aus, und hier und da stürzt eine unterhöhlte hohe Uferwand in die Fluten.

Dieser Theil des Landes scheint bewohnter zu sein. Es hausen hier die Walbi-Araber, ein den Anaze unmittelbar und Ibrahim Pascha mittelbar unterworfener Stamm. Die Männer gehen halb nackt, sehen aber vertrauenerweckender aus als die Fachals und die Beni Seib. Sie bauen Getreide und wenden

sogar eine wenn auch sehr primitive Art von Bewässerungs=
system an. Es wird nämlich ein Gerüst von Holz, einem Zieh=
brunnen nicht unähnlich, als Schöpfapparat perpendikulär in den
Fluß gesetzt; das mittels desselben geschöpfte Wasser wird in
Rinderhäute gefüllt, welche dann auf Rollen befestigt von Ochsen
landeinwärts gezogen und auf den naheliegenden Feldern ihres
Inhalts entleert werden. An andern Orten sahen wir Wasser=
leitungen von zusammengepflastertem Lehm, auf hölzerner Un=
terlage ruhend.

Die am Ufer versammelte Menge begrüßte uns mit dem
üblichen Mash allah! Einige versuchten zu Pferde mit dem
Schiffe Schritt zu halten, jedoch vergebens.

Wir kamen heute überall glücklich durch, obgleich die Son=
dirungsresultate: 6 Fuß, 5 Fuß, höchst bedenklich klangen.
Nur gegenüber dem Castell Dschaber fuhren wir hart auf, wur=
den indeß glücklicherweise sogleich wieder flott. Das alte, schon
zu Alexander's Zeiten berühmte Castell, das Riesencastell ge=
nannt, ist, wie alles einst Schöne und Großartige an den Ufern
des Vater Euphrat, eine verlassene Ruine. Im Hintergrunde
sieht man den Tell Marabbou, den heiligen Berg. Alexander
der Macedonier hat hier auf seinem Zuge nach Thapsacus den
Euphrat überschritten. Benjamin von Tudela fand das aus
Ziegelsteinen erbaute Castell noch als einen festen Platz; jetzt
liegt es ganz in Trümmern.

Ein hochragendes Minaret erhebt sich aus den umgebenden
Trümmerhaufen und leuchtet fernhin als Wahrzeichen dem Wan=
derer in der Wüste.

An dem Ufer unterhalb Dschaber fanden wir den Tigris
vor Anker liegen und legten neben ihm an. Da wir die
Fahrt noch fortsetzen sollten, wurde schnell zu Mittag gegessen.
Während das von Arabern herbeigebrachte Tamariskenholz ein=
geladen wurde, machte ich in der Eile eine entomologische Ex=
cursion nach einem nahen Weizenfelde, wo Myriaden schwefel=

gelber Cistela schwärmten; dann fuhren beide Schiffe, der Tigris voran, weiter. Das Land verflacht sich immer mehr, die Kalksteinfelsen (bloße Breccie) verschwinden. Eine Art Espen gesellt sich zu den Tamarisken, die hin und wieder eine bedeutende Höhe erreichen.

Unser Lauf war fast ganz nach Norden gerichtet; eine so starke Wendung macht der sich hier in drei Arme theilende Strom. Wir änderten die Richtung, geriethen aber bald in einen unergründlichen Morast und saßen nach 10 Minuten fest. Der Tigris kam zu unserer Hülfe herbei, und nachdem das Holzwerk zur Errichtung der bisjetzt noch fehlenden Seitenwände des Schiffes ausgeladen, das Wasser aus dem Kessel geschöpft und das Boot dadurch um fünf Zoll gehoben war, wurden wir aus unserer fatalen Lage befreit. Doch war der Tag verloren.

8. Mai. Es wurde beschlossen, auch heute hier zu bleiben, um den Verlust der Kohlen durch Holz zu ersetzen, welches die nahe Insel in Ueberfluß bietet. Wir müssen eben nehmen und benutzen, was das Land selber gewährt. Für mich war dies übrigens keine verlorene Zeit; die Insel erwies sich als ein für meine Forschungen besonders interessantes Feld.

Auf der einen Seite derselben bestand die Vegetation aus schlankgewachsenen Tamarisken, untermischt mit dichten Brombeersträuchern und einzelnen Espenbäumen, wobei eine mir ganz neue Art; der sandige Boden darunter hatte fast gar keine Pflanzenbekleidung. Die andere Seite der Insel hingegen war mit hohem, üppigem Graswuchs unter den starken Espen bedeckt. Hier leben Wildschweine, Füchse und Schakale in großer Zahl. Die Sperlinge zeigen sich als ein besonders leckes Gesindel; sie bauen in den Brombeersträuchern aus Gras ihre Nester, mehr als sechs übereinander; den Menschen scheinen sie nicht zu kennen, denn sie stierten mich bei meiner Annäherung an, wie es die Vögel bei der Eule zu thun pflegen, ohne Furcht zu zeigen oder davonzufliegen.

Auch unsere Elster und der Staarmatz sind hier zu Hause, und noch einmal hörte ich vereinzelte Nachtigallen schlagen.

Die Untersuchung eines verlassenen Vogelnestes führte mich zur Entdeckung eines Buprestes und noch einiger anderer lange gesuchter Species.

9. Mai. Der heutige Morgen lieferte uns eine Scene, welche an die amerikanischen Urwälder erinnerte. Die Mannschaft unserer beiden Schiffe wurde zum Holzfällen auf die Insel gesandt und mußte sich mit ihren Sägen und Aexten durch das Dickicht erst einigermaßen Bahn brechen. Die Araber scheinen früher hier stark geholzt zu haben, man sah viele gefällte Bäume halb verfault umherliegen. Ja, so sorglos sind sie mit dem unter andern Umständen so werthvollen Material umgegangen, daß sie große Strecken des Waldes zwecklos niederbrannten.

Zur Mittagszeit war genug des Holzes eingenommen; es gab aber, weil noch ganz grün, sehr wenig Hitze, sodaß erst um 5 Uhr das Schiff sich in Bewegung setzen konnte.

Die kurze Fahrt bis Racca war eine angenehme. Die wellenförmige Abdachung der Berge auf der syrischen Seite stellte sich in der vorgerückten Tagesbeleuchtung höchst malerisch dar. Der Fluß, der bis hierher nie über 1000 Yards die gleiche Richtung innehält, strömt nun eine weite Strecke in geradem Laufe fort, und es eröffnet sich über den breiten Wasserspiegel eine schöne Fernsicht. Wir kamen an mehrern wichtigen Ruinen dieser historisch denkwürdigen Gegend vorbei, wie an Sura, das nach Palmyra die bedeutendste Stadt dieses Landestheils gewesen, jetzt aber nur noch weniges aufrecht stehendes Mauerwerk aufzuweisen hat. Wir waren auch so glücklich, mit ziemlicher Gewißheit die immer noch fragliche Lage von Thapsacus (das jetzige Hamma) unweit Racca aufzufinden. Ein von Steinen erbauter, längs des Flusses sich hinziehender und noch deutlich erkennbarer Damm zeigt die Stelle, an welcher Alexander mit seiner Armee den Fluß passirte, und die auch Xenophon mit unserer Entdeckung in Bezug auf Lage und Entfernung des Ortes übereinstimmend angibt.

Die ausgebreiteten, aber zerstörten Ringmauern von Racca, dem alten Nicephorium, wurden bei unserer Annäherung von den letzten Sonnenstrahlen beleuchtet. Wir legten mit Anbruch der Nacht unterhalb der Stadt an einem niedrigen, sumpfigen Uferlande an.

10. Mai. Die hiesigen Araber, vom Stamme Asadel, sehen wie eine Rotte Diebe aus und bedauern es gewiß sehr, uns nicht ausplündern zu können. Dabei sind sie furchtsam; nur zwei von ihnen wagten es heute früh, etwas Milch in kleinen hölzernen Gefäßen tragend, sich in gemessener Distanz dem Schiffe zu nähern. Als aber Rassam ihnen freundlich entgegenging, brachten sie ihre Waare zum Kauf, freilich mit der unverschämten Forderung von einem halben Gazi (1 Fl. C.=M. nach unserm Gelde) für ein wenig Milch! Nun kamen ihrer immer mehrere. Jeder brachte etwas: Leben (saure Milch), Quark mit Senf, Butter, aus Schafschwänzen ausgekochtes Fett, lebende Schafe. Die Concurrenz minderte ihre Forderungen herab, und zuletzt boten sie ihre Waaren für einige gelbe Kopftücher feil.

Ihre Zelte standen eine halbe Stunde ostwärts von Racca. Die meisten waren nur mit einem Hemde bekleidet, an dessen Gürtel einige einen alten verrosteten Säbel trugen, während die übrigen nur mit einem Stecken, dessen Spitze in eine Kugel endete, bewaffnet waren.

Sie wurden bald sehr dreist und unverschämt. Einer wollte mir mein Gewehr aus der Hand nehmen, ein anderer meiner Frau die Pistolen aus dem Gürtel ziehen, diese Waffen als Bakschisch begehrend! Ein dritter zog sein verrostetes Schwert, weil unser Diener Mahomed ihm wehrte, zu nahe ans Schiff zu kommen; er lief aber in höchster Eile davon, als Rassam unbewaffnet dazwischentrat und drohte, man werde ihm den Kopf abschneiden. Ein vierter stahl einen Hammer, wurde aber ertappt und nach empfangener Bastonnade davongejagt. Nichtsdestoweniger wurde mit dem Scheikh Freundschaft geschlossen, der sich höchst glücklich schätzte, an Bord gehen und die Wunderdinge betrachten zu dürfen.

Auch die Weiber erschienen; sie waren womöglich noch häßlicher, als die wir bisher gesehen. Meine Frau als ihres Geschlechtes erkennend, riefen sie verwundert: Marra, Marra! und sprachen dann ihr tiefes Bedauern aus, daß sie keine blau gefärbten Lippen habe.

Mein Versuch, Racca zu Fuß zu erreichen, war vergeblich; ich gerieth bald in tiefen Koth, dann an einen mit Wasser gefüllten breiten Graben, und war genöthigt, einen Araber anzusprechen, daß er mich hinüberschaffe. Er nahm mich gegen einen ansehnlichen Lohn auf seinen Rücken und trug mich durchs Wasser, das ihm bis an den Gürtel reichte; der Grund war schlüpfrig und uneben, sodaß ich jeden Augenblick in Gefahr schwebte, ein unfreiwilliges Bad zu nehmen.

Drüben setzte ich meine Wanderung fort, kam aber bald an einen zweiten, offenbar von einer ehemaligen Stadtbefestigung herrührenden Graben mit noch einigen Maulbeerbäumen an seinem Rande, der ebenfalls nicht zu durchwaten war. Ich mußte unverrichteter Sache umkehren und froh sein, meinen Araber wiederzufinden, der augenscheinlich darauf gelauert hatte, einen zweiten, viel größern Bakschisch von mir zu erpressen. Später gelangte ich mit Lieutenant Murphey, der trigonometrische Messungen dort vorzunehmen hatte, auf einem Boote in die Stadt.

Nie sah ich einen ehemals berühmten Ort bis auf so spärliche, elende Ueberreste vertilgt. Nur die in Koth und Lehm zerfallene Ringmauer gibt einen ungefähren Begriff von der Größe und Bedeutung des alten Nicephorium. Formlose Hügel bezeichnen die Stätte, wo Harun Al-Raschid, nachdem er seine Residenz Bagdad verlassen, sich einen Palast erbaute und dann sein Sohn Al-Mamun eine Sternwarte errichtete, auf welcher der Astronom Al=Bathene den ersten Meridiangrad der Erde vermessen hat. Hier und in einem später erbauten, noch auf= rechtstehenden Minaret machte Lieutenant Murphey seine astro= nomischen Beobachtungen — wol die ersten wieder seit einem Zeitraum von 1000 Jahren!

Ein Deutscher, Doctor Rauwolf aus Nürnberg, der im Jahre 1573 den Euphrat befuhr, schildert Racca noch als eine bedeutende Stadt. Jetzt lassen hier Scharen von Störchen, die nachdenklich auf den Mauern stehen, ihr unmelodisches Geklapper erschallen. Schwarze Ibisse nisten zu Tausenden in den Wällen, und Schakale und Füchse kommen rudelweise am lichten Tage aus den unterirdischen Löchern hervor.

Zum ersten male sah ich hier einen Zug Heuschrecken über ein Gewässer setzen. Der Schwarm bildete in dem ausgedehn= ten Flußarm eine breite, feste Masse. Die kräftigsten Thiere sprangen auf die schwächern, die ihnen als Unterlage dienen mußten, und gelangten so hinüber. Gingen dabei auch viele zu Grunde, so erreichten doch Milliarden das jenseitige Ufer, wo sie sich innerhalb der Ringmauern niederließen. Aber hier erwartet sie der grüne Merops, ihr größter Feind; er ist der einzige Vogel in dieser Gegend, der einen angenehmen Gesang hören läßt.

11. Mai. Um 6 Uhr früh waren wir heute unterwegs, aber schon nach einer halben Stunde wurde bei Amran ange= legt, unfern von einem Walde gleiches Namens, welcher wegen der Masse wilder Thiere, die darin hausen, bei den Arabern berüchtigt ist. Hier mußten wir abermals einen Vorrath Holz einnehmen. Mein erster Versuch, in dem Gebüsch vorzudrin= gen, mislang; erst als die Mannschaft der Boote mit der Axt einen Weg durch das Uferdickicht gehauen, war es möglich, bis zu einem nicht mit Unterholz, nur mit Tamariskenbäumen bewachsenen Platze zu gelangen, und ich wäre auch nicht so weit gekommen, hätten nicht die Wildschweine, die in unglaublicher

7. Mit der englischen Euphrat-Expedition unter Colonel Chesney.

Menge hier hausen, den weichen Grund festgetreten; von da aus aber versperrten Brombeerhecken, rankender Asparagus, Clematis, Smilax und andere Schlingpflanzen jeden weitern Schritt.

Ungeheuere Scharen großer Mosquitos, deren wir uns durch nichts erwehren konnten, machten den Ort unerträglich. Dennoch verging mir der Tag schnell und angenehm, wie immer wenn ich ungestört der Stimme der Natur lauschen kann; sie spricht lauter und freundlicher zu mir als die der Menschen, ausgenommen die meiner Pauline.

Als zur Nacht die Schakale, angelockt von den Ueberresten der verzehrten Schafe, sich herbeischlichen und ihr Sopranconcert anstimmten, ließ ich mich von ihnen in den Schlaf heulen.

Hier wurde Freundschaft mit den Weldah-Arabern geschlossen, indem Rassam ihnen bei seinem Kopf und Bart Frieden zusicherte. Sie verzehrten gierig das als Friedenszeichen gereichte Stück Brot, als ein plötzlicher Lärm sie in Bestürzung versetzte. Die Effadee-Araber waren nämlich in der Zwischenzeit auf Thierhäuten vom andern Ufer herübergeschwommen und hatten, als wären sie von den Feringis dazu beauftragt, versucht, das Vieh der Weldah davonzutreiben. Diese glaubten sich von uns verrathen, und nur mit Mühe gelang es Rassam ihr Vertrauen wiederzugewinnen. Unter dem mächtigen Schutze der Fremden riefen sie nun ihren Gegnern Verwünschungen und Herausforderungen zu.

12. Mai. Nachmittags setzte ich in einem Boote auf die andere Flußseite über, eine wellenförmige, baumlose, dürre Ebene, an deren Saum eine niedrige Gebirgskette sich von Westen nach Osten zieht. Die Fläche war ganz unbebaut, doch zeigten zahlreiche künstliche Einschnitte alter Kanäle sowie rohe arabische Wasserleitungen, daß sie einst cultivirt gewesen oder noch vielleicht zeitweilig von den in einiger Entfernung wohnenden Arabern angebaut wird.

Ein heftiger Sturm, verbunden mit fast an Finsterniß grenzendem Nebel und drückender Schwere der Luft, hinderte mich, meine Forschungen fortzusetzen. Ich glaubte, diese Lufterscheinung müsse der Vorbote eines Erdbebens sein; allein alles blieb ruhig, und es folgte ein schöner Abend.

13. Mai. Auf eine neue, vielleicht gewagte Art gingen wir heute weiter, ohne nämlich, wie bisher, ein Boot zur Sondirung des Fahrwassers vorauszuschicken. Der Tigris, unter dem Commando von Kapitän Linch, fuhr voran, uns den Weg bezeichnend. Die Furcht wieder stecken zu bleiben machte mich anfänglich nervös; da das Wasser aber immer 2—3 Faden Tiefe zeigte, beruhigte ich mich und genoß nun mit Behaglichkeit die schöne Scenerie des sich vielfach zwischen grün bewachsenen Ufern windenden Flusses. Wir landeten nach mehr als 3½stündiger, glücklicher Fahrt an einem baumreichen Platze der mesopotamischen Seite, da der Tigris wieder Holzvorrath einnehmen mußte.

Hier nahten sich uns drei fast nackt zu Pferde sitzende Araber, vorsichtig fragend, ob wir sie als Freunde behandeln würden; sie wollten sich gern den Feringis unterwerfen und Tribut zahlen, wenn diese sie gegen ihre Feinde schützen wollten. Nach erhaltener Friedensversicherung sprengten sie im Galop davon, erschienen aber in kurzer Zeit wieder, diesmal mit großem Gefolge. Sie gehören zum Stamme Afabel, sind von schöner Körperbildung, benahmen sich jedoch wie völlig Wilde. Für die Schafe, welche Rassam von ihnen kaufte, verlangten sie nichts als ein Stück Brot, das sie hastig ergriffen und unter sich vertheilten, denn es galt ihnen als Symbol der besiegelten Freundschaft, der ein jeder theilhaftig sein wollte.

Als die Mittagsglocke auf dem Schiffe läutete, liefen sie, dies für einen feindseligen Ton haltend, erschreckt davon, und nur nach vielen Freundschaftsversicherungen faßten sie wieder Muth zur Rückkehr, wurden aber dann desto zudringlicher.

14. Mai. Auch heute setzten wir unsere Fahrt auf gleiche Weise fort, indem der Tigris als Führer vorausfuhr. Der Fluß ist hier für die Schiffahrt sehr günstig, tief und bis zu 300 Yards breit. Zu unserm Erstaunen wandte sich aber sein Lauf plötzlich südwärts, der Gebirgskette zu.

Dort ruht auf einer Schicht von Kieselsteinen ein Basaltlager; schwarze Massen bilden die Gipfel, und schwarzes Geröll fällt über die nackten Abhänge herab, die den Fluß zu schließen scheinen.

Unsere Bewunderung der großartigen Scenerie stieg, je mehr wir uns dem Durchbruch des Euphrats durch die Felsenkette näherten. Es ist die dritte Felsenreihe, seit Birjick, bekannt unter dem Namen der Finstern Abgründe. Nach viertelstündiger Weiterfahrt legten wir bei den Ruinen eines Castells gegenüber von Selibi an — der malerischste Landungsplatz, den wir auf der ganzen Fahrt bis hierher gehabt. Freudig eilten wir ans Land, ich doppelt erwartungsvoll, denn zu dem Interesse für Alterthümer gesellt sich bei mir die Liebe zu der Natur und ihren Geschöpfen.

Eine halbe Stunde abwärts liegen die Ruinen des einst sehr starken Castells, das aus Gipsblöcken in der Mitte mit Basalt ausgefüllt erbaut war. Nur nach der Landseite ist noch ein Stück Mauer mit drei bogenförmigen Oeffnungen stehen geblieben; der nach dem Fluß gekehrte Theil ist ganz ins Wasser herabgestürzt. Hier scheinen nicht blos der Zahn der Zeit und nicht blos Menschenhände, sondern auch Erdbeben verwüstet zu haben; darauf deuten die tiefen Risse und Spalten in dem sonst noch festen Gemäuer.

Auch hier verzehrten Milliarden von Heuschrecken die letzten Reste des Grases; sie gehören einer andern Species an, als die wir in Racca gesehen haben.

15. Mai. Heute am Sonntag, dessen Feier der Oberst wenn möglich streng beobachtet, war Rasttag und Zeit, das

alte Selibi zu besichtigen, den Sommerpalast der Zenobia, welchen sie nach dem Tode ihres Gemahls sich als Herrscherin über Palmyra an dem Flusse erbaute, und von wo sie, nach der Einnahme Palmyras durch Aurelian auf ihrer Flucht ergriffen, als Gefangene nach Rom geführt wurde. Ihr Name lebt noch unter den Arabern fort, welche diese merkwürdigen Ruinen den Marmorpalast nennen. Sie bestehen aus schimmerndem, blätterigem Gips und sind verhältnißmäßig so gut erhalten, daß man es schwer begreift, wie sie schon seit Jahrhunderten verlassen sein können. Die Form der Stadt ist ein Dreieck, dessen Winkel durch drei Hügel bezeichnet werden, und in dessen Mitte die einstige Akropolis sich erhebt. Die umgebenden Wälle sind mit Vertheidigungsthürmen versehen, zwölf auf der einen und acht auf der andern Seite. Längs des Flusses stehen sie weiter voneinander ab als in dem übrigen Umkreise.

Hier hindurch führte wol einst eine Hauptstraße von Palmyra nach Assyrien; denn auf dem rechten wie auf dem linken Ufer des Flusses sind Spuren ehemaliger Ueberbrückung zu sehen.

Raumer, in seiner Euphratreise, sagt, die Stadt sei schon damals völlig Ruine und ganz verödet gewesen.

16. Mai. Die dritte ohne Anstand verlaufene Fahrt brachte uns heute nach El Deir. Der Scheikh von El Deir hatte einen seiner Diener hierher gesandt, um die Feringis zu bewillkommnen und ihren Schutz zu erbitten; da dieser Mann gewohnt war, Holzflöße nach El Deir und Anah zu schaffen, konnte er uns zugleich als Pilot dienen. Kapitän Linch vom Tigris wußte übrigens so geschickt den Weg zu ermitteln, daß wir bei einer Stromtiefe von stellenweise nur 6—7 Fuß, glücklich über die Untiefen hinwegkamen, obgleich wir sogar ein überschwemmtes Kornfeld zu passiren hatten.

Der Fluß setzt hier seinen Lauf zwischen aus Gips- und Kreideformation und Conglomeratfelsen bestehenden Ufern mit

7. Mit der englischen Euphrat-Expedition unter Colonel Chesney.

ungemein starken Windungen fort. Unweit El Deir geriethen wir in einen so engen Seitenkanal, daß unser Boot bei einer Wendung das Land streifte. Zum Glück war es weicher Alluvialboden, und so verursachte der Anstoß keinen weitern Schaden, als daß eine ziemliche Menge Erde durch die eingedrückten Fenster in die Speisekammer geworfen wurde. Die Stadt, wenn ich mich dieses Ausdrucks bedienen soll, amphitheatralisch eine Anhöhe hinaufgebaut, zu Füßen den in wohlbewachsenen Ufern sich windenden Strom, hat ein sehr freundliches Aussehen. Bei der Annäherung hißte unser Schiff die englische und türkische Flagge auf, einige Begrüßungssalven abfeuernd.

Wir gingen gegenüber der Stadt an einer Insel vor Anker, um nicht dem Andrange der neugierigen Bevölkerung ausgesetzt zu sein. Jedoch half diese Vorsicht wenig; denn bald wimmelte es in dem Flusse von Menschen. Alt und jung kam auf den luftgefüllten Häuten herangeschwommen, die Stärkern trugen die Schwächern, die Aeltern ihre Kinder auf dem Rücken. Sie befühlten mit ihren Händen die Schiffswände, und staunend rief einer dem andern zu: „Eisen, alles Eisen!"

El Deir ist von Birjik 309 englische Meilen entfernt und der erste Ort mit festen Wohnsitzen. Bis hierher sahen wir nur Ruinen oder Zelte.

17. Mai. Heute wurden die Schiffe mit Stricken auf die andere Seite des Stromes gezogen, wo wir neuen Vorrath an Holz und Kohlen einzunehmen hatten.

Das Innere der Stadt entspricht keineswegs dem angenehmen Aeußern. Die Häuser gleichen mehr Lehmhaufen als menschlichen Wohnungen, sind unsauber und mit verdorbener Luft erfüllt, die nicht verfehlen kann, ihren nachtheiligen Einfluß auf die Gesundheit auszuüben. Die Einwohner, schmuzig, kriechend und aufs Betteln versessen, ganz unähnlich den kräftigen, frei umherstreifenden Söhnen der Wüste, fügen den Lastern wilder Horden noch die eines städtischen Proletariats hinzu, ohne die Vorzüge der Civilisation damit zu verbinden. Ich sah viele jüdische Physiognomien mit weit hellerm Colorit als bei den bisher angetroffenen Arabern.

Wir hatten Mühe, uns der Zudringlichen zu erwehren; durch vorgestreckte Bajonnete mußten sie vom Erklimmen des Schiffes abgehalten werden.

Einzelne, von Lehmwänden umgebene Gärten tragen Feigen, Granaten und Maulbeerbäume. Auch sechs verkrüppelte Dattelpalmen, wol die nördlichsten am Euphrat, stehen, wie trübselige Fremdlinge, in einer Umzäunung; so kümmerlich auch ihr Aussehen ist, wurden sie doch von mir und Pauline freudig begrüßt, als Vorboten des Landes unserer Sehnsucht. An tiefliegenden, der Ueberschwemmung ausgesetzten Orten werden Melonen, Mais und Baumwolle, aber erst im Monat Juni, gepflanzt.

Von einer Anhöhe bei El Deir that ich einen Blick auf die unabsehbare, lautlose Ebene und ihre außerordentlich einförmige Vegetation; eine Art Adonis wuchert fast ausschließlich und wechselt mit andern Wüstenpflanzen, Gnaphalium, Artemisia und Carlinea, nur hin und wieder ab. Sand, besonders Flugsand, sah ich keinen. Der Boden besteht aus aufgelöstem Conglomerat und Geröllmassen, und diese Beschaffenheit desselben ist die Ursache der Verödung; denn gierig saugt er jeden Tropfen Wassers ein und läßt die Bäche und Quellen nicht zu Tage kommen, die in einer Tiefe von 6—15 Fuß unter ihm hinlaufen.

18. Mai. Der Ort El Deir war uns willkommen und bedeutungsvoll, weil er den Beginn stabiler Wohnsitze und einer, freilich noch sehr mangelhaften, Bodencultur darstellt.

Wir verließen ihn heut nachmittag und kamen, nach Ueberwindung der bei einer Mühle sich uns entgegenstellenden Schwierigkeiten, glücklich aus dem Seitenkanal in den Hauptstrom. Das Wasser ist noch im Steigen begriffen und überschwemmt zu bei-

7. Mit der englischen Euphrat-Expedition unter Colonel Chesney.

den Seiten viele Orte. Sonst geben kleine Getreidefelder, mit der rohen Bewässerungsanstalt versehen, ohne welche hier nichts gedeihen kann, sowie gut gehaltene Einzäunungen, in denen die nomadischen Eingeborenen ihr Winterlager aufschlagen und ihr Vieh gegen den Angriff wilder Bestien schützen, dem Lande ein einigermaßen cultivirtes Ansehen.

Nach 2½ stündiger Fahrt kamen wir nach Karkin, dem alten Circesium, das viele antike Ueberreste zu enthalten scheint. Nahe dabei mündet der Araxes der Alten, der jetzige Chabur, ein für die Geschicke dieser Länder einst sehr wichtiger Fluß, auf dem Kaiser Julian seine Flotte in den Tigris schaffen ließ.

Beim Hinauffahren gerieth unser Tigris auf eine Untiefe, von der er sich indeß glücklich wieder losmachte. Dagegen schien es nun nicht rathsam, mit unserm tiefer gehenden Boote die Passage zu versuchen; wir legten deshalb zwei Meilen stromabwärts an der mesopotamischen Seite an und hatten an diesem Platze einen schrecklichen Abend und eine noch fürchterlichere Nacht zuzubringen. Kaum waren nämlich die Matrosen und ich mit ihnen ans Land gegangen, jene um die Anker zu befestigen, und ich um zu botanisiren, als uns dichte Wolken von ungewöhnlich großen Mosquitos einhüllten, und obgleich wir fast im selben Moment wieder aufs Schiff zurücksprangen, war unsere Haut bereits überall, wo die Kleidung sie nicht verdeckte, mit den blutgierigen Thieren besetzt, und bald schwollen uns Hände und Gesicht von den giftigen Stichen derart an, daß wir kaum die Augen öffnen konnten.

Die Plage verbreitete sich auch auf das Schiff; zwar wurden alle Fenster und Thüren sofort geschlossen, aber das Ungeziefer drang durch jeden kleinsten Ritz in die innern Räume. Weder Einreibung mit Essig, Oel und selbst mit Theer, die die Mannschaft versuchte, noch Tabackrauchen gewährte Schutz. Nichts half, als sich bis über den Kopf verhüllt zu Bette zu legen, wobei aber wieder die Hitze unleidlich war.

Pauline hatte aus meiner Insektengaze eine Anzahl Beutel verfertigt, die, auf Draht gespannt und über den Kopf gezogen, ein Schutzmittel bieten und dabei gestatten, sich frei zu bewegen und zu sehen. Jeder war glücklich, der mit einem solchen bedacht wurde.

19. Mai. Unser heutiger Stationsplatz war mit Tamarisken- und Liciniengebüsch bewachsen, daher für Sammlungen sehr geeignet. Doch war es der Mosquitos halber unmöglich, am Ufer auszuhalten.

Der Tigris, der den Chabur 10 Meilen hinauf erforscht und den Fluß zwar tief, aber sehr schmal gefunden hatte, kam gegen 1 Uhr zu uns zurück; wir fuhren nun mit ihm gemeinschaftlich bis Mäden, der ersten türkischen Stadt, wo der Einfluß Ibrahim Pascha's aufhört. Es scheint, er hat es nicht der Mühe werth gefunden, sich ihrer zu bemächtigen; sie hätte bei einem Angriff nicht den geringsten Widerstand zu leisten vermocht.

Der Oberst ließ auch hier mit vier Kanonenschüssen salutiren, zum Schrecken und Staunen der Einwohner, die, obgleich in beständiger Fehde lebend, wie es scheint noch nie den Knall einer Kanone gehört haben.

Unser Holzvorrath war zu Ende; wir mußten uns frisches Brennmaterial verschaffen. Bei dem Mangel an Baumwuchs lieferten uns die Einwohner dasselbe auf Kosten ihrer Gebäude. In großer Schnelligkeit demolirten sie Ställe und sonstige Baulichkeiten, zogen die Balken aus dem Schutt hervor und verkauften sie uns gegen gelbe Kopftücher. Im ganzen ist die Bevölkerung hier höflich, zuvorkommend und civilisirt, wenn man dieses Wort auf Araber anwenden kann.

In der Zwischenzeit machten wir den in südlicher Richtung etwa fünf englische Meilen entfernten Ruinen von Rahabeh einen Besuch. Der Oberst hält sie für die Rehoboth der Ammoniter aus den Zeiten der Juden, als sie den Euphrat von

Racca bis Anah in Besitz hatten. Die ältesten Mauerwerke sind jedoch aus leicht verwitterndem Conglomerat, und nur die augenscheinlich neuern aus Backsteinen aufgeführt. Völlig in Trümmern liegend, hat der Ort ein sehr düsteres, gänzlich verkommenes Aussehen.

Weitläufige unterirdische Gewölbe sollen nach Aussage der Einwohner noch im vergangenen Jahre zugänglich gewesen sein. Wir fanden den Eingang ganz verschüttet.

Die Ruinen stehen auf einem isolirten Berge, dem Ausläufer einer 150 Fuß hohen Kette, welche die Grenze der Wüste bildet. Eine unabsehbare Hochebene, unter dem Namen der Syrischen Wüste bekannt, breitet sich nach Westen aus.

Von hier bis zum Flußufer finden sich ununterbrochene Spuren von Mauern und Ziegelwerk, die in ihrem Zerfall oft förmliche Hügel gebildet haben und hin und wieder mit grünenden Weizenfeldern bedeckt sind.

Máden muß einst eine große Stadt zwischen Fluß und Wüste gewesen sein.

20. Mai. Zu meiner großen Freude ging es heute schon früh weiter. Wir nähern uns Bagdad jetzt schnell, dem Ziele meiner Wünsche für den Augenblick, denn dort muß ich von unsern Freunden hören; hoffentlich werde ich Briefe von ihnen vorfinden und über unsern fernern Reiseplan Näheres erfahren.

Das Schiff ging mit voller Kraft und flog schnell über den breiten Wasserspiegel dahin; dennoch legten wir nur eine geringe Distanz in gerader Richtung zurück, da der Fluß hier viele und große Windungen macht. Die Ufer sind einförmig wie bisher; das linke dehnt sich in unabsehbarer Fläche aus, das syrische zeigt eine Kette von Gebirgen, die sich bald vom Ufer entfernen, bald bis an den Uferrand heranrücken.

Wir wollten bis El Kaim gehen, den Ort, von wo der Oberst den Euphrat zuerst beschiffte; allein Mangel an Brennmaterial nöthigte uns an einer mit Tamariskenbäumen bewachsenen Stelle anzulegen. Während die Mannschaft mit Holzfällen eifrig beschäftigt war, unternahmen wir es, der nie rastende Oberst an der Spitze, die Ruinen eines Castells am syrischen Ufer zu untersuchen. Wir waren nicht wenig überrascht, hinter dem durch einen Graben abgesonderten, an einem Abhange hervorstehenden länglich-viereckigen Schlosse die festen Mauern einer großen Stadt zu finden, die, aus Gips errichtet, ebenso wie ein großes Eingangsthor noch unversehrt aufrecht standen. Das Innere aber bildete, einige Fundamente von großen Gebäuden abgerechnet, nur eine mit Backsteinen und Gefäßfragmenten überdeckte Trümmerstätte.

Es ist schwer zu bestimmen, welcher Zeit dieser merkwürdige Ort angehört haben mag. Die regelmäßige Form der Vertheidigungswerke sowie die gewölbten Bogen, wie man sie erst seit der Römerzeit zu construiren verstand, lassen auf die Erbauung in jener Periode schließen. Die vollkommene Verwitterung des innern Gesteins aber deutet auf eine ältere Epoche. Nirgends finden wir die Ruinen dieser großen Stadt erwähnt, wir müssen daher annehmen, daß sie bisher allen Forschern unbekannt geblieben sind. Die Eingeborenen nennen sie Salhia (Sfalihijeh).

Morgen soll es bis zu dem circa 130 englische Meilen entfernten Anah gehen; der Oberst will die auf dem obern Euphrat verlorene Zeit wieder einbringen.

21. Mai. Wie eitel ist die menschliche Berechnung! wie nichtig das Bauen auf menschliche Kraft und Weisheit im Kampfe gegen die empörten Elemente! Wie ohnmächtig stehen wir da, wenn die zürnenden Naturkräfte gerade in diejenigen unserer Werke hemmend und zermalmend eingreifen, durch die wir sie zu fesseln und uns dienstbar zu machen wähnten. Und wie schrecklich ist es erst, in diesem ungleichen Kampfe werthe Freunde vor unsern Augen hülflos untergehen zu sehen!

Daß ich Ereignisse würde zu verzeichnen haben, wie sie der heutige Tag gebracht, hätte ich nie für möglich gehalten; schienen wir doch vollkommen berechtigt, den günstigen Ausgang der Expedition als gesichert zu betrachten.

Zwei neuerbaute, mit aller Sorgfalt ausgerüstete Dampfboote, von kenntnißreichen Führern geleitet, von einer geschickten und willfährigen Mannschaft bedient, von den wilden Uferanwohnern überall mit Ehrfurcht begrüßt, auf dem breiten, ruhigen Strome dahinfahrend — wer hätte nicht mit Zuversicht auf die glückliche Vollführung dieser ersten Euphratbeschiffung hoffen sollen! Und doch sahen wir binnen wenigen Minuten das Tigrisboot vor unsern Augen rettungslos untergehen und entrannen selbst nur durch einen glücklichen Zufall dem gleichen Schicksale!

Wir waren sehr zeitig des Morgens aufgebrochen und hatten auf einer vierstündigen, glücklichen und schnellen Fahrt unser Brennmaterial verbraucht, mußten deshalb um 11 Uhr am linken Ufer anlegen, wo eine Menge Holz aufgeschichtet war, das uns die Araber willig verkauften. Während des Einladens ging ich zu entomologischen Zwecken ans Land. Die Sonne schien ungewöhnlich klar, die Atmosphäre aber fand ich sehr schwül, obwol das Thermometer nur 23 Grad Réaumur zeigte.

Zwanzig Minuten nach 1 Uhr war alles zur Abfahrt bereit, und beide Schiffe setzten ihren Weg fort. Wenige Augenblicke nachher wurde im Nordwesten das Aufsteigen einer schwarzen Wolke bemerkbar, das jedoch nichts Beunruhigendes hatte, höchstens ein starkes Gewitter erwarten ließ, wie es, dem hiesigen Klima zuwider, in dieser Jahreszeit sich fast jeden zweiten Tag in heftigem Platzregen ergoß. Auch schien es, als ziehe die Wolke nicht in der Richtung unserer Fahrt. Zugleich erhob sich ein leichter Wind, der uns veranlaßte, die aufgespannten Zelte des Verdecks abzunehmen. Indessen wurde von Minute zu Minute die Wolke größer und dunkler und verfinsterte bald den Himmel. Noch hofften wir, vor dem hereinbrechenden Sturm einen schützenden Vorsprung zu gewinnen; doch mit Blitzesschnelle zog die verhängnißvolle Wolke heran, sie hatte eine seltsame, furchtbar drohende Gestalt angenommen. Von der blauschwarzen Masse, die wie mit einem dichten Vorhang im Hintergrunde das Firmament verhüllte, erhoben sich einzelne gelbe Wölkchen, die mit jeder Secunde ihre Form wechselten und einen halbdurchsichtigen Qualm in den nach Süden zu wolkenlosen Himmel wirbelten. Die dort von der Sonne noch hell beschienene Hügelkette ließ die Finsterniß auf der andern Seite doppelt finster einscheinen.

Es war ein grausenhaftes, uns völlig fremdartiges Schauspiel, das wir bewundernd anstaunten. Daß es der Samum der Wüste sei, der oft ganze Karavanen in tiefem Sande begräbt, daß Todesgefahr über uns schwebe, ahnte ich nicht. Mit jeder Secunde wälzte sich die Masse näher, und deutlich konnten wir sie nun als in der Luft wirbelnden gelben Wüstensand erkennen.

Die Schiffe wurden, um womöglich Anker zu werfen, gegen das Ufer gewendet. Aber zu spät! Schneller, als man es sagen kann, brach der Orkan über unsern Häuptern los und versetzte der dichtfallende Sand uns in absolute Finsterniß. Mit Aufbietung aller Kraft arbeiteten die Maschinen. Doch was vermag Dampfkraft gegen die Gewalt des Orkans? Der Tigris wurde widerstandslos mit Blitzesschnelle an uns vorbeigetrieben, während unser Schiff durch einen günstigen Windstoß so stark an das vier Fuß hohe Ufer geschleudert wurde, daß sein Holzwerk erkrachte und die leichtern Sparren des Bollwerks wie Späne zersplitterten. Wir wären verloren gewesen, hätten die umsichtigen Offiziere und die brave Mannschaft diesen Moment nicht benutzt, um mit unglaublicher Kraftanstrengung die schweren Anker und Ketten ans Ufer zu schaffen und so unser Schiff in dem Sumpf zu befestigen.

Ich stand mit meiner Frau, die sich fest am Mastbaum angeklammert hielt, laut- und regungslos auf dem Verdeck, als von unten der Ruf ertönte: „Wasser in der Sterncabine!"

Mit Einem Satze war ich unten und gewahrte, wie das Wasser durch einen eingedrückten Fensterladen einströmte; es gelang mir, indem ich mich mit dem Rücken gegen denselben lehnte und meine Füße an die entgegengesetzte Wand stemmte, den Laden so lange zu schließen, bis ein Zimmermann ihn befestigt hatte. In einem kurzen Augenblick war dies geschehen, und ich eilte wieder aufs Verdeck, wo ich meine Frau noch an derselben Stelle angeklammert fand.

Die Wellen spritzten schäumend über unsere Köpfe weit ins Land hinein. In einem Moment, wo der Sturm den dichtfallenden Sand zertheilte, sahen wir den Tigris in der Entfernung von kaum zehn Minuten anscheinend unbeweglich, aber mit zur Seite gebogenem Schornstein. Von neuem herabströmender Qualm, aus Regen, Sand und Dunst gemischt, verhüllte ihn uns abermals, um ihn nicht wieder erscheinen zu lassen — spurlos war er von den rollenden Wogen begraben! Alles das war das Werk weniger Minuten. Ebenso schnell, wie der Orkan hereingebrochen war, verschwand er wieder, und heiterer Sonnenschein erhellte die Gegend, die eben noch in finstere Nacht gehüllt war. Unser Boot hatte sich über einen Fuß tief mit Wasser gefüllt, die Pumpen arbeiteten mit größtem Kraftaufwande, es herauszuschaffen.

Sobald als möglich sprangen Mr. Charlewood, Ainsworth und ich ans Land; auch Pauline folgte. Wer hätte ruhig zurückbleiben wollen, wo es zu retten galt! Wir liefen in der Richtung am Ufer hin, in welcher der Tigris zuletzt von uns gesehen worden war.

Da sahen wir von weitem den Obersten, der sich an diesem Tage auf dem Tigris befunden hatte, in Begleitung von Kapitän Linch und Mr. Eden wankenden Schrittes auf uns zukommen; wir eilten den geretteten Freunden, die von Waſſer trieften, zu ihrer Unterſtützung entgegen.

Unſer Anblick rief in den Zügen des zum Umſinken er‑ ſchöpften und noch mehr geiſtig niedergebeugten Oberſten eine raſche Veränderung hervor. Er hatte nicht anders geglaubt, als daß auch das Euphratboot und damit alles verloren ſei; unſere Erſcheinung gab ihm nun die Gewißheit vom Gegentheil, und da er noch nicht wußte, daß ſo viele ſeiner Untergebenen auf dem Tigris den Untergang gefunden hatten, überließ er ſich einem förmlichen Freudentaumel, der freilich leider nur von kurzer Dauer ſein ſollte.

Mr. Ainsworth übernahm die Pflege der Erſchöpften, wäh‑ rend wir andern vorwärts eilten, die Fehlenden aufzuſuchen. Auf dem Wege begegnete uns Mr. Staunton jun., kaum im Stande, ſich mit Hülfe ſeiner Begleiter, einiger von den eng‑ liſchen Seeleuten, mühſam fortzubewegen. In unmittelbarer Nähe der verhängnißvollen Stelle fanden wir den ältern Dr. Staun‑ ton in einem Getreidefelde liegen, wohin er von Wind und Welle geſchleudert worden; er war noch nicht recht zur Beſin‑ nung gekommen und erinnerte ſich nicht, was mit ihm geſche‑ hen ſei.

Vergebens ſuchten wir nach Lieutenant Cockburn und Lieu‑ tenant Linch; ſie, der Dolmetſch Yuſuf Saber, 15 engliſche Matroſen und 4 Eingeborne hatten in den Wellen ihr Grab gefunden!

Die Breitſeite des Tigris war von dem heftigen Orkan er‑ faßt und die Maſchine dadurch unwirkſam gemacht geworden; 4—5 Fuß hohe Wellen drangen durch die Fenſter ins Innere des Schiffes, vergeblich blieben alle Anſtrengungen, die Flut aufzuhalten. Als das Vordertheil des Decks unter Waſſer ſtand und man nur noch 8 Yards vom Ufer entfernt war, er‑ klärte Lieutenant Linch, das Schiff beginne zu ſinken, und for‑ derte die Mannſchaft auf, ſich durch Schwimmen zu retten. Die

7. Mit der englischen Euphrat-Expedition unter Colonel Chesney.

Nähe des Ufers mag die Hoffnung, daß es sich demselben noch mehr nähern würde, erweckt und zu längerm Zaudern veranlaßt haben. Währenddem aber sank das Schiff gänzlich. Eine Minute vorher war noch das Ufer sichtbar gewesen, jetzt herrschte völlige Finsterniß, welche den im Schwimmen Rettung Suchenden nicht gestattete, die Richtung zu unterscheiden, die sie einschlagen mußten. Nur der Oberst, Kapitän Linch und die schon Genannten waren so glücklich gewesen, das Land zu erreichen.

Zwischen dem Hinstreifen des Tigris am Ufer und dem Beginn seines Sinkens lagen kaum acht Minuten, und von da an genügten weniger als drei Minuten zu seinem völligen Verschwinden.

In der Hoffnung, einige der Vermißten möchten noch am Leben sein und im Kampfe mit den Wellen sich behauptet haben, wurden nach allen Richtungen Boote ausgesandt sowie weite Strecken am Ufer durchsucht; sie kehrten ohne Erfolg zurück. Nicht einmal die Stelle, wo der Tigris untergegangen, konnte genau ermittelt werden; von dem Schiffe selbst, seinem eisenbeschlagenen Rumpfe, dem hohen Schlote war nicht die geringste Spur zu sehen.

Wie soll ich die Empfindungen schildern, mit welchen am Abend dieses schrecklichen Tages die Gesellschaft sich im Salon des Euphratbootes zusammenfand; ich schäme mich nicht der Thränen, die ich, mit allen andern, den Verlorenen nachweinte. Der plötzliche, gewaltsame Tod so vieler uns lieb gewordener Menschen, die wir vor wenigen Stunden blühend und lebenskräftig gesehen, stellte uns die eigene Schwäche und Ohnmacht gegenüber unvorherzusehenden Fügungen des Schicksals recht eindringlich vor Augen. Ich hatte ganz besonders Ursache, die Vorsehung mit Dank zu verehren, da sie über mir und meiner Frau so augenscheinlich schützend waltete. Denn an dem heutigen Tage sollten wir, wie es öfters geschah, auf dem Tigris zu Mittag speisen und die Fahrt mit ihm fortsetzen; eine Abwechselung, die uns ebenso erwünscht war wie den Offizieren des Tigris. Allein wegen der großen Eile beim Einladen des Holzes hatten die Leute nicht Zeit gefunden, uns in dem kleinen Boote abzuholen, und aus demselben Grunde hatte Lieutenant Cockburn die Gelegenheit versäumt, den nöthigen Urlaub zu erlangen, um die heutige Fahrt, wie er es beabsichtigte, auf dem Euphratboote zu machen. Dieser geringfügige Umstand erhielt uns das Leben und kostete ihm das seine. Er war der einzige von den Offizieren, der nicht schwimmen konnte, und hatte infolge dessen eine unüberwindliche Aversion vor dem Wasser. Vor einiger Zeit war er in einem Augenblicke des Unmuths entschlossen gewesen, die Expedition zu verlassen. Pauline, der er seine Absicht mittheilte, hatte ihm das Unzeitgemäße dieses Entschlusses vorgestellt und ihn zum Bleiben bewogen; daher betrübte sie sein Tod um so tiefer.

22. Mai. Die schmerzlichen Gefühle, denen gestern jeder stumm und in sich gekehrt nachhing, machten sich heute in einzelnen Aeußerungen Luft. Staunton klagte mit kaum vernehmbarer Stimme: „Mein armer Cockburn!"; Kapitän Linch sprach vor sich hinstarrend: „Wie war es möglich, daß mein Bruder, ein so guter Schwimmer, untergehen konnte!"; Mr. Eden murmelte: „Armer Tigris, so mußtest du deinen Untergang finden!", und der Oberst sagte mit zum Lächeln gezwungener Miene: „War es nicht ein schönes Schiff? Doch solchem Sturme hätte auch eine Fregatte nicht widerstehen können!" —

Außer dem Verlust an Menschenleben haben wir alle, minder oder mehr, durch den Schiffbruch des Tigris bedeutende Einbuße zu beklagen. Auf ihm waren die nicht für den augenblicklichen Gebrauch bestimmten Gegenstände verwahrt und alle Lebensmittel aufgespeichert gewesen. Viele haben ihre ganze Bagage und Baarschaft verloren, und auch uns blieb nicht viel mehr, als was wir auf dem Leibe trugen.

Kapitän Linch ist von dem Unglück am schwersten betroffen worden. Seine Stellung als Commandant des Schiffes, für dessen Verlust er die Verantwortung trägt, ist höchst peinlich, sein Ehrgeiz tief verletzt, sein Herz durch den Verlust des Bruders schmerzlich verwundet, wozu noch eine empfindliche Schädigung an seinem Privateigenthum kommt.

Wir stellten nochmals genaue Nachforschungen am Ufer und im Flusse an, fanden aber keine Spur unserer Vermißten. Kaum daß herumschwimmendes Holzwerk den Ort der Katastrophe anzeigt. Bei einer Tiefe von 3—5 Faden trafen wir nicht einmal mit dem Senkblei auf den Körper des Schiffes.

Der heutige Tag wurde mit einem Trauergottesdienst für die Verlorenen und einem Dankopfer der Geretteten beschlossen, wobei wol keiner unergriffen blieb.

23. Mai. Die Araber betragen sich sehr gut; hätten sie irgend feindliche Absichten gegen uns, so böten ihnen diese Tage die beste Gelegenheit, sie auszuführen, ja sich des Schiffes mit all den für sie so lockenden Schätzen zu bemächtigen, da ein großer Theil unserer Mannschaft abwesend ist und die Zurückgebliebenen ihrer Uebermacht nicht gewachsen wären. Aber sie sind nicht nur nicht feindlich gesinnt, sondern benehmen sich besser als unsere europäischen Küstenbewohner, welche das dort übliche Strandrecht ausüben. Sie bringen Sparren, Planken, Fässer, leere Kisten, Bücher und viele andere Gegenstände, die sie am Ufer und im Flusse auffinden, und beanspruchen nur einen Bakschisch dafür, der ihnen in Gestalt gelber Tücher gereicht wird. Einer meldete, es liege ein Faß am Ufer, das ihm zum Tragen zu schwer sei; es wurde ans Schiff gebracht und von der Mannschaft mit Freuden begrüßt, da man Rum darin vermuthete; leider ergab sich, daß es Essig enthielt. Die Aermsten müssen jetzt auch diesen Trost entbehren.

24. Mai. Der Orkan, der so furchtbar über uns dahinbrauste, war auf eine verhältnißmäßig kurze Distanz beschränkt.

Zehn englische Meilen abwärts hatte Mr. Hektor, welcher am selben Tage dort den Fluß sondirte, nicht das geringste Anzeichen davon wahrgenommen. Die Araber sagen uns, daß ähnliche Stürme nur sehr selten sich ereignen. Wir haben aber heute, wenn auch keinen so heftigen Sturm, doch wieder Gewitter und Hagelschauer gehabt, wobei Schloßen von der Größe bis zu 1½ Zoll im Durchmesser aufs Deck fielen. Alle Naturereignisse scheinen hier einen besonders gewaltsamen Verlauf zu haben. Das verheerende Unwetter vom vorigen Tage trat uns in seinen peinlichsten Folgen vor Augen, als zwei Leichname der Unsern den Strom heruntergeschwommen kamen; sie wurden ans Land gezogen und mit allen militärischen Ehren bestattet. Jetzt, nachdem die Hoffnung geschwunden ist, noch Lebende zu finden, suchen wir die Todten, um ihnen wenigstens ein Grab zu bereiten und die letzte Ehre zu erweisen. —

Das Sprichwort „Ein Unglück kommt selten allein" bewahrheitet sich leider vollständig in unserm Falle.

Der Oberst versammelte heute alle Offiziere um sich und eröffnete ihnen, daß er schon in El Deir vom Gouvernement den Befehl erhalten habe, die Expedition am 31. Juli abzubrechen. (Als Grund waren ökonomische Rücksichten angegeben worden; aber wahrscheinlich hatten die politischen Constellationen am europäischen Himmel sich geändert, sobaß dem englischen Gouvernement die Verbindung mit Indien durch den Euphrat nicht mehr als nothwendig erschien, denn sonst würde ein Aufwand von 20000 Pf. St. nicht in Betracht gekommen sein.) Er habe es nicht für passend gehalten, gerade in dem Augenblick des glücklichen Fortganges diese niederschlagende Ordre den Betheiligten kundzuthun, um ihnen nicht den freudigen Muth zu rauben, und deshalb habe er bis hierher gegen sie geschwiegen. (Wie drückend muß dies Geheimniß auf ihm gelastet haben!)

Jetzt aber, fuhr er fort, nach dem Verluste des Tigris,

eines großen Theils seiner Bemannung und der auf demselben befindlich gewesenen Gelder, fühle er sich verpflichtet, die Mittheilung zu machen, und die Meinung der Offiziere über die Weiterfahrt oder die sofortige Umkehr zu vernehmen.

Wie es bei so thateifrigen, von nationalem Ehrgeiz beseelten Männern nicht anders zu erwarten war, stimmten alle unbedingt für die Weiterfahrt und verzichteten sogar auf ihren Gehalt, um die Kosten der Expedition zu verringern!

Dagegen wurde bestimmt, daß die übriggebliebene Mannschaft des Tigris, damit den ökonomischen Absichten der Regierung genügt werde, sogleich nach England zurückkehren sollte.

Dieser letzte, allerdings den erhaltenen Instructionen gemäß nothwendige Beschluß hat mich empört. Die Armen sollen nun, nachdem sie Arbeit, Mühsale und Krankheiten geduldig ertragen, nachdem sie alles verloren und nichts gewonnen haben, ja mit genauer Noth dem Tode entronnen sind, vor Erreichung des Ziels in der heißen Jahreszeit, der glühendsten Sonnenhitze ausgesetzt, eine Reise voll Entbehrung und Gefahren durch die Wüste machen!

Der Rest des Tages wurde auf die Abfassung von Rapporten über das in jüngster Zeit Geschehene verwendet. Auch ich schrieb meine Berichte nieder.

* * *

2. Ueber Bagdad und Babylon bis Bassora.

Hier endet Helfer's Tagebuch über die Euphratfahrt, soweit es vor dem Untergange bewahrt worden; mir bleibt die Aufgabe, den Schluß hinzuzufügen.

Wir erreichten ohne weitere Unglücksfälle Anah. Die einst stark befestigte, jetzt ganz offene Stadt zieht sich längs des Flusses in einer Ausdehnung von zwei Stunden hin und ist ganz von Gärten umgeben, in denen Feigen, Aprikosen, Granaten und Pflaumen üppig gedeihen, auch sogar schon die Dattelpalme sich zu ziemlicher Höhe erhebt. 3—400 Schritte von der Stadt hört der culturfähige Boden auf, und es beginnt eine Kalksteinkette, welche die Wüste begrenzt. In der Mitte des Stromes auf einer fruchtbaren Insel sind die Ruinen der von Julian zerstörten, von den Arabern wieder aufgebauten und jetzt ganz in Trümmern liegenden Feste sichtbar. Für unser Auge war nach der langen Entbehrung in den Wüsteneien des obern Flußlaufes der Anblick von schönem Baumwuchs und beginnender geregelter Cultur eine große Wohlthat.

Am 31. Mai, nachdem das stark beschädigte Euphratboot völlig ausgebessert war, setzten wir die Fahrt nach Hadisa und Dschibba fort. Zu beiden Seiten schön bewachsene Ufer und sorgfältig bewässertes Land. Der Fluß hat hier durchweg tiefes Fahrwasser.

In der Nähe von Hit besuchten wir die berühmten Bitumenquellen, welche mit außerordentlicher Kraft in die Höhe springen und unerschöpflich zu sein scheinen, da sie schon seit den ältesten Zeiten gekannt und benutzt sind. Auf Anordnung des Obersten wurde das Bitumen als Feuerungsmaterial für unsern Dampfkessel verwandt, indem er es durch Beimischung von Erde zu einer festen Masse formen ließ.

7. Mit der englischen Euphrat-Expedition unter Colonel Chesney.

Die Schwefelminen und die warmen Mineralquellen könnten unter andern Verhältnissen den Einwohnern reichen Erwerb liefern; diese gewinnen jetzt ihren Unterhalt hauptsächlich mit der Erbauung von Booten, in welcher Kunst sie eine große Berühmtheit erlangt haben.

Ohne Hinderniß kamen wir nach Felubscha. Hier fing die Hitze, erzeugt von den brennenden Sonnenstrahlen, an unerträglich zu werden. Weder das mit einer doppelten Leinwandlage überdachte Zelt noch sonstige Vorrichtungen schützten auf dem Verdeck vor der Glut, und in den untern Räumen hatte sich die eingeengte Luft bis zu einem Grade erhitzt, der den Schlaf dort ganz unmöglich machte.

Um so willkommener war uns die Gelegenheit, das Schiff auf einige Tage zu verlassen, indem Major Escourt, der nach Bagdad abgesandt wurde, um dort vom englischen Residenten Gelder in Empfang zu nehmen, uns einlud ihn dahin zu begleiten. Zwar wurde mir der Marsch als sehr beschwerlich geschildert, aber da der Aufenthalt auf dem Schiffe auch nichts weniger als erquicklich war, und die Neugierde, Bagdad, die Stadt so vieler Wundermärchen, zu sehen, alle Bedenken überwog, ließ ich mich gern zum Mitgehen bestimmen.

Die Gesellschaft bestand aus Major Escourt, Lieutenant Murphey, Mr. Charlewood, Fitzjames, Helfer und mir, nebst Dienerschaft und einer Escorte von Arabern. Wir machten uns, leider schlecht beritten, denn die Sättel hatten keine Steigbügel, bei Sonnenuntergang auf den Weg, um die Kühle der Nacht zu unserer Reise zu benutzen, und hofften, mit Tagesanbruch Bagdad zu erreichen.

Nach einem mehr als siebenwöchentlichen Aufenthalt auf dem Schiffe erschien uns der Ritt in mondheller Nacht, mit so interessantem Ziele vor uns, wie eine heitere Luftpartie. Erinnerungen aus der Kindheit an all die Märchen von dienenden Geistern, Zwergen und verzauberten Prinzessinnen der alten

Khalifenstadt gaben Stoff zur Unterhaltung bis tief in die Nacht hinein. Jeder freute sich darauf, die ihn besonders interessirenden Punkte aufzusuchen und die Wirklichkeit mit den phantastischen Märchengebilden zu vergleichen.

Allmählich stellte sich indeß Ermüdung ein, und schweigend zogen wir weiter, bis die anbrechende Morgenröthe uns wieder neu belebte. Nun trieb die Hoffnung, bald die goldene Kuppel der großen Moschee erglänzen zu sehen, zu größerer Eile an. Allein als endlich die aufgehende Sonne die Gegend hell beleuchtete, da waren keine goldenen Kuppeln und keine schlanken Minarets zu schauen, sondern vor uns lag ein breiter, unabsehbarer Sumpf. Durch das Austreten des Tigris aus seinen Ufern war das Land meilenweit überschwemmt worden, und die zurückgetretenen Wasser hatten den Boden in Morast verwandelt, aus dem nur eine schmale Reihe kleiner Erderhöhungen hervorragte.

Unsere hochgespannten Erwartungen wurden durch diesen Anblick nicht wenig gedämpft, und als nun auch die Forderungen des Magens nach dem starken Ritt sich gebieterisch geltend machten und keine Aussicht auf ein ersehntes Frühstück sich zeigte, wich selbst der englische Stoicismus einiger Ungeduld. Für mich und Helfer hatte ich durch mitgenommenen Proviant gesorgt, ohne welchen ich, durch Erfahrung gewitzigt, nie mehr eine Excursion unternahm, unbekümmert um die Glossen unserer Herren Engländer, denen übrigens schon öfters nach einem kärglichen Mahle der Schiffstafel ein österreichisches „Jausen" in meiner Cabine vortrefflich gemundet hatte.

Die Engländer sind an ihre regelmäßigen Mahlzeiten so sehr gewöhnt, daß es ihnen unziemlich erscheint, unterwegs einen Imbiß zu nehmen. Hier trat jedoch zu meiner großen Genugthuung der Fall ein, daß bald dieser, bald jener der Herren mit der kleinlauten Frage an mich herankam: „Mrs. Helfer, haben Sie nicht noch ein Ei?" Und in kurzer Zeit war der an

7. Mit der englischen Euphrat-Expedition unter Colonel Chesney.

meinem Sattel hängende wohlgefüllte Schnappsack, dessen Umfang einen Sancho Pansa lüstern gemacht hätte, durch den starken Zuspruch geleert. Wie vorauszusehen war, ergab sich bald, daß die erschöpften Pferde uns durch den Sumpf nicht zu tragen vermochten; wir waren genöthigt, abzusteigen und unsern Weg zu Fuße fortzusetzen. Von Erdhügel zu Erdhügel mehr springend als gehend und nicht selten bis über die Knöchel in den Morast einsinkend, gelangten wir erst nachmittags in Sicht von Bagdad, das am jenseitigen Tigrisufer gelegen ist.

Wir überblickten von einer kleinen Erhöhung den Fluß und sahen, wie die Fähre, welche hier die Verbindung des rechten Ufers mit der Stadt unterhält, eben vom Lande abstieß. Vergebens gaben wir aus der Entfernung Zeichen, daß wir mit hinüber wollten; je mehr unsere Araber den Fährleuten zuschrien, desto mehr beeilten sich diese, fortzukommen, und sie ermäßigten ihre Flucht erst, als sie sich in der Mitte des Flusses befanden. Da dies für den heutigen Tag die letzte Ueberfahrt gewesen, so blieb uns nichts übrig, als für die Nacht die trockensten Plätze auf dem durchweichten Boden zu suchen und uns so gut, als es jeder vermochte, darauf einzurichten. So mußten wir, im Angesicht der Wunderstadt, die Nacht hungernd und schlaflos verbringen.

Am andern Morgen in der Frühe erschien endlich ein rettender Engel. Oberst Taylor, der englische Resident in Bagdad, hatte von einem der Fährleute gehört, man glaube in dem Trupp am jenseitigen Ufer auch Europäer gesehen zu haben, obgleich wir alle in Mamlukentracht waren, und vermuthete sogleich — denn er wußte von der Annäherung des Euphratbootes — daß es Mitglieder der Expedition seien, die Bagdad zu besuchen kämen. Es war aber bereits Abend; die Thore der Stadt werden nach Sonnenuntergang nicht mehr geöffnet; auch hätte das übliche Ceremoniell, welches Engländer zur Ehre ihrer Nation hier stets beobachten müssen, uns nicht gestattet, bei Nacht und zu Fuße in Bagdad anzukommen. Deshalb wurden wir erst morgens abgeholt. Durch einen Kawassen mit dem silbernen Stabe an der Spitze einer zahlreichen Escorte zur Stadt geleitet, bestiegen wir am Thore prächtige, schön gezäumte Zelter aus dem Consularmarstall und hielten auf ihnen unsern feierlichen Einzug in die Residenz.

Das war freilich geeignet, uns einen Vorgeschmack von den Herrlichkeiten der Khalifenstadt zu geben.

Oberst und Mrs. Taylor empfingen uns aufs freundlichste in ihrem Palaste. Nach morgenländischer Sitte ward sogleich jedem ein Bad bereitet; denn den durch Wüstenstaub und Hitze ermatteten Wanderer durch ein Bad zu erquicken gilt hier für die erste Pflicht der Gastfreundschaft, welche Tugend ja Homer schon mit so hohem Preise besingt. So erfrischt, wurden wir zu dem Frühstückstische geführt, der mit lange von uns entbehrten Delicatessen besetzt war. Ebenso wie der Appetit behauptete aber die Müdigkeit nach zwei schlaflosen Nächten und einem sechzehnstündigen Ritte bei mir ihr Recht. Während mein Mund sich zum Essen anschickte, senkten sich meine Augen zum Schlaf, und es kostete mir Mühe, beiden Anforderungen zugleich gerecht zu werden, bis unsere liebenswürdige Wirthin sich meiner gütig annahm und mir ein stilles, kühles Zimmer zum Ausruhen anwies.

Mein Schlaf muß lange und tief gewesen sein, denn als Helfer mich weckte, hatte die Sonne bereits die Mittagslinie passirt.

Er hingegen schien wenig oder gar nicht geruht zu haben; mit großer Trauer hefteten sich seine Augen auf mich. Beängstigt fragte ich ihn: „Was ist dir? Was gibt es, das dich so betrüben kann?" Er wandte sich von mir und antwortete mit bebender Stimme: „Ich kann es dir nicht verbergen, erfahre denn unsere Freunde, die Afghanen, sind — — Schurken!"

7. Mit der englischen Euphrat-Expedition unter Colonel Chesney.

Wie vom Skorpion gestochen schnellte ich in die Höhe. „Um Gottes willen, sage das nicht! Was ist geschehen?" „Höre", sagte er, „und urtheile dann selbst. Soeben hat mir Oberst Taylor folgende Mittheilung gemacht. Die beiden Afghanen haben auf ihrer Reise nach Bassora Bagdad passirt; sie haben ihn hier um Geld angesprochen, und zwar auf eine für Prinzen von Lahore unziemliche Art; aber obgleich sie ihm kein Zutrauen eingeflößt, gab er ihnen das Gewünschte. Nun meldete ihm vor wenigen Tagen ein Bankier in Mussul, er habe den incognito reisenden Afghanenprinzen auf des Herrn Residenten Credit eine Summe vorgestreckt, um deren Rückzahlung er bitte!" „Selbst diese Mittheilung", fuhr Helfer fort, „konnte meinen Glauben an die Freunde nicht schwankend machen; das Reisegeld mochte ihnen ausgegangen sein. Da fiel mir der Schmuck ein, den sie uns als Pfand für unsere Baarschaft zurückgelassen und von dem wir ja einige Steine, zur Anschaffung nöthiger Kleidungsstücke, mit hierher genommen haben; ich holte sie schnell herbei, und Oberst Taylor, an der Echtheit derselben zweifelnd, ließ einen zuverlässigen Juwelier kommen, der sie nach genauer Prüfung für ein sehr geschicktes Falsificat erklärte, durch das selbst Kenner getäuscht werden könnten!"

Die Verpfändung dieses Schmuckes war also ein durchdachter Streich der Betrüger gewesen, um sich unsere Baarschaft anzueignen; ein längerer Zweifel war nicht möglich.

So standen wir in dem fernen Bagdad, seit dem Untergange des Tigris aller Mittel beraubt und kaum noch mit den nöthigsten Kleidungsstücken versehen.

Ich wagte nicht, in Helfer's Blicken zu forschen, was in seinem Innern vorgehe; ich kannte seine aufrichtige Zuneigung zu den beiden Männern sowie die Hoffnungen, die er auf sie gebaut hatte, und fühlte das Schmerzliche einer solchen Enttäuschung schweigend mit ihm. Doch der Augenblick war nicht geeignet, uns unthätig Empfindungen hinzugeben; unsere Lage erheischte, ohne Zaudern zu prüfen, zu wählen und zu handeln!

Wir standen abermals vor einem verhängnißvollen Wendepunkt unsers Lebens. Verrathen und im Stich gelassen von denen, auf die vertrauend wir die weite Reise unternommen hatten — sollten wir ohne irgendeinen Anhalt, nur auf die eigene Kraft gestützt, weiter nach Osten vorgehen; oder sollten wir, unserm Charakter und unserer Neigung entgegen, auf halbem Wege umkehren? Der Gedanke an Umkehr widerstand uns beiden gleich sehr; unser Muth, unser Selbstvertrauen war durch gute und böse Erfahrungen hinlänglich gestählt, und so wurde die Fortsetzung der Reise beschlossen. Helfer hielt es für das Beste, zunächst nach Persien zu gehen; von da, meinte er, werde sich zum Vordringen nach den Hochgebirgen Hinterasiens Gelegenheit finden.

Wir wollten indeß auch den Rath unserer erfahrenen Freunde einholen und verfügten uns in Mrs. Taylor's Salon, wo die Gesellschaft versammelt war. Oberst Taylor ließ sich von Helfer unsern neuen Plan mittheilen und bemerkte ihm dann, Persien könne allerdings als Durchgangsstation dienen, aber für einen europäischen Arzt nie bleibender Aufenthaltsort werden, da die Perser seine Hülfe zwar gern in Anspruch nähmen, aber ihn nicht dafür zu bezahlen pflegten. „Vor allem jedoch", setzte er hinzu, „brauchen Sie Geld; sind Ihnen 100 Pfund Sterling genügend, so wird es mir Vergnügen machen, sie zu Ihrer Disposition zu stellen." Helfer, aufs äußerste überrascht, nahm das unerwartete, generöse Anerbieten mit wärmstem Danke an. Er empfing die Summe und wollte einen Schuldschein darüber ausfertigen; Oberst Taylor aber erklärte, daß es eines schriftlichen Anerkenntnisses nicht bedürfe. „Sind Sie ein Ehrenmann", sagte er, „so brauche ich Ihren Schein nicht; sind Sie keiner, so nützt er mir gleichfalls nichts. Ich werde Ihnen auch einen Empfehlungsbrief an Kapitän Hennel, unsern Residenten in Bu-

7. Mit der englischen Euphrat-Expedition unter Colonel Chesney.

scheir, mitgeben, mit welchem Sie das Weitere über Ihren Aufenthalt in Persien besprechen mögen."

So waren die Würfel abermals gefallen, und unser Entschluß stand fest, mit dem Euphratschiff bis Bassora zu fahren, um uns von dort aus nach Buscheir in Persien zu begeben.

Nachdem der Abend unter Mittheilungen wechselvoller Erlebnisse, wozu jeder aus dem Schatze seiner Erinnerungen ein Scherflein beitrug, angenehm verbracht worden, führte man uns zur Ruhe, aber nicht in ein enges Schlafgemach, sondern hinauf auf das flache Dach des Hauses, wo durch Verschläge abgesonderte, oben offene Schlafstellen eingerichtet waren. Hier oben, bei dem Anblick der funkelnden Sterne, in der erfrischenden Nachtkühle nach des Tages Hitze von 30 Grad Réaumur und den mannichfachen Erregungen, die er mit sich gebracht hatte, schlief es sich herrlich. Getröstet über die Zukunft, überließen wir uns sorglos der wohlthuenden Ruhe.

Von der Stadt mit ihren Prachtbauten, ihren Palästen, Moscheen, Minarets, Medressen (Hochschulen), Klöstern, den unermeßlich reichen Bazars, den weitläufigen Khans, der berühmten Sternwarte, den Heiligen-Grabmälern, von der Blüte der Wissenschaft und der feinen ritterlichen Sitte zur Zeit des Khalifats ist wenig auf unsere Tage gekommen.

Seit im Jahre 1258 die Herrschaft der Khalifen in Bagdad durch Halagu Khan gestürzt wurde, ist die damals auf 1 Million geschätzte Einwohnerzahl der Stadt bis auf 100000 herabgesunken. Und nicht allein durch die fürchterlichen Metzeleien der wechselnden Eroberer, wie durch die Timur's im Jahre 1401, der die ganze Stadt niederbrennen ließ und jedem seiner 90000 Soldaten aufgab, den Kopf eines Bewohners von Bagdad bei Gefahr des eigenen Kopfes zu bringen, sondern auch durch Pest, Hungersnoth und die durch Vernachlässigung der Kanäle entstandenen Ueberschwemmungen ist diese Zerstörung und Entvölkerung herbeigeführt worden. So raffte die Pest im Jahre 1773 eine große Anzahl Einwohner hinweg. Bei dem Mangel an Todten-registern konnte die Zahl der Verstorbenen nur nach dem Quantum der zur Einwickelung der Leichname verbrauchten Leinwand geschätzt werden; ein einziger Kaufmann soll für 20000 Piaster Leinwand geliefert haben!

Die glückliche Lage zwischen dem Osten und Westen, der Reichthum an Producten und der lebhafte Handelsverkehr gaben zu allen Zeiten der Khalifenstadt in politischer wie mercantiler Hinsicht eine große Bedeutung und machten sie für jeden asiatischen Eroberer zu einer vielbegehrten Perle, weshalb sie sich auch nach allen Zerstörungen immer wieder erhob.

Bagdad gelangte abwechselnd in die Hände der Perser und der Osmanen, bis es 1638 unter Sultan Murad IV. in den dauernden Besitz der Türken kam und der despotischen Verwaltung eines Paschas anheimfiel. Von den guten oder schlechten Eigenschaften dieser Satrapen hing von nun an das Schicksal der Stadt und ihrer weiten Umgebungen ab. Die nothwendige Vertheidigung gegen persische Einfälle und innere Revolten nöthigten die Paschas zur Haltung einer großen Militärmacht, verliehen ihnen aber auch bei der großen Entfernung von Konstantinopel eine fast gänzlich unabhängige Stellung zur Hohen Pforte.

Die naturgemäßen Einkünfte dieses reichen Paschaliks, die an und für sich schon sehr bedeutend sind, wurden durch die willkürlichen Erpressungen der Machthaber außerordentlich gesteigert; dennoch reichten sie oft nicht hin, die Kriegsbedürfnisse und den ungeheuern Luxus derselben zu befriedigen, und als mehrere der angrenzenden mächtigern Araberstämme ihren Tribut zu zahlen verweigerten, und die Gouverneure sie zur Unterwerfung zwingen mußten, sahen letztere sich nicht selten genöthigt, bei den reichen Kaufherren Geld zu leihen.

Aller Unbilden und Erpressungen ungeachtet hatte sich der Handel von Bagdad in den letzten Decennien ungemein gehoben; namentlich war die Ausfuhr über Bassora nach Indien sehr bedeutend geworden, seit die Ostindische Compagnie ein Consulat in Bagdad errichtet hatte. Die englischen Consuln standen in dem Range eines asiatischen Fürsten und wußten sehr bald einen Einfluß zu gewinnen, welcher dem des regierenden Paschas nichts nachgab, daher ihre Meinung bei allen wichtigern Vorkommnissen so große Geltung hatte, daß es den türkischen Beamten rathsam schien, nichts ohne vorheriges Einverständniß mit ihnen zu unternehmen. Diesen Einfluß und das Ansehen der britischen Nation aufrecht zu erhalten, ließ sich die Ostindische Compagnie freilich große Summen kosten.

Die Residenz des Consuls ist aufs großartigste eingerichtet. Das weitläufige Gebäude umfaßt zwei Höfe, eine Menge prachtvoller Zimmer, massiv aufgemauerte Terrassen zum Schlafen im Freien, Serdaps (souterrainartige gewölbte Gemächer halb unter und halb über der Erde), die, mit Galerien nach der Flußseite versehen, in der heißen Jahreszeit ihrer Kühle wegen bewohnt werden, ferner die Bureaux, die Marställe und Wirthschaftsräume; es beherbergt eine zahlreiche Dienerschaft, von der nach indischer Sitte jeder nur ein ganz specielles Geschäft zu besorgen hat und die das bunteste Gemisch von Nationen und Sprachen aufweist, Secretäre, Dolmetsche, Chirurgen, auch Janitscharen und eine Compagnie Seapoys als Leibgarde, die mit militärischer Musik und Ehrenzeichen auf die Wache zieht und bei feierlichen Gelegenheiten den Residenten begleitet. Eine zierlich gebaute Jacht, mit einem Serang und seinen indischen Matrosen bemannt, liegt am Quai des Hauses stets zur Abfahrt bereit, und der Marstall ist mit den edelsten Rassepferden ausgestattet.

Diese Prachtentfaltung hat indessen, so sehr sie anfangs das Auge blendet und die Phantasie beschäftigt, etwas Drückendes für den Fremden; der Palast mit all seinem Luxus dünkt ihn ein Gefängniß, dem er je eher je lieber entrinnen möchte.

7. Mit der englischen Euphrat-Expedition unter Colonel Chesney.

Die Würde der britischen Nation erlaubt ihren Söhnen nicht, den Staub von Bagdads Straßen mit den Füßen zu berühren und ohne angemessene Begleitung sich öffentlich zu zeigen. Ein touristenartiges Durchstreifen und Besichtigen der Stadt war dadurch unmöglich gemacht.

Nur von der obersten Zinne des Hauses konnten wir uns einen Ueberblick über die Stadt und ihre Umgebung verschaffen. Die Ausdehnung der noch stehenden Mauern und die Menge der in Trümmern liegenden Prachtgebäude gaben uns einen Begriff von ihrer einstigen Größe und Herrlichkeit.

Von den üppigen Gärten am Ufer des Tigris mit ihren Palmenhainen, Granaten-, Aprikosen-, Pfirsich- und Maulbeerbäumen, mit dem glänzenden Grün der Limonen und den vielen in den prächtigsten Farben blühenden Sträuchern, von den hundertfältig lohnenden Weizen-, Reis- und Maisfeldern, die einst Bagdad zu einem der gesegnetsten Punkte der Erde machten, ist jetzt nichts mehr vorhanden; ein versumpftes Wüstenfeld ist an ihre Stelle getreten. Das Innere der Stadt zeigt schmutzige, enge und winkelige Straßen mit hohen, fensterlosen, öde aussehenden Häusern.

Die Frauen Bagdads begeben sich zum häufigen Besuche der Bäder, welche den einzigen Belustigungsort der Orientalinnen bilden, wo der reichste Schmuck entfaltet und aller Stadtklatsch eifrig besprochen wird, je nach ihrem Range und Reichthum entweder auf stolzen weißen Zeltern oder auf bescheidenen Eseln. So ziehen sie, in dichte weiße Tücher gehüllt, die nur die schwarzen Augen und gelben Pantoffeln sehen lassen, mit stattlichem Dienergefolge durch die Straßen. Oder sie statten sich Visiten auf den Dächern der Häuser ab, die, durch kleine Treppen miteinander verbunden, den Frauen freie Communication gestatten, aber nicht selten auch von den männlichen Bewohnern aufgesucht und zu heimlichen Rendezvous benutzt werden sollen.

Mrs. Taylor bot mir an, mich in das Serail des Paschas

7. Mit der englischen Euphrat-Expedition unter Colonel Chesney.

zu führen und mich dort seinen zwei rechtmäßigen Frauen vorzustellen. —

Mit dem üblichen Pomp ausgerüstet, erreichten wir den Palast und wurden mit allem der Gemahlin des englischen Residenten gebührenden Ceremoniell empfangen. Durch eine Reihe weiter Gemächer, alle reich mit Gold und Teppichen verziert, aber nichts weniger als sauber gehalten, führte man uns zuletzt in ein kleineres Gemach von mehr europäischer Einrichtung. Hier lag auf einem Sofa mit Seitenlehnen eine Frau von etlichen vierzig Jahren, deren Gesicht noch Spuren einstiger Schönheit erkennen ließ. Ihre Augenbrauen, Wimpern und Lider waren schwarz, die Nägel der Finger roth gefärbt; Hals und Brust waren in einen kostbaren Shawl gehüllt und mit Goldketten, Spangen und Ringen bedeckt. Die Stellung, die sie einnahm, würde ich beim Empfang eines Besuches nicht für möglich gehalten haben, hätte ich sie nicht mit eigenen Augen gesehen. Ausgestreckt auf dem Kanapee liegend, ließ sie die Füße vom Knie an in baumelnder Bewegung über die Seitenlehne herabhängen. Ob dies eine besondere Empfangsart, oder eine der Gesundheit dienliche Motion sei, habe ich nicht erfahren können. Mrs. Taylor nahm keine Notiz davon; sie schien mit dieser eigenthümlichen Stellung vertraut, in welcher die hohe Dame auch verharrte, als sie der Frau Consulin die Hand mit freundlichem Nicken des Kopfes entgegenstreckte und diese mich ihr in aller Form vorstellte. Auf unsern Besuch und auf meine Verkleidung vorbereitet, würdigte sie mich nur eines kurzen prüfenden Blickes und vertiefte sich dann in ein lebhaftes, für mich leider unverständliches Gespräch mit Mrs. Taylor über die Tagesbegebenheiten und die Geheimnisse des Serails. Nachdem sie endlich eine nach unsern Begriffen decentere Stellung angenommen und der Kaffee in üblicher Weise servirt worden war, forderte sie uns auf, ihrer schönen Tochter einen Besuch zu machen. Wir begaben uns ohne Zögern zu dieser und fanden in ihr ein reizendes Geschöpf, eine Rosenknospe im ersten Erblühen, mit wundervoll zartem Teint, blauen, schüchtern aufblickenden Augen, hellbraunem Haar und lieblich naivem Gesichtsausdruck; der völligste Gegensatz zu den armenischen Schönheiten mit den regelrechten, starren Zügen. Unter allen Asiatinnen, die ich bis dahin gesehen, hatte mich keine so sehr wie sie an europäische hübsche Mädchen erinnert.

Freundlich trat sie uns entgegen; als sie aber meiner ansichtig wurde, überflog ein dunkles Roth ihre Wangen, und erschreckt senkte sie die Augen zur Erde. Mrs. Taylor beeilte sich, ihr das Wie und Woher zu erklären, worauf sie mich mit verstohlenen Blicken maß. Doch erst nach und nach faßte sie den Muth, mich offen anzuschauen, mir die Hand zu reichen und mich zu den weichen seidenen Polstern des Divans zu führen.

Die Prinzessin war von zehn Gespielinnen umgeben, meist Circassierinnen, die alle mehr oder weniger schön und anmuthsvoll waren. Einige hatten ihr schwarzes Haar roth gefärbt, was hier für eine große Schönheit gilt; der Goldschimmer auf dem dunkeln Grunde hat allerdings etwas Pikantes. Auch eine Blondine mit fast deutscher Physiognomie war unter ihnen, sie schien allgemein bewundert und geliebt zu sein.

Während die Prinzessin auf dem Divan saß, bewegten sich ihre jugendlichen Gespielinnen nach der Musik eines Tamburins in malerischen Tanzfiguren vor unsern Augen und entwickelten in allerhand Verschlingungen viel Gewandtheit und Grazie; es war mehr ein Wechsel von pantomimischen Stellungen als wirklicher Tanz. Bald setzte sich die eine, scheinbar ermüdet, zu Füßen der Gebieterin nieder, eine zweite folgte und legte, wie erschöpft, ihr Haupt auf den Schos ihrer Vorgängerin, welche dann die dicken Zöpfe ihrer Gefährtin löste und deren Kopfputz von neuem ordnete; plötzlich sprangen beide wieder auf und mischten sich, dem Spiele eine neue Wendung gebend, in den Reigen der übrigen.

7. Mit der englischen Euphrat-Expedition unter Colonel Chesney. 269

Dies, sagte man mir, sei so ziemlich die einzige und sich täglich wiederholende Unterhaltung und Beschäftigung der jungen Mädchen, bis sie einem vorher nicht gekannten und nicht geliebten Manne überliefert werden!

Wir konnten uns den lieblichen Anblick nicht lange gönnen, da Mrs. Taylor auch der jüngern Gemahlin des Paschas einen Besuch abstatten wollte. In dieser fanden wir eine noch junge, weder schöne noch häßliche Brünette von etwas markirten Zügen, vielem Embonpoint und resolutem Gesichtsausdrucke. Sie war eben beschäftigt, eine verdeckte Wiege eifrig hin- und herzuschaukeln, als sie durch unsern Eintritt darin gestört wurde. Sie schien sich durch den Besuch der Frau Consulin sehr geehrt zu fühlen, und schenkte auch mir aus Rücksicht für meine Begleiterin größere Aufmerksamkeit. Im Verlaufe des Gesprächs erzählte Mrs. Taylor, daß wir soeben die Prinzessin gesehen, die ich sehr schön gefunden hätte. Da zog sie rasch die Decke von der Wiege und rief, auf ihr kaum einige Monate altes Töchterchen zeigend, mit Heftigkeit: „Sagen Sie, daß diese noch viel schöner werden wird!" Natürlich besänftigten wir sie durch die feierlichsten Versicherungen der künftigen unvergleichlichen Schönheit ihrer Tochter. Wieder ein Beleg für die über alle andern Gefühle dominirende Mutterliebe bei den asiatischen Frauen.

Die trauliche Theestunde versammelte uns alle in dem geräumigen kühlen Serdap des Residenzpalastes zu unterhaltendem Gespräch. Jeder erzählte interessante Episoden aus seinem Leben; unsere gastfreundlichen Wirthe aber entwarfen eine Schilderung ihrer Drangsale in den unlängst verflossenen Jahren, durch die wir ein drastisches Bild von den dortigen Zuständen während der in den Jahren 1830 und 1831 herrschenden Pest, Wassers- und Hungersnoth gewannen. Die furchtbare Seuche brach im Herbste 1830 in den umliegenden Dörfern aus und rückte wie ein Würgengel, alles auf ihrem Wege dahinraffend,

der Stadt immer näher. Den Maßregeln zum Schutze gegen ihre Weiterverbreitung widersetzten sich die Mullahs, da dies gegen den Koran verstoße. Vergebens bot Oberst Taylor seinen mächtigen Einfluß bei dem fatalistischen Daoud Pascha auf, um ihn zu bewegen, eine Quarantäne einzurichten; er erhielt die echt türkische Antwort: „Wer sterben soll, stirbt, und wer zum Leben bestimmt ist, wird leben bleiben!" Bald wurden die täglich Sterbenden nicht mehr nach Einzelnen oder nach Hunderten, sondern nach Tausenden gezählt. Auch die Consulatswohnung blieb, obgleich in strenger Absperrung gehalten, nicht verschont, denn wo die Ansteckung nicht durch Menschen geschah, trugen Hausthiere, besonders Katzen, den Giftstoff von Haus zu Haus.

Das gleichzeitige Austreten des Tigris, der alle Dämme durchbrach, die Niederungen überschwemmte und mehrere tausend Häuser sowie die Hoffnung auf eine reiche Ernte zerstörte, hatte die entsetzlichste Hungersnoth zur Folge.

Im Frühjahr 1831 schätzte man die Zahl der Todten auf 50—60000. Von den Truppen und Dienern des Serail allein starben an einem Tage 4000! Kinder, deren Aeltern gestorben, oder die von ihnen verlassen waren, lagen verhungernd in den Straßen; alle Familienbande waren gelöst; wer sich flüchten konnte, that es, unbekümmert wie viele seiner Angehörigen er hülflos verschmachten ließ.

Zu all diesen vereinten Heimsuchungen gesellte sich noch der Einbruch wilder Araberhorden, welche, den wehrlosen Zustand der Stadt benutzend, sie zu plündern herbeikamen.

Die Greuel- und Jammerscenen, welche hierauf folgten, werden besser nicht geschildert. Verweilen wir lieber bei einem tröstlichen Bilde, das wie ein Lichtstrahl in die Nacht der Verwüstung fällt; es zeigt uns in Mr. Groves, dem Vorstande der englischen Mission, einen Mann von christlichem Heroismus, der selbstvergessend aus Menschenliebe und Pflichtgefühl sich der Pflege und Tröstung der Verlassenen und Sterbenden unterzog.

Oberst Taylor hatte lange muthig inmitten der drohenden Gefahr ausgehalten; als aber das Wasser auch in seinen Palast eindrang, entschloß er sich, Bagdad zu verlassen und auf seiner Jacht den Fluß hinunter nach seinem Landhause bei Bassora zu flüchten. Vergebens forderte er Mr. Groves auf, ihn mit seiner Familie dorthin zu begleiten. Dieser wollte seine christliche Mission keinen Augenblick versäumen, und mit ihm blieben, außer seiner Frau und seinen Kindern, mehrere Lehrer und christliche Diener in der schwergeprüften Stadt, unablässig bemüht, den Hungernden, soweit es möglich war, Nahrung zu bringen und sich der verwaisten Kinder anzunehmen. Viele der Aermsten wurden durch ihn gerettet, viele wenigstens erquickt und getröstet. Schon hoffte er, die Seinen glücklich erhalten zu sehen, da die Krankheit im Abnehmen begriffen war; da drang die Seuche noch zuletzt in sein Haus und raffte Frau, Kind und die treuen Gehülfen von seiner Seite. Als Mr. Taylor in die wieder gesund gewordene Stadt zurückkehrte, fand er den Mann, der von all den Seinen allein am Leben geblieben war, an den Gräbern derselben weilen.

Priesterfanatismus, Habgier, Unwissenheit und Trägheit des Volkes hatten gleichmäßig zu diesen Zuständen das Ihrige beigetragen. —

Helfer war sehr glücklich, durch den Abgang eines Tatars nach Konstantinopel noch an diesem Abende in den Stand gesetzt zu sein, seinen Geschäftsfreund in Prag mit der Rückzahlung des vom Obersten Taylor ihm vorgestreckten Geldes an ein Londoner Bankhaus zu beauftragen; denn mit dem frühesten Morgen mußten wir die gastliche Residenz verlassen und unsern Rückweg antreten.

Die schönen Pferde aus dem Marstall des Residenten wurden uns zur Verfügung gestellt; auch mir ward ein prächtiger Schimmel mit wallender Mähne und langem Schweif vorgeführt, der voll Ungeduld, wiehernd und sich bäumend, den Augenblick,

wie es schien, nicht erwarten konnte, wo man ins Freie hinaus=
sprengen werde. Ich fürchtete, ein so muthiges Pferd nicht
bändigen zu können, und bat um ein anderes. Aber Oberst
Taylor trat selbst herzu und ermuthigte mich, nur aufzusitzen,
das übrige werde sich schon finden; und wirklich, kaum saß ich
im Sattel, als mein muthiges Thier fromm und geduldig wie
ein Lamm dastand und dem leisesten Drucke des Zügels gehorchte,
sodaß es mir den weiten Marsch zu einem wahren Lusttritt
machte. Das ist die Eigenthümlichkeit arabischer Pferde, die
mit den Menschen wie deren Gespielen aufwachsen!

Bei der Eile, mit der Oberst Chesney sein Endziel, Basra,
zu erreichen trachtete, war es uns nicht gestattet, auf unserm
Rückwege die Ruinen des Tak=i=Kesra und des alten Seleucia,
fünf Stunden Wegs unterhalb Bagdad, am Tigris, zu besuchen.
Sie werden von frühern Reisenden ihrer Ausdehnung und Groß=
artigkeit halber für die Ueberreste des alten Babylon gehalten.
Das Schloß Tak=i=Kesra, wie die Araber es nennen, soll an
gigantischer Größe und Pracht keiner der orientalischen Pracht=
bauten nachstehen; seine Façade von 360 Fuß Länge und sein
erhabenes Portal sollen selbst das berühmte Palastthor von
Delhi und das Ali Kaper zu Ispahan übertreffen.

Als Abu=Giafar=al=Mansor, der zweite der Khalifen, im
Jahre 775 in dem Mittelpunkte seines weiten Reiches sich eine
Residenz erbauen wollte, wählte er dazu die Provinz Chaldäa
und die Stelle am Tigris, an welcher Nimrod's Nachkommen
und die Gemahlin des Kosroes, Nushirwan, ein Heiligthum,
genannt das Herz der Erde, der Schlüssel des Orients und
der Weg des Lichtes, errichtet hatten. Er benutzte die Pracht=
bauten von Seleucia als Material zur Erbauung seiner Resi=
denz Bagdad. Zum Glück für die Erhaltung dieser antiken Denk=
mäler zeigte sich, daß die Kosten der Abbrechung und Fortschaffung
den Werth des Materials übersteigen würden, und so blieben
die ehrwürdigen Ruinen erhalten.

7. Mit der englischen Euphrat-Expedition unter Colonel Chesney.

Wir mußten den kürzesten Weg nach den Ruinen von Babylon einschlagen, da Oberst Chesney dort mit dem Schiffe unserer wartete.

Hat man die ausgedehnten Gärten und Anpflanzungen von Dattelpalmen auf der Westseite Bagdads im Rücken, so öffnet sich eine meerähnliche unangebaute Fläche, deren sonst gewöhnlich fester Boden jetzt stellenweise durchweicht und sumpfig war. Ueber sie führt die von den Schiiten für ihre Pilgerfahrten zu dem Grabmale des Imam Hussein am häufigsten benutzte Straße. Die Pilger verrichten nicht nur am Grabe dieses Heiligen ihre Andacht, sondern bestatten auch in der dortigen geweihten Erde, die theuer erkauft werden muß, besonders geliebte oder geehrte Todte; daher begegnet man auf dieser Straße oft großen Karavanen wohlhabender Perser, die in Begleitung ihrer dichtverhüllten Weiber und eines zahlreichen Gefolges die Leichen verstorbener Angehörigen, in Särgen liegend, die von Maulthieren getragen werden, an die geheiligte Ruhestätte geleiten. Obgleich einbalsamirt, verbreiten die Leichname in der von den glühenden Sonnenstrahlen erhitzten Luft ebenso ekelhafte als schädliche Dünste. Allein die Hoffnung, den abgeschiedenen Geliebten durch Einsenkung ihrer Gebeine in die geweihte Erde der Aliden den ewigen Frieden zu gewinnen, ermuthigt die Pilger, keine Beschwerde und keine Gefahr zu scheuen.

Längs des ganzen Weges sind Trümmerreste von verwitterten Ziegelbauten umhergestreut, traurige Zeichen, daß einst zwischen Bagdad und Babylon, in dem schönsten aller Königreiche, der herrlichsten Pracht der Chaldäer, wie es der Prophet Jesaias nennt, eine ununterbrochene Reihe von Wohnstätten, von Dörfern und Palästen sich hingezogen hat. Jetzt trifft man hier am Wege nur einige Brunnen und einzeln stehende Khans. Letztere, meist von reichen persischen Familien zu Nutz und Frommen der Pilger errichtet, zum Theil schloßartig wie zur Vertheidigung gebaut, bieten den Reisenden recht gute Unterkunft und eine aus Hühnern, Eiern, Datteln, Brot und süßen Limonen bestehende Mahlzeit.

Wir kehrten spät am Abend des ersten Tages in dem Iskenderiyah Khan ein und gelangten nach einer ebenso langen Tagereise den zweiten Abend zum Mahawit Khan, wo wir noch einmal Nachtquartier machten, um bei zeiten am dritten Tage die Ruinen von Babylon zu erreichen, zu deren Besichtigung uns nur dieser eine Tag gegönnt war.

Je mehr wir uns dem Euphrat näherten, desto üppiger wurde der Graswuchs, weithin den Boden überziehend, sodaß unsere Thiere oft kniehoch im Grase gingen. Zahlreiche Rinder-, Pferde- und Schafheerden weideten in der ausgedehnten grünen Ebene, und nach allen Richtungen hin sahen wir die schwarzen Zelte zerstreuter Arabernieberlassungen emportauchen. In der Ferne bezeichnete ein Streifen wogender Dattelpalmen die Ufer und den gewundenen Lauf des Flusses.

Das Gefühl der Vereinsamung, das uns durch die bisher kahle und öde Strecke begleitet hatte, verlor sich und machte dem angenehmen Bewußtsein Platz, uns in der Nähe menschlicher Wohnsitze zu befinden.

Unweit der ehemaligen Umgrenzungen des mächtigen Babel mußten wir mehrere der alten Kanäle überschreiten, welche das Land einst wie mit einem Netze bedeckten und sowol zur Bewässerung der reich angebauten Felder gedient hatten, denen sie die üppigste Fruchtbarkeit verliehen, als auch zum Befestigungssystem der Stadt gehörten und zum großen Theil schiffbar waren.

Jetzt sind ihre Betten meistens trocken gelegt, während der austretende Fluß das Land weit und breit versumpft hat. Zwei derselben waren jedoch in dieser Jahreszeit so tief mit Wasser angefüllt, daß die Pferde uns schwimmend hinübertragen mußten, wobei ich aufs neue Gelegenheit fand, die Vortrefflichkeit des meinigen zu bewundern.

7. Mit der englischen Euphrat-Expedition unter Colonel Chesney.

Nun standen wir am Fuße des Mujellebéh, der ehemaligen uneinnehmbaren Citadelle Babylons, jetzt ein entblößter, weitgestreckter Hügelrücken von 150 Fuß Höhe. Er bildet den Anfang einer Trümmerwelt, deren Grenzen das Auge nicht zu überschauen vermag.

Wir umgingen den Mujellebéh, um den im Centrum gelegenen Kasr, die Königsburg mit den hängenden Gärten der Semiramis, zu besteigen. Von seiner Spitze aus umfaßt der Blick den ganzen Umfang der in Quadratform gebauten Stadt, deren vier Seiten zusammen eine Länge von acht Meilen hatten, folglich einen Raum von vier Quadratmeilen einschlossen.

Gegen Süden liegt der Amran genannte Hügel, der niedrigste, aber umfangreichste von allen, an seinem Südende von den Dattelgärten Hillas begrenzt; gegen Nordosten der kegelförmige Trümmerberg Tabaia, etwa sechs Stunden von Hilla entfernt; gegen Osten der hohe, scheinbar ganz isolirte Al Huisrer.

Nicht großartige Ruinen einstiger Prachtbauten, wie Palmyra und Ninive sie aufzuweisen haben, reißen hier den Beschauer zur Bewunderung hin; das Ungeheuerliche der völligen Zerstörung erfüllt sein Gemüth mit Grauen.

Was für Kolosse müssen hier gestanden haben, wenn sie in ihrem Fall solche Schuttmassen aufthürmen konnten! Denn alle diese Berge bestehen von der Sohle bis zum Scheitel aus nichts als gebrannten Ziegelsteinen, von denen viele noch jetzt nach einem Zeitraume von 4000 Jahren blaue Glasur und die eingepreßten Inschriften oder Blumenabbildungen bewahren!

Ganz fern im Südwesten, fast am Saume der Wüste, zwei deutsche Meilen von dem rechten Flußufer entfernt, erhebt sich noch der Birs Nimrod, die ehrwürdigste, uralteste Ruine des Erdballs; vom Königshügel gesehen, ragt sie wie eine Nadelspitze aus den sie umgebenden Trümmerbergen empor.

Mitten durch diese grauenhafte Verwüstung zieht der breite Wasserspiegel des Euphrat seinen unverändert gebliebenen Lauf.

Einzelne verkümmerte Weiden, Nachkommen jener, unter deren Schatten Israel seine Klagelieder gesungen, stehen trauernd am Ufer.

Wir verweilten lange, überwältigt von dem Anblick und von der Erinnerung an vergangene Jahrtausende, auf der Stätte, wo Semiramis in den Gärten ihres Palastes lustwandelte, neue Plane ersinnend zur Erweiterung des Reiches und zur Befestigung der stolzen, immer mächtiger anwachsenden Stadt; wo Israel in Ketten schmachtete und sein hartes Schicksal beweinte; wo Alexander, nachdem er die Welt als Eroberer durchstürmt, siegestrunken und den Göttern zum Trotze den durch Feuer vom Himmel zerstörten Thurm des Belus wieder aufzubauen begann, aber kurz darauf, mit Krankheit geschlagen, dem Lose aller Sterblichen verfiel und sein Leben inmitten seiner kühnen Entwürfe aushauchte.

Dieser Boden, sagt man, ist vom zürnenden Gott zu ewiger Wüste und Unfruchtbarkeit verdammt!

Doch nein, der Herr zürnt und verflucht nicht. Nur ein natürlicher Wandel alles Irdischen hat sich hier vollzogen: Völker, welche die Stufe der Cultur erreicht, deren sie fähig waren, sind untergegangen; ihre Cultur wurde auf andere Völkerschaften übertragen, die sie zu eigenthümlicher Blüte brachten, um sie wieder an andere abzutreten.

Das Land ist nicht zur Unfruchtbarkeit verflucht; aus dem mit Schutt gedüngten Boden sprießt saftiges Gras hervor und dient zahlreichen Heerden zur Nahrung. Die Werke der Menschen zwar fielen den menschlichen Leidenschaften zum Opfer; doch was Menschen zerstörten, können Menschen wieder schaffen, besser und zeitgemäßer! So wird auch hier an den Ufern des befruchtenden Euphratstromes die Cultur zu einer neuen Blüte erstehen; kein zweites Babylon wird gebaut werden, wohl aber eine Stätte der Gesittung, des friedlichen Verkehrs und Wohlstandes. Viel zu nahe liegt dieses reiche Land dem übervölkerten

Europa, viel zu gewaltig ist unter den Anhängern Mohammed's selbst das Drängen nach Umgestaltung ihres staatlichen und socialen Lebens, als daß es lange noch europäischer Civilisation verschlossen bleiben könnte.

Durften wir uns nicht zu solchen Gedanken berechtigt fühlen, indem wir eben jetzt das britische Banner über dem Flusse entfaltet sahen, das schon so manchen Völkern eine höhere Cultur gebracht hat? Durften wir nicht in diesem ersten Versuche, den Euphrat mit Anwendung von Dampfkraft zu beschiffen, die aufgehende Morgenröthe eines verheißungsvollen Tages erblicken, nicht hoffen, das Andenken an die Männer, die ihr Leben dabei zum Opfer brachten, werde von gesitteten, aus dem harten Joche der Unwissenheit befreiten Völkern einst dankbar gesegnet werden?

Schweigend stiegen wir hinab von dem Königshügel, jeder seinen Betrachtungen hingegeben.

Mit leichtem Herzen läßt sich über die Vergänglichkeit alles Irdischen philosophiren, wenn uns frisches blühendes Leben umgibt; anders aber ist es, wenn Untergang und Tod dem Menschen greifbar vor Augen tritt. Da verstummt er, und demüthig senkt er seinen Blick zur Erde, fühlend, daß er nur ein winziges Atom von ihr sei. All sein Hoffen und Sorgen, sein Streben und Mühen, sein Lieben und Hassen, aller Ehrgeiz und Stolz schwindet beim Anblick eines Bildes so grenzenlosen Verfalls! —

Unser Dampfer lag bereits in tiefe Abendschatten gehüllt, als wir wieder an Bord kamen, von den Gefährten aufs freudigste begrüßt. War auch die Trennung nur kurz und unser Ausflug nicht mit Gefahren verknüpft gewesen, unter so eigenthümlichen Verhältnissen wurde die Wiederkehr als ein frohes Ereigniß gefeiert. Mit lebhafter Theilnahme vernahm man den Bericht über unsere Erlebnisse, namentlich die Mittheilung von der schmerzlichen Enttäuschung, die Helfer und ich in Bagdad erfahren hatten, und freute sich, daß wir, nicht dadurch entmuthigt, uns zur Weiterreise entschlossen.

Früh des andern Morgens langten wir vor Hilla an, einer durch Handel und Gewerbfleiß blühenden Stadt am südlichsten Ende des Gebiets von Babylon.

Wir ankerten am rechten Ufer, auf welchem der Birs Nimrod in majestätischer Größe von fern sichtbar ward. Leider war ich nicht im Stande, die Gesellschaft, die zu seiner Besteigung ausging, zu begleiten; die Anstrengungen der vorhergegangenen Tage geboten mir Ruhe. Nur aus den Erzählungen der Zurückkehrenden und aus Schilderungen früherer Reisender konnte ich mir ein Bild davon entwerfen.

Anderthalb Stunden von Hilla entfernt befinden sich die langgestreckten Trümmerberge, die der viereckigen Pyramide des Belus, wie sie Strabo nennt, zum Piedestal dienen, dessen längliches Rechteck nicht weniger als 2286 Fuß mißt. Die Ostseite des Pyramidenberges steigt in zwei Etagen in einer Breite von 450 Fuß empor. Gegen Westen erhebt sich die Hauptmasse in Gestalt eines steilen Kegels bis zur Höhe von 200 Fuß, auf dessen Gipfel ein einzelner 35 Fuß hoher Mauerpfeiler von schönster Construction, das einzige Denkmal zierlicher antiker Architektur in dieser Gegend, aufrecht aber in der Mitte zerspalten emporragt.

Der eigentliche Belusthurm der Chaldäer erhebt sich in acht großen Absätzen, an welchen Treppenstufen von außen zu den umlaufenden Plattformen, wo Ruheplätze mit Sitzen angebracht waren, hinaufführten. In der obersten Spitze befand sich das Thronlager mit den goldenen Tafeln und Stühlen, die jedoch längst der Götterstatuen beraubt waren. Es war dies das größte Heiligthum des Bel, wahrscheinlich schon vor Nebukadnezar's Zeit errichtet, und zugleich die Sternwarte der chaldäischen Weltweisen.

Dieser kolossale Bau hat den Jahrtausenden Trotz geboten, und obgleich die obere Hälfte sammt den Götzenbildern schon zu Cyrus' und Xerxes' Zeiten gestürzt war, wurde Alexander von seiner imposanten Mächtigkeit und, wie Arrian sagt, von der Weisheit der chaldäischen Sternseher so betroffen, daß er nach der siegreichen Rückkehr aus Indien beschloß, den Prachtbau in seiner ganzen Größe wiederherzustellen. Doch konnten die 10000 Arbeiter, die er dabei beschäftigte, während zweier Monate den Schutt der durch Xerxes vollführten Zerstörung nicht aufräumen und nicht einmal das ursprüngliche Fundament wieder bloßlegen; inzwischen ereilte den gewaltigen Eroberer der Tod, und nach ihm ist nie wieder an den Aufbau gedacht worden.

In der weitern Umgebung dieses Hauptkolosses gewahrt man noch eine Gruppe von Trümmerbergen, die zwar niedriger als die Vorstufen des Thurmes, aber um das Vierfache breiter sind, 1242 Fuß im Durchmesser. Hier stand, nach Herodot zu schließen, der zu dem Thurm gehörige große Altar des Belus, auf dem die Thiere geopfert wurden, und von welchem an großen Festen Weihrauchopfer im Werthe von über 1000 Talenten empordampften.

Wie schon bemerkt, alle die Schutthügel sind aus zertrümmertem Gemäuer von Backsteinen gebildet, an denen oft noch Inschriften zu sehen sind. Obenauf liegen gigantische Werkstücke, die von größerer Höhe herabgestürzt und hier allmählich verwittert sein müssen; sie zeigen noch jetzt glänzende, dunkelblaue und gelbgeaderte Farben, welche vermöge ihrer Umschmelzung oder Verglasung erhalten wurden. Darum schreiben ältere wie neuere Forscher, mit den Volkssagen übereinstimmend, die Zerstörung dem Feuer vom Himmel zu.

Mannichfache Sagen melden den Hergang des Zusammensturzes; alle aber stellen ihn als die göttliche Strafe für menschliche Vermessenheit dar. Niebuhr's arabische Begleiter erzählten ihm bei Besichtigung der Ruinen, ein König Namens Nimrod sei der Erbauer des Prachtpalastes; derselbe habe während eines Gewitters, in der Absicht mit Gott Krieg zu führen, Pfeile in die Luft geschossen, ja unter Vorweisung eines blutigen Pfeiles sich gerühmt, Gott verwundet zu haben. Zur Strafe dafür sei er von Insekten zu Tode gepeinigt, sein Palast aber durch Feuer zerstört worden.

Unsere Abfahrt von Hilla sollte trotz des freundschaftlichen Verkehrs, der bis dahin mit der Bevölkerung stattgefunden hatte, nicht auf friedliche Weise vor sich gehen. Ohne eine uns bekannte Veranlassung nahmen die in Masse am Ufer stehenden Männer, von denen viele noch kurz zuvor das Schiff als gute Freunde besucht hatten, plötzlich, als wir uns in Bewegung setzten, eine ernstlich drohende Haltung an; zugleich richteten andere von den Dächern der zu beiden Seiten des Flusses befindlichen Häuser aus ihre langen Flinten auf das Boot. Man weigerte sich, uns die Schiffbrücke zu öffnen, was doch zuvor ohne Anstand bewilligt worden war, um augenscheinlich das Dampfboot, von dessen Gewalt die Leute keine Vorstellung hatten, an der Weiterfahrt zu hindern, ohne doch einen wirklichen Kampf wagen zu wollen.

Vergebens waren die Versuche einer Verständigung, vergebens die wiederholten Drohungen, wir würden uns mit Gewalt den Durchgang erzwingen; Flintenschüsse, die zum Glück niemand trafen, blieben die einzige Antwort. Lange wurde noch gezögert, bis der Oberst endlich die Ueberzeugung gewann, daß Worte fruchtlos seien und nur Thaten die aus Unwissenheit Uebermüthigen eines Bessern belehren könnten. Er gab Befehl, das Schiff mit voller Dampfkraft gegen die mit dünnen Seilen verbundene Brücke anlaufen zu lassen und sie so auseinanderzusprengen. Offiziere wie Mannschaft hatten schon lange voll Ungeduld dieses Befehls geharrt. Mit Stentorstimme rief der Commandirende vom Radkasten in den Maschinenraum hinab: „Go on with full speed!" und zurückschallte es von unten als Zeichen des Verständnisses: „With full speed." Im Nu fuhr das Schiff mit seiner ganzen Kraft gegen die Brücke an, und wie Spreu stoben die leichten, schlecht befestigten Pontons auseinander, zum Schrecken und Staunen der gaffenden Menge am Ufer, die bei diesem unerwarteten Schauspiel sofort ihren trotzigen Muth und ihre drohende Haltung verlor. Um ihr einen noch größern Begriff von der Wehrkraft des Bootes, zugleich aber auch einen Beweis von der Großmuth und friedlichen Gesinnung der Engländer zu geben, wurden einige dröhnende Kanonenschüsse in die Luft gefeuert.

Noch lange schauten die Bewohner von Hilla uns voll Bestürzung nach; sie mochten sich den Kopf darüber zerbrechen, wie es möglich war, daß ihnen das schöne Schiff so gleichsam unter den Händen entwischte.

Wir erreichten, zwischen Dattelhainen ohne Hinderniß hingleitend, am selben Tage (den 11. Juni) Diwanijeh, eine Stadt von einigen tausend Einwohnern, den Grenzort des Paschaliks Bagdad.

Die Stadt ist von einem mit Thürmen versehenen Erdwall umgeben. Auf dem Flusse bewegen sich zahlreiche Barken verschiedener Größe, durch welche ein lebhafter Handel vermittelt und dem Bazar reicher Waarenvorrath zugeführt wird.

Der Pascha von Bagdad hält hier eine starke Garnison, theils zum Schutze der Stadt, theils zur Bändigung der hier immer unbotmäßiger werdenden Araber. Wellsted erzählt von diesen Agyl=Arabern, daß sie bei der Eroberung Spaniens tapfer mitgefochten und auch noch Erinnerungen und Traditionen aus jener Heldenzeit bewahrt haben.

Die Existenz des Löwen in dieser Gegend, woran wir bisher gezweifelt, wurde uns hier zur Gewißheit; denn unverkennbare Spuren seiner großen Tatzen sahen wir dem weichen Ufergrunde eingedrückt. Die Mannschaft fand beim Holzfällen eine große Anzahl derselben, Löwen selbst aber begegneten ihr nicht. Bei Tage ruhen sie bekanntlich im Schatten des Dickichts, erst nachts gehen sie auf Raub aus oder kommen, um zu trinken, ans Ufer des Flusses. Ihr nächtliches Gebrüll, das wir deutlich auf dem Schiffe hörten, mußte uns vollends jeden Zweifel an ihrer Nähe benehmen.

Mir wurde bange für Helfer, der, stets nur auf seine Forschungen bedacht, überall, wo wir anhielten, sogleich ans Land ging. Meine Vorstellungen und Ermahnungen zur Vorsicht waren fruchtlos; lachend entgegnete er, in dem Punkte sei er ein echter Türke geworden. Desto mehr steigerte sich meine Besorgniß um ihn, und ich nahm mir fest vor, von nun an ihm immer zur Seite zu bleiben, um ihn durch meine Anwesenheit zur Vorsicht zu nöthigen.

Solche Gedanken beschäftigten und ängstigten mich, als wir am 13. Juni in den Niederungen der Lemlum-Marschen anlangten und nachmittags bei der Stadt Neu-Lemlum vor Anker gingen. Bis dahin war der Fluß an beiden Ufern von schattigen Dattelhainen eingerahmt. Viele Wohnstätten ackerbautreibender Araber schauen aus dem Gebüsch hervor und lassen auf eine ziemlich dichte Bevölkerung schließen.

Hier theilt sich der Euphrat in mehrere Arme, von welchen das niedere Land während eines Theils des Jahres unter Wasser gesetzt wird. Die Gegend erinnerte mich lebhaft an den Spreewald meiner Heimat; wie dort weiden hier zahlreiche Heerden, die den Reichthum der Bewohner ausmachen, nur mit dem Unterschiede, daß in den vom Euphrat gebildeten Marschen der schmuziggraue Büffel seine plumpen Gliedmaßen aus den Sümpfen erhebt, während in den Niederungen der Spree das glattgestrichene rothe Rind in dem saftigen Grase der Wiesen sich gütlich thut.

Dieser Theil des Euphratlandes ist von den Kasaël-Arabern bewohnt. Reich an Büffel- und Schafheerden, betreiben sie auch eine ausgedehnte Reiscultur. Ihre Hütten von Rohr und Schilf, mit Matten überdeckt, stehen auf kleinen Erhöhungen mitten im Sumpfe, sind daher der Ueberschwemmung ausgesetzt und werden nicht selten vom Wasser mit fortgerissen, wenn di

Bewohner nicht schnell genug der steigenden Flut zuvorkommen und die Hütte sammt Hausgeräth auf Büffel oder Schwimmochsen laden und von ihnen aufs Trockene bringen lassen. In Ermangelung von solchen binden die Frauen sich wol auch ein Bündel Rohr unter den Leib und setzen damit, einen Säugling im Arme haltend, über das Wasser, während die ältern Kinder schwimmend der Mutter folgen.

So oft aber auch die Flut sie aus ihren Wohnsitzen vertreibt, immer bauen sie ihre Hütten von neuem auf denselben Fleck. Sie sind wahre Amphibien, denn sie leben beinahe ebenso viel im Wasser wie auf dem Lande; und das häufige Verweilen in Sumpf und Wasser scheint sogar bestimmenden Einfluß auf ihre Körperbildung auszuüben, ihre Glieder sind so lang und hager, daß man meint, sie gingen auf Stelzen, wenn man sie in den Wassertümpeln umherwaten sieht.

Der Hauptarm des Flusses wird hier in ein Bett von nur 100—150 Fuß Breite eingeengt; dazu wurde noch durch eine Menge leichter Boote, in welchen die Bewohner der Stadt mit großer Geschicklichkeit von Haus zu Haus „paddeln", die freie Bewegung unsers Schiffes sehr behindert.

Kaum waren wir gelandet, als das Volk herbeiströmte und sich ein lebhafter Handel entspann, der, an andern Orten sehr willkommen, uns hier befürchten ließ, er möge den Aneignungstrieb der Eingeborenen mächtig erregen. Oberst Chesney kannte sie schon von seiner Reise im Jahre 1831 her als gefährliche Diebe; namentlich die Schias, ein schiitischer Stamm von persischer Abkunft, der noch viele Eigenheiten seiner Vorfahren bewahrt hat, sollen, obgleich fleißige Ackerbauer, dem Diebstahl mit Vorliebe ergeben sein. Es wurden deshalb während der Nacht sowol am Ufer als auf dem Schiffe Wachen aufgestellt, um die Annäherung ungebetener Gäste zu verhüten.

Die erstickende Hitze in den untern Schiffsräumen machte den Aufenthalt daselbst während der Nacht zur Qual; an Schlaf war dort nicht zu denken; wir hatten deshalb seit einigen Tagen die Nächte auf dem Verdeck zugebracht. Völlig angekleidet und zum Schutze gegen die Mosquitos sowie wegen der hellen Mondstrahlen bis über den Kopf in Leintücher eingehüllt, streckten wir uns auf den schmalen Cabinematratzen aus und suchten und fanden so die ersehnte Nachtruhe. Helfer und ich hatten unser Lager hart am Steuerruder aufgeschlagen und erfreuten uns hier erquickenden Schlafes. Diese Nacht aber war meine Phantasie von den am Tage gesehenen Löwenspuren erfüllt und führte mir die gefürchteten Bestien auch im Traume vor. Plötzlich fühlte ich, wie ein Löwe mit seinen vier Tatzen auf mich sprang und mich mit sich fortzerrte; ich konnte mich aus den Falten meines Leintuches nicht loswinden und rief entsetzt um Hülfe: „Ein Löwe! ein Löwe!" Helfer erwachte, aber eingemummt wie ich selbst vermochte er im Augenblick nicht zu erkennen, was vorging. Er erfaßte rasch meinen Arm; dennoch wurde ich weiter gezogen bis dicht an den Rand des noch mit keiner Balustrade versehenen Schiffes. Jetzt fiel ein Schuß und gleich darauf ein zweiter; ein Sprung ins Wasser wurde vernehmbar — ich war befreit. Das alles war das Werk weniger Minuten gewesen; die ganze Schiffsmannschaft war in Alarm und an unserer Seite. Niemand konnte sich den Vorfall erklären, bis Major Escourt, der die Nacht am Ufer zugebracht hatte und soeben auf das Schiff zurückgekehrt war, uns erzählte, ein diebischer Schias habe ihm die Kleider unter dem Kopfe zu stehlen versucht, er sei davon erwacht, habe nach ihm geschossen und dann ein zweites Pistol auf einen andern Dieb abgefeuert, den er auf dem Schiffe bemerkt zu haben glaubte. Von einem Löwen war keine Spur zu finden! Meine Angabe, ein solcher sei dagewesen und habe mich fortzuschleppen begonnen, wurde von den Anwesenden natürlich auf Rechnung einer allzu lebhaften Einbildungskraft gesetzt, trotz meiner Versicherungen, er sei auf mich gesprungen und ich fühle noch schmerzhaft die Spuren seiner Tatzen. Beschämt, auf einer solchen Schwäche ertappt worden zu sein, mußte ich schweigen, bis der anbrechende Tag auch dieses Dunkel aufklärte und meinem verletzten Selbstgefühl Genugthuung verschaffte.

Es ergab sich nämlich, daß einer jener amphibienartigen Araber trotz der ausgestellten Wachtposten durch den Fluß, wahrscheinlich unter dem Wasser, zum Schiffe geschwommen und durch ein Fenster in den Salon eingedrungen war. Hier hatte er einen Chronometer entwendet und überhaupt an allem Glänzenden gerüttelt und es sich anzueignen versucht. Durch den Schuß am Ufer erschreckt, hatte er dann in Eile die Flucht über die Treppe hinauf genommen und wahrscheinlich gerade von der Stelle aus, wo ich schlief, ins Wasser springen wollen. Dabei war er auf mich, die er nicht sehen konnte, gesprungen und, keinen festen Boden findend, mit Füßen und Händen auf mich gefallen, hatte sich in mein weites Leintuch verwickelt und mich auf diese Art mit sich fortgerissen. Aber selbst bei dieser schleunigen Flucht hatte sein Diebssinn sich geltend gemacht und er nicht versäumt, Mr. Fitzjames, der auf der Treppendecke schlief, den Tarbusch vom Kopfe zu ziehen. So war, wenn auch kein wirklicher Löwenanfall, so doch eine Thatsache, die im ersten Moment die Annahme eines solchen nahe legte, constatirt und mein Hülferuf gerechtfertigt.

Nachdem auf unsere energischen Vorstellungen beim Scheikh die Rückgabe des gestohlenen Chronometers erwirkt und die freche Diebsbande in Respect gesetzt worden war, verließen wir am 16. Juni diesen eigenthümlichen Ort mit seinen absonderlichen Bewohnern, die dichtgedrängt am Ufer standen und die Bewegungen unsers Dampfers mit Erstaunen und Furcht betrachteten. Noch weithin unterhalb der Stadt sahen wir zahlreiche Hütten meist im Schatten von Dattelpalmen, die hier auf Erdhöhen in Gruppen beieinanderstehen, und in den Niederungen Reisfelder von hundertfältigem Ertrage.

Unglücklicherweise hatten wir unter den vielen, ein wahres Netz von Kanälen bildenden Flußarmen den richtigen verfehlt und liefen nach mehrstündiger Fahrt auf den Grund. Als es am andern Morgen gelungen war, das Schiff wieder flott zu machen, mußten wir eine Strecke des am vorigen Tage zurückgelegten Weges stromaufwärts dampfen, um unweit des Dorfes Barblijeh in den rechten Kanal zu gelangen, auf dem nun die Fahrt ohne weitere Hindernisse fortgesetzt wurde.

Viele Ruinen ehemaliger fester Castelle und großer Städte flogen beim schnellen Laufe unsers Schiffes vor unsern Blicken vorüber, von denen wir uns nichts als die Namen merken konnten; unter ihnen soll Irak-Jakal-el-Assayah, das Erech der Bibel, eine der ältesten Städte bezeichnen.

In der Nähe von El-Chidhr, einem großen Dorfe der Beni-Hakem, kamen wir an einen Pappelwald, der uns das nöthige Brennmaterial zur Weiterfahrt nach Basra zu geben versprach. Die Dorfbewohner waren zum Holzfällen bereit und machten sich, durch angemessene Belohnung angeeifert, sogleich an die Arbeit. Am folgenden Tage aber zeigten sie auffallende Misstimmung und waren zum Weiterarbeiten nicht mehr zu bewegen.

Während Lieutenant Murphey im Castell von El-Chidhr seine Beobachtungen machte und Mr. Ainsworth und Helfer in dem Gehölz beschäftigt waren, bemerkten wir eine große Aufregung unter den Arabern; sie rotteten sich unter unverkennbaren Zeichen von Feindseligkeit zusammen, schickten nach verschiedenen Gegenden Sendboten aus, wahrscheinlich um ihre Stammesgenossen zur Hülfe herbeizuholen, und begannen mit wildem Geschrei, die Flinten hoch in der Luft schwingend, den Kriegstanz aufzuführen.

Durch unsern Dolmetsch Seyd Ali nach der Ursache dieses Vorgehens befragt, gaben sie keine genügende Antwort, sondern schimpften die Fremden „feige Hunde" und stießen die Drohung aus, uns alle niederzumetzeln. Schon machten sie Miene, sich der am Lande befindlichen Unserigen zu bemächtigen; doch wurden diese vom Obersten und einem Theil der Mannschaft gedeckt und sicher zum Schiffe geleitet.

Immer mehr wuchs die Zahl und die Kampfgier der in dem Gehölze versammelten wilden Gestalten; ihr Geschrei und ihre beschimpfenden Drohungen waren auf dem Schiffe deutlich vernehmbar. Unserer Sicherheit wegen und um unser Ansehen nicht zu gefährden, mußten wir jeden Schein von Furcht vermeiden; deshalb und in der Hoffnung, noch eine gütliche Verständigung herbeizuführen, ließ der Oberst das Schiff näher an das Gehölz heransteuern. Sofort wurde es aber von einem dichten Kugelregen empfangen, der zum Glück, trotz der exponirten Stellung der commandirenden Offiziere, niemand verletzte. Noch zögerte man, die Feindseligkeiten zu erwidern, obgleich aller Herzen nach Vergeltung der widerfahrenen Unbill verlangten; als aber die wilde Horde nicht nachließ zu feuern, wurde ihr eine volle Ladung der Breitseite des Schiffes gegeben, und da auch diese ihr Feuer noch nicht zum Schweigen brachte, eine zweite Salve von Kartätschen nachgesendet. Die Wirkung unserer Geschosse war furchtbar, wie ich aus dem Fenster meiner Cabine bemerken konnte, wohin mich Mr. Fitzjames auf Anordnung des Obersten beim Beginn des Kampfes in Sicherheit gebracht hatte, während Helfer auf dem Verdeck bei den Vertheidigern seinen Platz behielt.

Wieviel Menschen getödtet und unter den niedergeschmetterten Bäumen begraben worden, ließ sich nicht ermitteln; wir sahen nur, daß von den Kriegstänzern bei weitem die Minderzahl noch durch die Flucht sich retten konnte.

Auch von der andern Seite des Flusses wurde das Schiff aus einem alten Castell beschossen, einige Raketen genügten jedoch, die Feinde zu vertreiben.

Dies war der einzige Fall auf der langen Fahrt durch uncivilisirte, von einer wilden rauflustigen Bevölkerung bewohnte Länder, wo es zu wirklichen Feindseligkeiten kam. Wie wir nachträglich erfuhren, hatte das Fällen der Bäume, die von den Schiiten als ein heiliger Hain verehrt werden, den Anlaß dazu gegeben.

Ohne weitere Störung gelangten wir auf dem Hauptstrom, der durch die Einmündung vieler Kanäle hier wieder breit und tief geworden, nach der ansehnlichen Handelsstadt Scheit-el-Schuyukh. Sie ist von den Mantefik, einem mächtigen Araberstamme, bewohnt. Wir konnten vom Schiffe aus die schön gebauten, kräftigen, weniger dunkel gefärbten Gestalten derselben fast nackt zwischen Rosengebüschen und unter Feigen- oder Granatbäumen umherwandeln sehen.

Ihre Hauptbeschäftigung ist die Pferdezucht, die sie mit so großem Eifer und Erfolge betreiben, daß sie den Engländern in Indien die besten Rassethiere liefern. Sie leben größtentheils von Kamelfleisch und befassen sich nur dann mit Reisbau, wenn sie von ihrem Oberherrn, dem Pascha von Bagdad, mit Gewalt zu festen Wohnsitzen und zur Agricultur genöthigt werden. Oft aber schütteln sie diese Oberherrschaft ab und beanspruchen ihrerseits die Suprematie über die Nachbarstämme und angrenzenden Gebiete; bisweilen wagen sie sich sogar bis vor die Thore von Bagdad. Ihr Scheikh legt sich den Titel Scheikh-el-Muscheikh, d. h. Scheikh der Scheikhe, bei.

Im Kriege ist die Macht des Scheikhs eine unumschränkte, im Frieden dagegen ist sie gering, und es bleibt ihm dann nur die Pflicht, Gastfreundschaft zu üben. Als Kapitän Wellsted einst bei dem Scheikh Agyl Jbn Mahomed als Gast verweilte hielt derselbe täglich offene Tafel für 3—400 Gäste; 30—4 Sklaven waren fortwährend allein mit Kaffeemahlen beschäftig In dem Glanze solcher Gastlichkeit sucht der Scheikh sein größten Ruhm, während er für seine Person äußerst frugal leben pflegt.

7. Mit der englischen Euphrat-Expedition unter Colonel Chesney. 289

Die Oberherrschaft über so mächtige und in unnahbaren Sumpfniederungen lebende Vasallen sich zu erhalten ist für den Pascha von Bagdad eine schwierige Aufgabe, die er dadurch zu lösen sucht, daß er die Stämme durch Eifersucht entzweit, damit sie in blutigen Fehden sich gegenseitig schwächen. Kapitän Wellsted fand einige Monate später denselben Scheikh Agyl in Bagdad als Gast des Pascha. Ein ganzer, prachtvoll möblirter Palast war dem Gaste zur Bewohnung übergeben worden; der Scheikh bezog jedoch nicht dessen innere Gemächer, sondern schlug, nach echter Araberart, sein Zelt auf dem platten Dache auf. Seine Leute dagegen nahmen Besitz von den purpurnen, mit Perlen gestickten Sammtdivans, kochten ihre Speisen auf dem Marmorboden der Hausflur und zerschlugen die kostbaren Spiegel, um sich jeder ein Stück davon mitzunehmen; sogar Ziegen und Schafe ließen sie in den Prunksälen herumlaufen. Agyl hatte ein Gefolge von nicht weniger als 4000 Köpfen mitgebracht. Bald kamen ebenso viele tausend Araber vom Stamme der Djerboah in die Stadt; man begegnete einander in den Cafés und Bazars, und es entstanden wie gewöhnlich Händel, welche die Straßen in einen Kriegsschauplatz verwandelten. Darüber geriethen die beiden Stämme in Fehde und bekämpften sich bis zur Erschöpfung ihrer Kräfte. Nun gelang es dem Pascha, die vorher so übermüthigen Halbvasallen wieder zur Unterwerfung zu bringen.

Bei unserer Ankunft vor Scheikh-el-Schuyukh wurde zu Ehren des dortigen Scheikhs eine Bewillkommnungssalve abgefeuert und ein freundschaftlicher Verkehr mit ihm eröffnet; da er uns schnell den nöthigen Holzvorrath verschaffte, konnten wir schon in der Frühe des andern Morgens wieder abfahren.

Die bis hierher in den Fluß eindringende Meeresflut verursacht eine starke Gegenströmung, welche die Fahrt erschwerte. Doch erreichten wir glücklich Kurnah, den wichtigen Ort am Zusammenflusse des Tigris und Euphrat, von wo ab die nun vereinigten beiden Flüsse bis zu ihrer Mündung unterhalb Bassora den Namen Schat-el-Arab annehmen.

Der Ort Kurnah liegt ganz versteckt zwischen Dattelpalmen, kaum daß die Dächer einiger Hütten sichtbar werden. Zu förmlichen Wäldern sich gruppirend, fangen diese Bäume hier an ihre höchste Entwickelung zu erreichen; ihre Früchte sind im Handel sehr gesucht und liefern den Bewohnern reichen Ertrag. Von ihnen selbst werden sie jedoch weniger zur Nahrung benutzt, als es in Arabien geschieht; reichlicher Genuß derselben soll der Gesundheit schädlich sein.

Ich erfreute mich sehr am Anblick dieser schlanken Bäume mit den wogenden grünen Kuppeln und konnte mir nichts Herrlicheres denken. Und doch, zu wie unansehnlichen, winzigen Gebilden schrumpfen sie ein im Vergleich mit ihren Geschwistern in den Tropen, den Cocospalmen! Dort erst entfaltet die wunderbare Palme ihre ganze Pracht.

Ein türkisches Schiff lag hier vor Anker, das unser Dampfer mit der üblichen Salve begrüßte; es war aber nicht im Stande, den Gruß zu erwidern, in solch elender Ausrüstung befand es sich, ein Bild von den verkommenen Zuständen des Türkenreiches!

In Ermangelung hinlänglichen Feuerungsmaterials konnten wir, obwol jedes entbehrliche Stück Holz, wie leere Kisten und dergleichen, mit verbrannt wurde, die Strecke bis Bassora, 45 englische Meilen, nur mit halber Dampfkraft zurücklegen. Dennoch, so langsam unsere Fahrt auf dem obern Flußlaufe, der Menge sich entgegenstellender Hindernisse wegen, von statten gegangen war, so schnell und leicht trug nun die lebhafte Strömung der vereinigten beiden Flüsse das Boot seinem erstrebten Ziele zu, leider nur zu schnell, um uns mehr als einen flüchtigen Blick auf die vorüberziehenden Ufer mit ihrer wechselnden Scenerie zu gestatten.

So sahen wir nur von fern Baureste aus ältester Zeit welche hier noch in großer Menge vorhanden sind, darunte

Ruinen, die an Großartigkeit und Alterthum dem Birs Nimrod nicht nachstehen, wie der in einer Höhe von 200 Fuß aus mächtigen Trümmerhügeln aufragende Thurm Maghar an dem alten Bette des Pallacopas. Der Pallacopas war einer jener breiten und tiefen Kanäle, die nach allen Richtungen das Land durchzogen, den Flüssen einen veränderten Lauf gaben, Seen mit Wasser speisten, Wüsteneien befruchteten und ganzen Flotten zur Schifffahrt dienten. Noch jetzt in ihrer Versumpfung reißen diese großartigen Kanalanlagen zur Bewunderung hin, sie liefern einen noch stärkern Beweis von der einstigen dichten Bevölkerung dieser Ländergebiete und von der Höhe ihrer Cultur als die massenhaften Ruinen kolossaler Prachtgebäude.

In der Frühe des 18. Juni ging unser Boot auf der Rhede von Bassora vor Anker. Das Problem der Beschiffung des Euphrat mit Dampfkraft war gelöst, das vorgesteckte Ziel erreicht! Wir hatten eine Fahrt von 1500 englischen Meilen auf einem unbekannten, von wilden Völkerstämmen umwohnten Strome, nach dreimonatlichem Kampfe mit Hindernissen und Entbehrungen jeglicher Art, doch zuletzt glücklich vollendet. Wie hätten da unsere Herzen nicht jubeln sollen! Wir beglückwünschten uns gegenseitig, daß wir diesen Tag erlebt, und gedachten mit Trauer der verlorenen Gefährten.

Zur Feier des Tages wurde die königliche Flagge entfaltet und eine Anzahl von Salutschüssen abgefeuert, welche den Lebensjahren des Souveräns, König Wilhelm's IV. von Großbritannien, gleichkam.

Die gesammte Bevölkerung von Bassora, darunter Handeltreibende aller Nationen, strömte zum Landungsplatze, um sich von der Ankunft des Dampfbootes, an deren Möglichkeit jeder gezweifelt hatte, durch eigenen Augenschein zu überzeugen; selbst der Admiral eines vor Anker liegenden türkischen Kriegsschiffes und Herr Fontanier, der französische Consul, kamen, um ihre Glückwünsche darzubringen, und gestanden offen, daß sie aus allen denkbaren Gründen das Unternehmen für absolut unausführbar gehalten hätten.

Die Freude über das Gelingen der Expedition, der sich die Schiffsgesellschaft rückhaltslos hingab, war indeß für Helfer und mich nicht ohne Beimischung von Trauer. Wir mußten von den liebgewonnenen Freunden scheiden, deren Gäste wir während neun Monaten waren, die Gutes und Schlimmes redlich mit uns theilten, mir mit zartester Rücksicht über das Peinliche des Zusammenlebens in dem engen Schiffsraume hinwegzuhelfen wußten, überhaupt nie den feinen Takt des Gentleman verleugneten, sondern das Vertrauen, mit welchem Helfer und ich uns ihnen angeschlossen hatten, in vollem Maße rechtfertigten, indem sie uns eine wahrhaft brüderliche Aufmerksamkeit und Fürsorge zutheil werden ließen. Ich freue mich, nach so langer Zeit den noch Lebenden unter ihnen an dieser Stelle meine aufrichtige Anerkennung und meinen tiefgefühlten Dank ausdrücken zu können.

Auf der Rhede lag die Brigg George Bentik, ein englisches Kauffahrteischiff, das eine Fracht Pferde nach Calcutta zu bringen hatte. Sie war eben im Begriff unter Segel zu gehen und sollte auf ihrer Fahrt Buscheir in Persien, unsern nächsten Bestimmungsort, berühren, um dort noch mehr Pferde einzuladen. Das freundliche Anerbieten des Kapitäns, uns als Passagiere aufzunehmen, war uns um so willkommener, als höchst selten europäische Schiffe den Persischen Golf befahren.

Es blieb keine Zeit, Reflexionen anzustellen und uns trüben Empfindungen zu überlassen. Mit stummem Händedruck und einem kurzen „Good bye", das bei dem einsilbigen Engländer alles sagt, wozu andere Nationen viele Worte brauchen, schieben wir von den bisherigen Genossen und gingen an Bord des George Bentik.

Wind und Flut waren günstig, bald schwand uns das Land aus dem Gesicht. Zugleich aber steigerte sich die Hitze zu einer Intensität, wie ich sie nie, weder vorher noch nachher, selbst nicht unter den senkrecht fallenden Strahlen der tropischen Sonne gefunden habe. Das Klima im Persischen Golf ist deshalb für Europäer in hohem Grade gefährlich. Von den jäh aufsteigenden, hohen, kahlen Felsenwänden, zwischen denen das Meer sich hindurchdrängt, prallen die heißen Sonnenstrahlen in dieser Jahreszeit mit verdoppelter Stärke zurück, sie durchglühen das Wasser, lösen seine Oberfläche in Dunst auf und verwandeln die Atmosphäre in ein Dampfbad. Vergeblich sehnt man sich nach einer abkühlenden Douche. Ich verfiel in einen an Bewußtlosigkeit grenzenden Zustand. Nur häufiges Begießen mit Meerwasser und das Einathmen von Säuren hielt mich aufrecht, doch war ich nicht im Stande, mich aus der Cabine aufs Verdeck zu bewegen, sondern mußte, in ein Leintuch gehüllt, durch das Skylight hinaufgetragen werden. Zum Glück dauerte die Fahrt nicht länger als 48 Stunden. Wer sie ohne krank zu werden überstanden hat, wird beglückwünscht und gilt fortan als gefeit für alle andern Klimate.

Wir liefen in den Hafen von Buscheir ein und säumten nicht ans Land zu steigen, um uns zum englischen Residenten zu begeben. Auf dem Wege dahin, der durch einen der bevölkertsten Stadttheile führte, mußte ich sogleich in höchst unangenehmer Weise erfahren, mit welcher fanatischen Unduldsamkeit die Schiiten auf strengster Absperrung der Frauen vom Verkehr außer dem Hause bestehen. Ich war von einigen Vorübergehenden als Frau erkannt worden, und schnell rottete sich ein Haufe von Männern zusammen, die uns heftige Schimpfworte zuriefen und sogar mit Steinwürfen drohten. Glücklicherweise folgte uns der Kapitän mit etlichen seiner Matrosen auf dem Fuße, in ihrem Schutze gelangten wir unverletzt zum Consulatsgebäude.

Dies war das erste mal auf unserer ganzen Reise und nach mehr als einjährigem Aufenthalte in mohammedanischen Ländern, daß ich als Frau insultirt wurde. Unter so peinlichem Eindrucke erschienen mir die persischen Männer, lange, hagere Ge=

stalten mit vorgebeugter Haltung, in den bis zum Knöchel reichenden Kaftan gekleidet und die hohe, spitze Pelzmütze von schwarzem Lammsfell auf dem Kopfe, sehr häßlich, obgleich ihre Gesichtsbildung, mit gebogener Adlernase und viel hellerm Teint als der der Araber, eigentlich nicht unschön genannt werden kann.

Von unserer Ankunft und unsern Absichten bereits unterrichtet, empfing uns der Resident, Kapitän Hennel, aufs freundlichste. In solch entlegenen Stationen wie Buscheir, bis wohin nur selten Europäer vordringen, sind europäische Reisende den dort wohnenden, von der civilisirten Welt abgeschiedenen Stammesgenossen immer eine willkommene Erscheinung. Waren wir auch keine Engländer, so wurden wir doch, weil wir in deren Gemeinschaft die schwierige Euphrat-Expedition mitgemacht, von dem Residenten als Landsleute betrachtet und in seiner schönen, comfortablen Wohnung gastlich aufgenommen. Für ihn war die Beschiffung des Euphrat von besonderer Wichtigkeit, da sie, wenn regelmäßig eingeführt, Buscheir zu einem Hauptstapelplatz des Handels zu machen versprach. Unsere Mittheilungen darüber nahmen daher sein Interesse sehr in Anspruch und bildeten den Hauptgegenstand unserer Unterhaltung.

„In Erwiderung Ihrer Berichte", sagte er eines Tages, „kann auch ich Ihnen eine Mittheilung machen, die Sie interessiren und Ihnen zugleich eine Art von Genugthuung geben dürfte. Jene vorgeblichen afghanischen Prinzen, von denen Sie so schmählich betrogen wurden, sind auch in Buscheir gewesen, doch ohne sich bei mir zu zeigen; sie gingen nach Bombay und den Indus hinauf, um auf diesem Wege in ihre Heimat am obern Ganges zurückzukehren, natürlich nicht ahnend, daß sie bereits steckbrieflich verfolgt wurden. Kurz nachdem sie in Lucknow angekommen, traf der Verhaftsbefehl dort ein. Sie hatten ihre Rolle als afghanische Prinzen wieder so gut zu spielen und unsern dortigen Residenten dermaßen für sich einzunehmen gewußt, daß dieser nur mit Widerstreben den Befehl vollzog und fest überzeugt

7. Mit der englischen Euphrat-Expedition unter Colonel Chesney.

war, es liege ihm irgendein zufälliges Misverständniß zu Grunde. Dieser Theil meiner Erzählung", fügte Kapitän Hennel hinzu, „wird für Sie der angenehmste sein, da er geeignet ist, Ihnen das Gefühl der Beschämung zu nehmen, dessen der Geprellte sich schwer erwehren kann; denn wenn ein so vollkommener «Tiger» (scherzhafte Benennung für in Indien alt gewordene Engländer) wie unser Residrnt in Lucknow von ihrer Maske sich täuschen ließ, brauchen Sie nicht zu erröthen, das Opfer der schlauen Betrüger geworden zu sein."

„Wer aber sind diese doch jedenfalls nicht gewöhnlichen Menschen?" fragten wir begierig weiter und erhielten folgende Auskunft:

Am obern Ganges geboren als Söhne eines europäischen Indigopflanzers und einer Indierin aus höherer Kaste, ward ihnen eine gute Erziehung gegeben, dennoch entwickelten sie schon früh Hang zu Verschwendung und Schwindeleien. Zuletzt spielten sie ihrem Vater und einem seiner Geschäftsfreunde den argen Streich, daß sie eine Kiste voll Goldmünzen, die ersterer ihnen zur Ablieferung an ein Bankierhaus in Calcutta übergeben hatte, erbrachen, das Geld herausnahmen, statt dessen die Kiste mit einer gleichschweren Last Steine füllten, sie wieder verschlossen und ihr als Zeichen des unverletzten Zustandes des Vaters Siegel aufdrückten, das sie sich heimlich zu verschaffen gewußt hatten. Der Bankier schöpfte keinen Verdacht und quittirte über den richtigen Empfang der Geldsumme. Als er den Betrug gewahr wurde, hatten die Diebe bereits die Flucht nach Europa ergriffen. Lange Zeit blieb ihre Spur verloren, da sie sich unter verschiedenen falschen Namen umhertrieben. Endlich erfuhr man ihre Rückkehr nach Asien und daß sie, nachdem das gestohlene Geld durchgebracht war, sich wieder der Heimat zuwandten; es wurden Vorkehrungen getroffen, sich ihrer zu bemächtigen, und sobald sie den indischen Boden betraten, erfolgte ihre Festnehmung.

So schwand der letzte schwache Nimbus, der die heuchlerischen Freunde noch in unsern Augen umkleidet hatte; sie waren als gemeine Betrüger entlarvt, und wir um eine herbe, schmerzliche Erfahrung reicher!

Es hat mich immer sehr interessirt, die mancherlei Methoden zu beobachten, welche die Menschen in den verschiedenen Klimaten und Witterungsverhältnissen anwenden, um ihre Wohnungen gegen Kälte oder Hitze zu verwahren. Während man in Bagdad der Kühlung wegen halb unter der Erde wohnt, fand ich, daß in Buscheir zur Abfangung der streichenden Seewinde viereckige Thürme in der Mitte der Häuser errichtet sind, die, vom Boden bis ziemlich hoch über das flache Dach emporsteigend, in jedem Stockwerk schmale Oeffnungen haben, mittels welcher eine starke, kühlende Luftströmung durch das ganze Haus erzeugt wird. Die Frische, die dadurch entsteht, ist sehr empfindlich und nöthigt oft, sich wärmer einzuhüllen. Heftige Winde scheinen hier nichts Seltenes zu sein. Gleich in der ersten Nacht, die wir hier wie in Bagdad auf dem flachen Dache zubrachten, erhob sich ein so gewaltiger Sturm, daß die von Bretern und Schirmen errichteten leichten Scheidewände niedergerissen, Decken und Kleidungsstücke wirbelnd emporgeweht wurden, und wir in größter Eile die kleine Treppe hinunter in unser Ankleidezimmer flüchten mußten. Hier aufgeschlagene Schlafstätten gewährten dann den vom Dache Vertriebenen ein sichereres Lager.

Unser Schiffskapitän hatte in Buscheir wieder Pferde einzuladen, wozu er eines Aufenthaltes von acht Tagen bedurfte. Helfer machte währenddem entomologische Excursionen. Ich wollt mir eines Tages die Zeit durch Zeichnen verkürzen und zu Erinnerung eine Skizze der Umgegend aufnehmen. Trotz de Warnung, nicht allein auszugehen, trat ich durch das gewöhn lich verschlossene, im Augenblicke zufällig offen gebliebene äußer Thor des Hauses, suchte mir einen erhöhten, weite Uebersch bietenden Standpunkt am Ufer und begann meine Zeichnung, der unmittelbaren Nähe des Consulatsgebäudes mich völlig sicher fühlend. Vertieft in meine Beschäftigung, bemerkte ich nicht, wie der einsame Platz zwischen der Residenz und dem Strande sich mit Menschen gefüllt hatte, bis wüstes Geschrei an mein Ohr drang und ich, aufblickend, eine Horde Männer mit wüthenden und drohenden Geberden heranstürmen sah. Voll Schrecken erhob ich mich und lief bis an den äußersten Rand des Felsenvorsprungs. Meine Lage war verzweifelt. Mich ins Meer hinabzustürzen, oder von dem fanatisch erregten Pöbel gesteinigt zu werden — zwischen beidem schien kein Ausweg. Endlich in der höchsten Gefahr kam eine Anzahl Consulatskawasse aus dem Hause zu meiner Hülfe herbei und trieb mit wuchtigen Peitschenhieben die rohe Bande in die Flucht. Ich war befreit, aber lange, lange noch schlugen all meine Pulse und klopfte mir das Herz mit hörbaren Schlägen.

Als beim Mittagstische der Vorfall besprochen wurde, sagte Kapitän Hennel zu mir: „Sie haben heute eine Probe davon erlebt, welchen Gefahren eine europäische Frau in diesem Lande ausgesetzt ist." Und zu Helfer gewendet fuhr er fort: „Ich vermied es bisjetzt, in Betreff Ihrer Absicht, einen längern Aufenthalt in Persien zu nehmen, mich gegen Sie auszusprechen, ergreife aber diese Gelegenheit, Ihnen auf das nachdrücklichste davon abzurathen." Er entwarf nun ein so abschreckendes Bild von dem fanatischen Fremdenhasse des Volks, wie von dem perfiden, ränkesüchtigen Wesen der höhern Stände, daß alle meine Illusionen zerstört wurden und selbst das von duftenden Rosengärten umgebene Schiras mir nicht mehr verlockend erschien.

Auch Helfer mußte sich überzeugen, sein Vorhaben, sich in einer persischen Stadt als Arzt niederzulassen, sei unter solchen Verhältnissen unausführbar. Der Plan wurde definitiv aufgegeben. Aber wohin sollten wir unsere Schritte lenken? Wir erwogen alle Möglichkeiten, ohne zu einem Entschlusse gelangen zu können. Inzwischen war Mr. Eales, der Kapitän des George Bentik, eingetreten, und von unserer Verlegenheit hörend, machte er uns den Vorschlag, auf seinem Schiffe zu bleiben und Calcutta zum nächsten Reiseziele zu erwählen.

Calcutta, den Stern des Ostens, die Stadt, welche der Zusammenfluß von europäischem und asiatischem Luxus zur theuersten der Erde macht, hatte Helfer im Hinblick auf unsere beschränkten Mittel nie in den Bereich seiner Combinationen gezogen. Wie konnte er auf lohnende Praxis rechnen unter Engländern, die nur ihren eigenen Aerzten Vertrauen schenken? Und welche Aussicht bot sich ihm dort zur Förderung seines eigentlichen Reisezweckes? Das waren wichtige und schwerwiegende Bedenken. Auf der andern Seite gedachten wir aller der Annehmlichkeiten, die wir in mehrmonatlicher Gemeinschaft mit den englischen Offizieren genossen, der Zuversicht, welche ihr Benehmen uns eingeflößt, sobaß der Gedanke, wieder eine Zeit lang mit ihren Landsleuten und unter deren Schutze zu leben, immer mehr Anmuthendes gewann und für die schließliche Entscheidung den Ausschlag gab. Unserm guten Genius vertrauend, der uns bis dahin beschützt und geleitet hatte, gingen wir auf den Vorschlag des Kapitäns Eales ein, und der Pact zur Weiterfahrt mit ihm ward geschlossen.

Am Tage vor der Abreise sollte uns noch die freudige Ueberraschung zutheil werden, das Euphratboot im Hafen von Buscheir einlaufen zu sehen. Colonel Chesney hatte, da er in Bassora nicht genügende Anstalten zu dessen völliger Reparatur gefunden, auf dem flachen nur für Beschiffung des Flusses gebauten Boote die Fahrt übers Meer unternommen, ein Wagniß, das von Fachleuten für tollkühn erklärt wurde. Doch es war gelungen, wie ja dem Muthigen vieles gelingt, was der Verzagte nie zu vollbringen im Stande ist.

Die Freude des unerwarteten Wiedersehens war groß. Wir theilten den Freunden unsern Entschluß mit, der ihre allseitige Billigung fand.

Des andern Morgens riefen wir ihnen das letzte Lebewohl zu und bestiegen den George Bentik zur Fahrt nach Calcutta.

www.ingramcontent.com/pod-product-compliance
Lightning Source LLC
Chambersburg PA
CBHW022056230426
43672CB00008B/1195